江苏省高等职业教育高水平骨干专业建设项目—旅行社专业

信息化时代
旅行社发展及旅行社职业教育研究

朱丽◎著

北京·旅游教育出版社

责任编辑：郭珍宏

图书在版编目（CIP）数据

信息化时代旅行社发展及旅行社职业教育研究 ／ 朱丽著． -- 北京：旅游教育出版社，2019.7
　ISBN 978-7-5637-3986-8

　Ⅰ．①信… Ⅱ．①朱… Ⅲ．①旅行社－产业发展－研究－中国 Ⅳ．①F592.6

中国版本图书馆CIP数据核字(2019)第142092号

信息化时代旅行社发展及旅行社职业教育研究
朱丽　著

出版单位	旅游教育出版社
地　　址	北京市朝阳区定福庄南里1号
邮　　编	100024
发行电话	（010）65778403　65728372　65767462（传真）
本社网址	www.tepcb.com
E - mail	tepfx@163.com
排版单位	北京旅教文化传播有限公司
印刷单位	北京虎彩文化传播有限公司
经销单位	新华书店
开　　本	787毫米×1092毫米　1/16
印　　张	18.625
字　　数	277千字
版　　次	2019年7月第1版
印　　次	2019年7月第1次印刷
定　　价	49.00元

（图书如有装订差错请与发行部联系）

前 言

2018年，国内旅游人数55.39亿人次，比上年同期增长10.8%；入出境旅游总人数2.91亿人次，同比增长7.8%；全年实现旅游总收入5.97万亿元，同比增长10.5%。经测算，全年全国旅游业对GDP的综合贡献为9.94万亿元，占GDP总量的11.04%。作为国家支柱性产业，旅游市场的蓬勃发展让旅游人信心倍增，也为旅游科研奠定了基础。

一朝步入旅游行业的大门，时刻感受日新月异的发展。笔者于2011年进入南京旅游职业学院任教，通过教学、科研、培训，慢慢融入到旅游行业中，为身在这个行业而骄傲。同时在旅游行业广博的方向中，因旅行社串联上下游旅游资源、决定游客旅游体验、引导旅游市场产品创新方向，将其作为主要研究对象，致力于研究外部环境的变化对旅行社的影响，旅行社发展模式的变迁和旅游产品的创新途径。尤其在"互联网+"时代，电子商务型旅游公司的出现对传统旅行社冲击不断，但是困境中的传统旅行社将挑战转化为机遇，谋求旅行社线上线下的共同发展，创新旅行社营销途径，基于大数据创新旅游产品设计。

旅游职业教育任重道远，课堂改革以行业发展为风向标。身在全国旅游院校五星联盟之一的南京旅游职业学院任教，笔者有责任将旅行社行业发展与职业教育结合，把对行业发展的理解和研究转化为对未来旅行社行业精英的教育中。因此，本书的第二部分从校企合作入手，研究如何将岗位工作搬进课堂教学中，通过教学内容、教学模式、师资配比、实训模式的多维度合作打通校企通道，构建校企合作桥梁，以用人品质为最终目的，提高课堂教学与行业现状的契合度。在此，特别感谢中国国旅（江苏）有限责任公司在校企合作中为我院旅行社专业建设做出的杰出贡献和鼎力支持。中国国旅（江苏）与我院有着悠久的合作历史，作为行业中的标杆，中国国旅（江苏）对职业教育充分支持。为深化校企合作，中国国旅（江苏）

与我院共同建设了校园实体旅行社—旅游创意中心，突出对旅游产品创新的重视，引导旅行社职业教育的走向；开创国旅集团与院校牵手之先河，与我院共建校企订单班，将行业工作内容转变为课堂教学素材，鼓励行业精英、部门骨干走上讲台，既能做业务，还能讲专业，实现了旅行社行业的现代学徒制建设。

南京旅游职业学院旅行社专业设立于2005年，经过十年的发展，2013年获得中央财政支持，2017年被列入江苏省高等职业教育高水平骨干专业建设项目，各级政府既肯定了我院旅行社专业的建设，又提出了更高的要求。衷心感谢我院每一位帮助我出版此书的前辈和领导，在专业研究上，我将不断进取。书中的观点和研究内容如有不当，恕笔者知识浅薄，在今后的研究中会认真改进和突破。

朱丽
2019年5月

目 录

第一篇 信息化时代旅行社发展

旅行社发展区域背景

旅游新业态的涌现 ··· 3
江苏省旅游新业态品牌发展现状 ··· 3
江苏省旅游新业态发展特点 ·· 10
基于智慧旅游背景下智能导游的应用实证研究 ······································· 20

社会发展背景 ·· 27
Regional Cooperation and Conflicts ·· 27
Imbalance of Sex Ratio at Birth in China ··· 32
The Marginalized in Urban China ·· 38
The Change of Migrant Workers in China in the Reform Era ····················· 45
Migrant Workers and Pension Insurance ·· 51

区域旅游资源发展 ·· 76
南京城墙旅游吸引力提升策略研究 ··· 76
基于游客满意度的南京明城墙旅游吸引力提升策略研究 ··························· 90
南京民宿发展现状——以浦口永宁街道为例 ·· 98

黄河经济带旅游经济差异时空格局演化及其成因分析⋯⋯⋯⋯⋯⋯⋯⋯ 106

The Future of China's Economy: A Lesson from the East Asian Miracle⋯⋯⋯⋯ 119

信息化时代对旅行社的影响

"互联网+"时代旅行社门店转型模式研究⋯⋯⋯⋯⋯⋯⋯⋯⋯⋯⋯⋯⋯⋯ 127
旅行社跨界营销现象研究⋯⋯⋯⋯⋯⋯⋯⋯⋯⋯⋯⋯⋯⋯⋯⋯⋯⋯⋯⋯ 135
基于钻石模型的体验经济下旅行社产品创新研究⋯⋯⋯⋯⋯⋯⋯⋯⋯⋯⋯ 141
"互联网+"时代基于游客需求的旅行社产品创新研究⋯⋯⋯⋯⋯⋯⋯⋯⋯ 150

第二篇　旅行社与职业教育

校企合作下的旅行社职业教育

基于行业发展的江苏省旅游高职教师教学胜任力新要求⋯⋯⋯⋯⋯⋯⋯⋯ 159
《旅行社运营管理》课程建设和改革研究⋯⋯⋯⋯⋯⋯⋯⋯⋯⋯⋯⋯⋯⋯ 168
基于校企合作的旅行社门店实习效能提升研究⋯⋯⋯⋯⋯⋯⋯⋯⋯⋯⋯ 174
校企合作典型案例⋯⋯⋯⋯⋯⋯⋯⋯⋯⋯⋯⋯⋯⋯⋯⋯⋯⋯⋯⋯⋯⋯⋯ 179
　　南旅校企合作调研⋯⋯⋯⋯⋯⋯⋯⋯⋯⋯⋯⋯⋯⋯⋯⋯⋯⋯⋯⋯⋯ 179
　　南旅国旅校企合作协议⋯⋯⋯⋯⋯⋯⋯⋯⋯⋯⋯⋯⋯⋯⋯⋯⋯⋯⋯ 182
　　中国国旅（江苏）校企合作实训基地⋯⋯⋯⋯⋯⋯⋯⋯⋯⋯⋯⋯⋯ 185
　　旅行社订单人才培养模式探究——以中国国旅英才班为例⋯⋯⋯⋯ 191
　　中国国旅（江苏）校企合作2018年年度报告⋯⋯⋯⋯⋯⋯⋯⋯⋯⋯ 198
教学研究成果⋯⋯⋯⋯⋯⋯⋯⋯⋯⋯⋯⋯⋯⋯⋯⋯⋯⋯⋯⋯⋯⋯⋯⋯⋯ 214
　　旅行社经营管理课程标准⋯⋯⋯⋯⋯⋯⋯⋯⋯⋯⋯⋯⋯⋯⋯⋯⋯⋯ 214
　　《旅行社经营管理》说课材料⋯⋯⋯⋯⋯⋯⋯⋯⋯⋯⋯⋯⋯⋯⋯⋯ 222
　　领队业务课程标准⋯⋯⋯⋯⋯⋯⋯⋯⋯⋯⋯⋯⋯⋯⋯⋯⋯⋯⋯⋯⋯ 227
　　出入境之办理登机手续教案⋯⋯⋯⋯⋯⋯⋯⋯⋯⋯⋯⋯⋯⋯⋯⋯⋯ 235
　　《他国（地区）机场离境》教案⋯⋯⋯⋯⋯⋯⋯⋯⋯⋯⋯⋯⋯⋯⋯ 237

《他国（地区）机场离境》说课稿 ……………………………………… 243

信息化对旅行社职业教育的影响

"互联网+"时代旅行社门店顶岗实习效能提升研究 …………………… 248
基于脚本撰写探讨双语实践课程微课设计
  ——以《领队业务》为例 …………………………………………… 256
基于就业引导的高职旅游类双语核心课程建设
  ——以《领队业务》双语课程为例 ………………………………… 262
信息化教学在双语课程《领队业务》中的运用 ………………………… 267
基于技能大赛的"三阶一贯制"教学机制研究 ………………………… 274
高职高专生长性课程跨年级学习模式探索
  ——以《旅行社经营管理课程》为例 ……………………………… 284

第一篇
信息化时代旅行社发展

旅行社发展区域背景

旅游新业态的涌现

江苏省旅游新业态品牌发展现状

【摘要】 江苏省在传统旅游行业发达的今天，涌现出一批新兴的旅游业态，但在品牌上未形成一定的效应，本文旨在分析江苏省旅游新业态品牌发展的现状基础上提出相应的建议和对策。

【关键词】 旅游新业态；品牌；江苏

一、江苏省旅游新业态品牌发展现状分析

目前江苏省内旅游新业态企业形式丰富，但尚未形成成熟的品牌效益。为了贯彻响应《江苏省"十二五"旅游业发展规划》中对于旅游新业态发展的要求，并结合江苏省的实际情况，以下方面可以成为现阶段江苏省旅游新业态重点切入的行业。

（一）高端休闲

着力发展江苏省内养生、邮轮、游艇、高尔夫等高端旅游休闲产业。主要是通过江苏省沿海城市，如盐城、连云港等，开通与日、韩、台湾等国家和地区的邮轮航线，鼓励国内外优秀的邮轮公司在江苏发展旅游线路。在水滨、海滨、湖滨等地区，发展高端游艇旅游项目。在高端休闲旅游产业中融入体现江苏地方特色的传统文化和时尚娱乐的元素。鼓励通过发展俱乐部和行业协会，强化高端旅游休闲产业的规范引导作用，力争与国际标准接轨。

（二）旅游电子商务

支持旅游景区、旅行社等传统旅游行业与旅游电子商务企业深度合作，采用现阶段新兴的"两结合"发展模式——即结合传统旅游模式和新兴的电子商务企业。

政府要鼓励和支持途牛、同程等江苏省内在线旅游企业发展，实现一体化、规模化经营。激励传统旅游企业通过技术外包服务等快捷途径与电子商务结合，充分利用信息技术服务，最大化企业的现代技术使用程度。旅游企业的网站要多维度包装和美化，加强宣传，突出个性。同时要多角度满足游客的网络旅游诉求。电子商务企业要加强和升级外语旅游网站，以此提高企业国际化水平。着力促进银行与旅游企业牵手，提倡旅游分期付款，激发全民旅游。

（三）旅游装备制造

鼓励传统制造业研发滑雪、潜水、露营、探险、高尔夫等户外活动用品及旅游酒店专用产品。提高对旅游装备品制造企业发展的扶持力度，引导装备制造名牌企业与旅游行业结合发展，将原有强项套用于旅游行业相应产品需求上。江苏省内要有重点分步发展旅游装备制造业，可以从发展省内制造业首屈一指的扬州酒店用品制造、常州旅游车船制造、南通旅游纺织品制造等方面入手。可通过举办旅游商品博览会、旅游商品促销会等活动，促进旅游行业与制造行业的交融，发展集设计、生产与销售于一体的特色经营模式，提升江苏旅游装备制造业知名度，力争将江苏打造成为我国旅游装备品产销基地。

（四）修学旅游

政府要重视开发内容丰富的主题研学旅游产品，可以利用现有的乡村旅游点、科普教育基地、红色教育场馆、工农业旅游示范点、博物馆等。充分利用江苏省文化强省的地位，拉动省内修学旅游需求，宣传并吸引省外来江苏的修学旅游群体。在全国范围内进行江苏省修学旅游，鼓励省内学校开展修学旅游；尝试将修学旅游纳入学生社会实践考核的一部分，并在小学、初中学生毕业考核中得以体现。推进单一的观光修学旅游向互动型的修学旅游转变，增强参与体验性，提高修学旅游的趣味性和科普性。最终通过修学旅游提高学生学习的兴趣和效率，提升青少年全面综合素质。

（五）旅游养老

将养老服务与旅游建设相结合，探索养老产业新模式，建设和发展旅游养老基地。鼓励旅游企业利用自身管理和经营服务优势和物业管理的资源，投资建造大规模养老公寓，发展异地养老、分时度假养老等新兴旅游业务，并从医疗、服务、环境、交通、养生等方面为旅游养老提供支持和鼓励，提高老年人的生活质量和幸福感。

（六）自助旅游

充分利用江苏省现有的旅游资源，重点打造滨水、山地和城市绿廊三种类型的自驾游线路。加强自驾车道路、营地和配套服务设施建设的力度。"十二五"期间，在江苏省内力争打造两至三条国内著名的自驾游线路。进一步完善自驾车及自由行旅游管理办法，保证游客出行安全和配套服务的供给。大力打造自驾游基地，通过与媒体，尤其是广播合作，鼓励交广网等汽车俱乐部的发展壮大。积极与同程、途牛等旅游电子商务企业合作，扩大业务范围和规模，为自驾游或自由行游客提供机票预订等自由行媒介服务。

（七）数字娱乐

鼓励传统旅游行业与动漫设计、游戏娱乐、影视休闲等数字娱乐业态的共同发展。鼓励旅游企业投资数字娱乐产业，建设旅游类数字娱乐园，以此提高传统旅游设施的趣味性、生动性，加大吸引力度。采用现代最新数字娱乐科技、互动技术，建设数字娱乐旅游项目，还原游戏动漫场景，寓教于乐。基于数字娱乐产业园，研发相宜娱乐旅游商品。同时承办国内外动漫文化博览会、娱乐技术交易会、动漫游戏竞技大赛等。

（八）旅游咨询服务

完善江苏省内旅游咨询服务产业体系，包括旅游策划、旅游规划、景观设计、旅游广告、设计布展、旅游投资咨询等。提高旅游规划设计、形象设计、市场营销、企业质量管理、景区和饭店改造提升、企业公关等方面的业务水平。加强对甲级旅游规划公司的培育。

二、江苏省旅游新业态企业品牌发展对策分析

随着人民生活水平的提高，江苏经济的迅猛发展，旅游新业态的出现即将面临着重大的突破，要满足人们对新业态发展的要求，配套设施、人才一应俱全才能保证新业态旅游企业的顺利推出。按照《江苏省十二五旅游规划》，根据旅游的总体定位为，以旅游装备制造、创意体验、数字娱乐和修学旅游为支撑，以高端休闲和自助旅游为主线，以国内旅游第一省为方向，以休闲度假为品牌，成为长江沿线旅游中心城市、全国有代表性休闲旅游目的地和智慧旅游示范区。

（一）结合地域特色，建设旅游新业态企业品牌

江苏省地域辽阔，县市之间地区特色明显，经济发展程度有所差别，旅游新业态企业的建设要根据当地文化、经济、自然条件的特点实施，不能一哄而上。各具特色的不同地区，更为关注资源的选择，最大限度地发挥本土资源的现实优势，有目的的运用旅游资源，实现区域旅游特色化、鲜明化，形成独具吸引力的旅游新业

态品牌。

如苏锡常地区外国人多，自然环境优美，经济发达，交通便利，高消费人群数量较大，应以发展高端休闲旅游为主。苏锡常地区气候温暖湿润，非常适合草坪的生长，为江苏省高尔夫产业的快速发展提供了发展的先决条件。随着政府支持力度的加大，人民对高端休闲旅游需求的增加，江苏省高尔夫产业必然会取得长足的发展。同时，通过对高尔夫球场及其附近景区进行合理规划可以提高高尔夫球场的附加值。加大对高尔夫旅游产品的开发力度，可以提高高尔夫企业接待能力。与旅游公司合资开发高尔夫旅游市场，可以做到资源最大化利用。此外，江苏省内高尔夫俱乐部要发展自身特色，突出个性，降低同质性，避免同源恶性竞争。要大力发展迷你高尔夫项目、普及高尔夫球教育，培养高尔夫专业人才，加快高尔夫技术设备本土化的步伐，更加科学专业、合理地建设与管理高尔夫球场。

而在苏北沿海地区根据地域优势，着力发展邮轮产业。江苏沿海地区应抓住这一区位优势，开通沿海城市与日本、韩国、中国台湾等地区的邮轮线路，引入国内外著名邮轮公司品牌，发展在江苏的多条国际邮轮线路，投资邮轮港口建设。同时，引进国际著名游艇俱乐部运作模式，发展建设带江苏省特色的游艇俱乐部，俱乐部可以采用会员制向个人会员或公司会员收取会费，并为其提供游艇租售、维修养护、驾驶培训及配套休闲娱乐等服务，全面打造高端的游艇天堂。

（二）利用原有产业之基础，升级为旅游新业态

《国务院关于加快发展旅游业的意见》中提出要培育新的旅游消费热点，大力推进旅游业与第二产业——制造业的融合发展，重点是发展旅游装备制造业。江苏省可以利用自身原有制造业的优势，大力培育登山、潜水、探险、高尔夫等户外活动用品及旅游酒店专用产品的供应企业。沿海地区可以利用南通家纺城和海门叠石桥家纺城等比较成熟的纺织品加工基地，打造国际一流的家纺产业流通中心。借助南通家纺产业优势，建立酒店用品生产和销售集散中心、旅游户外服装装备基地；大力开发旅游制造业商品，使之成为旅游商品生产与旅游商品购物、销售一体化的集聚区，打造一批国内外著名的旅游装备制造企业。

扬州的酒店用品制造全国著名，其发展的基础便是牙刷制造，升级成新业态企业后，大力发展酒店用品制造，成为"中国酒店日用品之都"。扬州杭集镇生产牙刷已有170多年的历史，在国内市场拥有80%的占有率，国际市场也做到"三分天下有其一"的现状。杭集镇依托"牙刷之乡"的品牌优势，酒店用品生产总值每年在10多亿元左右，有千余家生产企业。目前已形成了产、供、销一条龙的产业群，成了全国最大的旅游用品集散地。

同样，常州车船附件、配件公司占领了国内主要的车窗零部件生产和销售市场，在此基础上大力发展旅游相关并有自主产权的旅游房车、游船游艇、旅游汽车装备用品等企业。利用自身的制造业优势，为江苏等地区的露营、自驾游、游艇等行业提供物质保障，增强制造业的实力和优势，并扩大至全国市场，占据一定份额。南通的纺织业也可利用为旅游用品纺织，如登山装、滑雪服、潜水服等旅游服装，使原有企业更新换代，升级为旅游新业态，借助旅游发展的良好态势，大力推行原有生产业的改头换面。

（三）关注幼老，体现旅游新业态发展中的人文关怀

江苏的教育在全国可谓名声远扬，对孩子教育的重视也是人尽皆知，占据这个先天优势，各大旅行社及景区要善于利用省内著名高校云集、红色旅游资源丰富、历史人文旅游资源众多等特点，大力发展修学旅游。发展省内高校游，发掘各城市的特色文化、学习、进修旅游线路，通过参与旅游博览会宣传江苏省的高校名气，增加修学旅游线路。如在暑假来临之际，通过旅行社大力宣传南京大学、东南大学、扬州大学等校内风光、历史渊源、人文环境，以吸引家长和孩子的兴趣，起到鼓励孩子用功学习等功效。在建国、建党等红色节日期间，宣传红色旅游，在盐城、南京等城市众多红色旅游资源是良好的爱国主义教育基地，让孩子在历史的真相前接受教育，寓教于游，能让家长放心，也能让孩子不荒废假期。江苏省内数量众多的博物馆，也是修学旅游的目的地。在鼓励本省孩子进行修学旅游的同时，在全国范围内和亚洲其他国家也要大力宣传江苏省的修学旅游。交流、交换都是针对海外修学市场的良好方式，各大高校、博物馆、教育部门着力于旅行社共同推出适合学生的旅游线路，增强江苏省教育大省的良好形象。

孩子的教育之外，如今独居老人问题、老人的幸福问题也成为社会关注的焦点，老人不愁吃喝，却在心理上较为孤单，如何让老人幸福地安度晚年，也是当前旅游新业态发展的一个方向。旅游养老的说法一经提出，得到众多旅行社和社会群体的认可，但是目前由于政策限制和医疗设施的不完备，旅游养老发展的潜力巨大。其实施工程可作如下操作：①建立旅游养老小区。旅游养老小区指专门针对老年人养老而设计的田园式居家住宅小区。在环境较为优美、交通便利的城市近郊或郊县建设养老小区，风格多以古朴雅致为主，室内布置则与正常住房一致。但小区的配套设施要突出针对老年人的生理特点，楼梯、电梯更要注重老年人的需求。通道便于步行，同时必须保证轮椅的通行。设有医疗、保健、休闲娱乐、文化学习、

交流交际等设施和场所。社区还应提供各种生活服务，如送餐、护理等服务。②建设乡村混合式旅游养老公寓。特指外地老人与当地农户混住的居住模式。该模式通常选在山清水秀、适合养老的地方，并在当地村民的自有地基上盖老年乡村养老公寓。房东依然是房子的所有者，也是物业管理者，每个月还可从房地产公司得到一定的管理补贴费。③建设旅游养老院。养老院特指为老年人提供集体居住的宾馆式房间，并设有相对完整的配套设施。养老院配备专门设施，由专业服务人员为老人提供综合服务，配有医务人员为需要的老人提供服务，突出老年人的生理特点。④利用私家宅院养老旅游。有些当地住户把自己的房屋出租给需要的城里老年人，供他们短期或长期居住。有的是当地的农家乐，提供包吃包住。

（四）抓住当前政策优势，大力发展自助旅游

2012年十一黄金周，小型车高速路免费通行的政策一推出，极大地调动了人们自驾游的积极性，壮大了汽车租赁市场、提高了星级及商务酒店的入住率，使得各大景区人满为患，各大旅行社的成交量锐减。这一方面要督促自驾游市场的规范化，另一方面要促使旅行社转换思维，开发新的市场。从2009年开始创建至2011年，江苏省已拥有37家省级自驾游基地，包括南京溧水傅家边、常熟沙家浜、淮安古淮河、盐城大纵湖等。目前苏南许多自驾游基地配套设施的建设、管理与服务都已达到了较高标准，因为其原先就是景区，因此可以促进景区通过扩大停车场、增强自驾游配套设施，形成自驾游基地，既扩大产业规模和市场，又无须投入过多。2011年，江苏省开展了第三批江苏自驾游基地创建工作。江苏省旅游局组织有关专业人员对参加自驾游基地创建单位进行了考核。通过实地察看、查阅台账、听取汇报和现场打分的方法，对各创建单位软、硬件设施进行了全面深入的检查，有15个单位达标。达标单位名单要按照要求进一步完善配套设施、优化服务和管理，固强补弱、软硬兼顾、提升品质，为广大自驾车游客提供安全、舒适、富有特色的自驾旅游产品。同年，江苏省旅游局为南京溧水傅家边农业科技观光园、昆山周庄水乡古镇、淮安古淮河文化生态风景区、盐城大纵湖风景区等14家单位新颁发"江苏省自驾游基地"铜牌，江苏省自驾游基地增至22家。旅行社应利用自身的多方面协调、沟通的优势，着眼自驾游长线，完善后勤保障，组织例如车友会、交广网等车友的出行，能够扩大声势，顺势宣传。因此抓住当前的优惠政策，大力发展自助旅游是江苏省旅游行业发展的重要议题。

三、总结

江苏省是全国旅游强省，基于政策和人才的支持，着力从新业态角度出发，借助已有的成熟旅游产业，发展新兴业态是江苏现阶段旅游发展的重心，也将成为江苏有一个旅游制高点的基石。

【参考文献】

［1］丁国杰.上海旅游装备制造业发展对策研究.科学发展，2012（3）.

［2］顾宇.从新兴产业到新型产业——从中外比较的视角看我国旅游业态创新与发展.重庆三峡学院学报，2011，27（6）.

［3］顾至欣.基于SWOT分析的江苏红色旅游研究.中国经贸导刊，2011（18）.

［4］李松柏.我国旅游养老的现状、问题及对策研究.特区经济，2007（7）.

［5］任小静.我国旅游电子商务发展现状及对策研究.西南财经大学经济信息工程学院.2012（10）.

［6］王飞加，陈恩玉.我国高尔夫旅游市场经营现状的研究.广州体育学院学报.2008，28（5）.

［7］徐春梅.对盐城市发展修学旅游的思考.魅力中国，2010（12）.

［8］张敏，娄国.江苏省高尔夫旅游发展的SWOT分析.现代经济信息，2011（24）.

［9］朱应皋.江苏旅游电子商务发展对策思考.科技与经济，2002，15（5）.

江苏省旅游新业态发展特点

【摘要】江苏省旅游行业在全国可谓发展早、发展好，但其却不断自我突破，占领旅游行业发展的新领域、抓住旅游行业发展的新动态，在新业态发展方面有特色、有优势、有思想，形成了江苏旅游新业态发展的特点——国际化、科技化、大众化、个性化，引导全国旅游业态发展的新方向。

【关键词】旅游；新业态；江苏；特点

一、引言

深入贯彻落实党的十八大和十八届三中、四中全会精神，认真学习贯彻习近平总书记系列重要讲话，特别是视察江苏时提出的"迈上新台阶、建设新江苏"的最新要求，认真落实省委十二届九次全会和全国旅游工作会议精神的基础上，江苏省旅游业坚持以质量效益为中心，以游客需求为导向，以提升游客满意度为宗旨，坚持改革创新，积极适应经济发展新常态，牢固树立科学旅游观，紧紧围绕打造"畅游江苏"品牌总目标，大力推动旅游业"八个强化""八个升级"，以扎实开展"旅游公共服务提升年"为抓手，全力推进"顺畅、舒畅、欢畅"游江苏，打造江苏旅游发展升级版，为迈上新台阶、建设新江苏做出更大贡献。目前江苏省旅游行业发展稳定，利用前沿科技，积极拓展新的发展方向，针对新兴业态出台新政支持新产业发展，其主要可归纳为四个特点：国际化、科技化、大众化及专业化。

二、江苏生旅游新业态发展特点

（一）走向世界——江苏旅游业发展的国际化

江苏国民出国门旅游的同时，外国游客也不断进入江苏旅游，实现江苏旅游业发展的双向国际化。目前，江苏国民出境旅游势头高涨，亚洲短线及欧美的长线都有持续上涨的趋势；同时江苏省政府也主导旅游资源整合，着力打造国际旅游资源，升级旅游设备，培养外语人才，赴海外参加旅游推介会，吸引大量国际游客入境旅游。

1. 走出国门去旅游

江苏省人民出境游已经成为平常事,据省旅游局数据统计,截至2014年10月底,江苏经旅行社组织出境旅游的公民人数突破100万人,达到124.7万,全年超145万人次,江苏旅行社组织公民出境旅游目的地的基本分布是:亚洲占87.3%,其中港澳台占50.9%;欧洲占9.3%;非洲占0.3%;美洲占1.4%;大洋洲占1.7%。出境旅游目的地排名前6位的国家分别是韩国、泰国、日本、新加坡、法国和马来西亚。2014年赴韩国、日本游客增幅最大,均超过100%。2015年,赴泰国、日本、马来西亚、印度尼西亚的江苏游客均以超过100%的速度上涨。

2. 走向世界旅游舞台

培养江苏旅游品牌:①江苏省"畅游江苏"国际品牌走向世界。为进一步提升江苏省旅游形象,扩大"畅游江苏"品牌国际影响力,2015年江苏省旅游局委托美国国家地理频道制播"古之奇迹今之传奇:中国大运河"纪录片,面向欧美主要国家宣传推广江苏省运河旅游资源;②国际慢城彰显国际旅游品牌。高淳县桠溪镇于2010年12月在苏格兰举办的国际慢城会议上被授予"国际慢城"称号,成为我国第一个"国际慢城"。慢城金花旅游节自2008年开始每年一度,已举办七届,淋漓尽致地体现了慢城"国际、绿色、参与、时尚"的特色,既有传统经典民俗活动的延续传承,也有与时俱进适应新媒体传播渠道的活动创意。③参加国际旅游推介会,参与国际奖项评选:江苏省在有关国家及中国香港地区设立"江苏旅游推广中心";积极参加2014年香港旅游推介会,签订12个重点项目;抢抓"一带一路"和长江经济带发展机遇,主动参与长江旅游推广联盟和21世纪海上丝绸之路推广联盟的各项推广活动。举办2015"江苏台湾灯会"交流活动和苏台美食嘉年华。2014年中国盐城·西班牙马德里旅游项目推介会举行,盐城市与西班牙诚信基金会签署了互送客源协议;盐城市旅游推介团赴韩开展了包括"美丽盐城与您相约"盐城旅游图片展、盐城旅游特色商品暨美食展、盐韩旅游文化交流、盐城(韩国)旅游推介说明会在内的系列旅游推介活动,各具特色的市场化推介宣传活动、积极创新地推进机制,让盐城有机会、有实力展现在全国乃至全世界游客面前。盐城荣获第20届亚洲旅游业金旅奖·十佳绿色生态旅游目的地。从苏南到苏北实现全面国际化。

3. 打通国际旅游通道

江苏省目前从苏南至苏北国际航线丰富,数量充沛,实现澳洲、欧洲、美洲、亚洲空中版图全覆盖。南京禄口机场为江苏游客走出国门，迎海外游客进入江苏做出了巨大的贡献。禄口机场现开通南京至美洲、欧洲、澳洲等多地的直飞航班，有客、货运航线通航国内、国际约 80 个大中城市，国际包机及航班每周 210 班左右，定期国际客运航班主要通航美国洛杉矶、德国法兰克福、澳大利亚悉尼、新加坡、泰国曼谷、韩国首尔以及中国香港、澳门、台北等 6 个国家和 3 个地区的 16 个城市，客运包机通达马尔代夫、曼谷、普吉岛等东南亚旅游城市，定期货运航班通航台北。境外 25 家航空公司已在南京禄口机场运营航班或包机。2015 年，南京开通到美国洛杉矶首条直飞航线；加密由泰国酷鸟航空南京到曼谷航线；2015 年，常州机场开通直飞老挝航线，该航线的开通，进一步拓展了国内与老挝之间的航空市场，促进苏南地区与老挝之间的旅游、经贸往来。此外，苏北盐城有航线直飞韩国首尔，中国台北、高雄。

4. 优惠政策迎海外游客

江苏省的入境旅游发展较早、水平较高，入境旅游人次数和外汇收入在全国名列前茅，并持续稳定上涨。对外国游客吸引力较大的旅游资源为 5A 级旅游景区，如苏州园林、南京中山陵、无锡太湖、扬州瘦西湖、镇江金山寺等，以上景区（点）所在城市每年接待入境旅游人次数也较多。从各大洲入境游人次来看，2013 年江苏省累计接待亚洲人为 102.8 万人次，占外国人的 53.1%，足以说明亚洲是江苏省入境游主要客源市场，其中日本、韩国是入境旅游的中坚力量。为了进一步吸引外国人停留江苏旅游，南京禄口机场口岸对 51 个国家的公民实施 72 小时过境免签政策。免签期间，活动范围限于江苏行政区域内，该 51 个国家是江苏入境游市场重要的近程、中远程客源，这一政策将对江苏入境游市场产生重大利好。江苏省旅游政务部门正在打造专项旅游精品线路产品，如南京古都游、南京明城墙游，倾力推出"南京—扬州—镇江"三日精品旅游线路。多语种江苏旅游宣传资料将在多个国际友好城市投放。

5. 打造世界级旅游资源

江苏省不仅有国内顶尖的旅游资源，还有享誉全球的世界级旅游资源——世界文化遗产三项：苏州园林、明孝陵、大运河。尤其是大运河项目，大运河江苏段是黄金水道，年运输量超过 10 条铁路。大运河遗产中江苏列入申遗点段的河道 6 段、历史遗存 22 处，比重约为 40%，承担大运河申遗最重的任务。在大运河的滋养下，一座座城市得以繁荣发展，留下杰出的建筑精品，苏州盘门最初由伍子胥所建，是我国古代水陆并联式城门的杰出范例；苏州宝带桥始建于唐代，为大运河沿线现存最长、桥孔最多、结构最轻巧的连拱古石桥，成为中国古桥的代表性精品；无锡旧城南门外形成以运河为轴、清名桥为中心的繁华街区，呈现长达1.6公里的"水弄堂"奇观，是江南水乡的代表性景观。大运河项目中扬州遗产点最多，共有6段河道10个遗产点入选。2009年扬州率先实施保护规划，成为各地运河保护楷模；积极牵头沿线35个城市联合申遗，扬州为大运河申遗成功立下汗马功劳；2011年率先建设大运河扬州段监测预警平台，运用空间信息技术、视频实时监控等手段，给大运河守护装上"电子眼"，对影响运河遗产价值的各项指标全面监测；并以统一的接口、指标体系沿用到大运河沿线31个遗产点（区），实现大运河遗产全线的监测预警。此外还有人类口述和非物质文化遗产8项：古琴、昆曲、云锦织造技艺、雕版印刷技艺、传统桑蚕丝织工艺、中国剪纸、端午节赛龙舟、中国传统木结构营造技艺。

（二）智慧旅游——江苏旅游业发展的科技化

江苏省积极响应国家提出的发展智慧旅游的号召，因此智慧旅游启动较早，发展也较快。2014年，全省在线旅游市场规模达2700多亿元，较上年的增长幅度超过17%。江苏目前着力扩大"畅游江苏卡"的发行与消费，实现旅游全要素的刷卡无障碍；智游网络也将为游客带来多语种的自助服务、Wi-Fi大面积覆盖、随手可扫二维码等全新感受。

1.积极建设智慧旅游城市和基地，大力发展电子商务旅游企业

①智慧城市如雨后春笋般兴起：2012年，江苏省无锡市、常州市、镇江市、泰州市、南京河西新城、苏州工业园区、盐城市城南新区、昆山市花桥经济技术开发区、昆山市张浦镇被列入首批国家智慧城市试点名单。2013年，江苏省列入国家智慧城市试点名单新增10个城市（区、县、镇）。②旅游企业响应智慧旅游号召：2014年9月23日，在常州召开的江苏省智慧旅游推进会上，为高度认可并激励江苏省企事业单位在智慧旅游研究和建设方面的工作，江苏省旅游局将中国电信旅游行业信息化应用南京基地、江苏有客网络科技有限公司、南京师范大学地理科学学院、南京途牛科技有限公司、同程网络科技股份有限公司、常州嬉戏谷有限公司、江苏水乡周庄旅游股份有限公司、扬州市瘦西湖风景区、句容市茅山风景区管委会等评选为首批11家江苏省智慧旅游示范基地。获评的企事业单位在智慧旅游理论研究与实践探索方面，取得了重大成果和突出成就。其中江苏有客网络科技有限公司于2006年起建立并运营全国首家专业研究旅游信息化的智旅动力网站；是国家旅游局《旅游目的地信息分类与描述标准》起草编制单位；编著出版《智慧旅游——

旅游信息化大趋势》；先后参与制订江苏省、山东省、浙江省、宁夏回族自治区、苏州市、宿迁市、镇江市、淮安市、徐州市、余姚市、威海市等省市的智慧旅游规划和实施方案；2014年山东省旅游局海外营销联合中标单位；参与编撰浙江省旅游局《浙江省智慧旅游实践与探索》。在促进智慧旅游推广与教育培训方面，有客科技公司通过坚持不懈的多年努力，成为中国旅游电子商务大会主办单位，先后在国内各地举办13届中国旅游电子商务大会，为江苏和全国各地旅游企业、旅游主管部门培训多达4万人次的旅游信息化和旅游电子商务专门人才。在智慧旅游专业机构建设和工作方向上，有客科技公司已经形成较为成熟的研究与服务机制。此外，江苏省大力推进同程旅游网"畅游江苏"展示馆和途牛"畅游江苏"旗舰店上线运营。

2. 推出智慧旅游卡，实现一卡游遍江苏

2014年5月19日中国旅游日当天，江苏省旅游局在全省各地陆续发行面向全国游客的江苏智慧旅游卡。持卡人凭这张多功能旅游芯片卡，可在省内包括旅游景区、酒店、餐饮、购物、娱乐、旅行社、超市和休闲场所等江苏智慧旅游卡特约商户直接POS机消费，享受便捷、优质和约定的折扣优惠服务。针对自驾游的持卡人，该卡还可以令其享受南京所有停车场优惠刷卡并叠加高速公路ETC过关优惠政策。该卡相关旅游线路主要覆盖省内1日、2日短线游和部分旅游商户，业务覆盖全省范围，包括80%的省内热门景区和境内外旅游线路，真正将智慧旅游落到了实处。

3. 举办智慧旅游营销会，倡导使用"三微一端"建设智慧旅游

2015江苏智慧旅游微营销培训会在镇江举行，江苏省、各地市旅游局领导、旅游行业专家学者、省内5A及4A级景区营销负责人等近400人出席会议，参加培训并共同探讨江苏智慧旅游发展新方向，会议主要围绕"旅游景区Wi-Fi覆盖及趋势""互联网+时代下社交媒体旅游营销""微博微信双平台上的旅游运营推广"以及"马蜂窝旅游攻略推广"等话题，运用新鲜案例进行了深入探讨。会上提出对江苏省各市及下一阶段互联网+旅游特别是全省旅游系统三微一端（微博、微信、微视频，客户端）建设的意见，并对如何合理利用不同的新媒体终端，加强全省平台的大数据分析，加强旅游电子商务的运用等提出要求。目前，微信公众号在13个市级旅游部门全面推开，全省18个5A景区拥有21个微信公众号，部分景区还开通了服务号。江苏省旅游局着力提升全省旅游公共服务水平，已将无线Wi-Fi免费服务纳入四个专项行动之一，计划用一到两年时间，实现全省4A以上景区，及4

星以上乡村旅游点免费 Wi-Fi 覆盖 100%；其次，加快建设"畅游江苏"网群，完成江苏旅游资讯网 13 个省辖市频道和 7 个重点县（市、区）频道建设；最后，开发"畅游江苏"导游手机客户端系统，运营"畅游江苏"官方微信服务号，启动江苏旅游客情数据监测分析系统建设。

（三）民生工程——江苏旅游业发展的大众化

民系旅游，旅游在民。发展旅游的关键就是实现旅游的大众化，即大部分民众参与到旅游事业中来，既可以成为旅游主体，也可以成为从事旅游行业的从业者。此外，江苏省旅游业从全国大局出发，发挥自身余热，惠及旅游落后地区，为全国旅游的大众化贡献力量。

1. 普及带薪假期政策，奠定全民享受旅游的时间基础

江苏将职工带薪年假纳入地方考核，通过将职工带薪年休假制度落实情况纳入各地考核督查内容，以此来加大职工带薪年休假制度的执行力度。这为全民旅游提供了时间基础，让民众有更多的时间同时避开黄金周、小长假的高峰出游，能获得更好的旅游体验，最终促进旅游服务质量的提高。

2. 大力发展乡村旅游，实现全民共建旅游

江苏省为经济发达省份，具有丰富的自然资源、深厚的文化底蕴和得天独厚的生态旅游资源。近年来，江苏省高度重视乡村旅游发展，加大支持力度。江苏省乡村旅游已基本形成了依托城市周边地缘优势、围绕山水名胜、展示江南文化、重现农事活动，将特色农耕文明与现代文明有机融合发展的格局。江苏的乡村旅游综合接待能力已具规模，整体经营效益明显提升；促进了农业产业结构优化和产业链延长，带动农民就业和明显增收；乡村公共设施建设得到加强，新农村建设和城乡一体化进程加快。到 2014 年年底，江苏省各类国家级乡村旅游示范点、省市星级乡村旅游点及综合示范区、农家乐的村居等可接待游客的床位数已超 16 万张，接待游客总人数达 1.62 亿人次，全省各类乡村旅游营业总收入为 505.48 亿元。乡村旅游凸显了乡村田园风光观光旅游与名特优农副产品生产、销售、消费体验旅游的有机结合，促进了江苏省农业结构调整优化现代农业发展高效实施，带动了农产品加工业品牌建设，实现了第一产业与第三产业的有机融合，成为农民增收的新途径。乡村旅游带动本地就业作用明显，乡村旅游的发展，较好地解决了本地农村劳动力的就业，促进了农村剩余劳力转移。截至 2014 年年底，江苏省乡村旅游从业人员总数已达 26.4253 万人，同比增加 10.8%，其中，本地就业人员为 19.7 万人，同比增长 12.3%，占从业人员总数的 74.5%。全省乡村旅游经营农户数已达 31 588 户，增

长15.50%。乡村旅游带动农民就业和增收明显,涉旅农民年收入高于普通农户25%以上。全国、省级、市级星级单位、特色景观名镇村、生态农业观光示范点等各类乡村旅游镇村的建成,促进了全省农村、山水田林路的科学合理空间布局和配套,加快新农村建设和农村生态环境、村容村貌的改变,促进城乡一体化的进程。2015年,江苏省围绕"打造乡村旅游精品"的目标,启动"旅游强县、旅游强镇"评价体系制定工作,积极稳妥开展试点;与新农村建设规划相结合,因地制宜,突出特色制订全省和本地区乡村旅游发展规划;尊重自然规律和农民意愿,做到有序、科学、合理发展;要加大投入,多元化发展;坚持"政府引导、企业等多方投入、农民自愿"的原则,广泛吸引资金;多种方式建设乡村旅游项目,加快推进乡村旅游区点的基础设施建设,打造乡村旅游特色品牌。

3. 建立旅游集散中心,实现全民轻松旅游

2016年,江苏省将建立6大省级游客集散中心,加快提升基础公共服务,让每一位来到江苏的游客都能"顺畅、舒畅、欢畅"。江苏省政府重点建设环太湖、沿大运河、黄河古道风景路,优先建设旅游景区、度假区连接道路。以高淳国际慢城等省级以上旅游度假区、苏州古城等城市特色旅游街区、镇江句容等乡村旅游集聚区为重点,加快旅游慢行系统建设。此外,还将在南京、无锡、苏州、南通、连云港、徐州等城市建立省级游客集散中心,构建省、市、县(市、区)三级立体式全覆盖承运体系。高速公路服务区、水上服务区都要承担旅游服务功能,将通往重要旅游区的标志纳入道路交通标志设置范围。

4. 援助伊犁旅游,实现互利共荣

江苏省旅游业发展在国内名列前茅,在发展自身同时,不忘旅游欠发达地区,从硬件、软件双方面帮助伊犁旅游发展,为实现全国旅游大众化发展贡献力量。20年的援疆情把江苏与"塞外江南"伊犁紧紧相连,促进了自治州经济与社会的跨越式发展,实现了苏伊两地双向互赢。2008年,新疆伊犁州官方旅游网正式开通运行;2009年,伊犁州旅游集散中心建成开放;2014年,江苏与伊犁州签订旅游合作协议,共商诸多事宜并逐一实施;2015年,江苏开通首趟伊犁旅游专列(南通—伊犁),700余名游客参与由伊犁州党委、政府和江苏援伊前方指挥部举办的"以旅为桥促交流,苏伊交融一家亲"的活动。以此为起点,江苏还将陆续有13趟旅游专列开进伊犁,预计年运送游客达9000多人次。江苏旅游援疆干部在疆期间积极开展旅游招商引资工作,引进江苏省企业投资当地旅游生态景区建设项目累计7500万元,2005年起,江苏省内旅行社向新疆输送游客累计约10万人次,江苏省青旅

等主要旅行商在旅游旺季合作开通新疆旅游包机业务，每周三班一直持续到2008年。江苏省借鉴沿海地区发展旅游的好办法，为伊犁旅游发展出主意、积极建言献策。江苏省旅游局还充分发挥省内旅游院校智囊的作用，以高级研修班、专业研讨座谈会、职业技能培训、知识讲座等形式，先后为伊犁旅游行业提供了近千人次的培训，内容涉及旅游规划编制与管理、景区生态与可持续发展、旅游目的地创新发展、旅游目的地营销、旅游项目策划与开发、旅游饭店创新管理等各个方面。在此基础上，还有力推动了南京旅游职业学院与伊犁职业技术学院联合办学，面向新疆旅游行业干部员工和高考落榜生招收"1+2"大专学历班，为伊犁职业技术学院扩大办学规模、提档升级创造条件。随着"一带一路"国家战略的有序推进，江苏与伊犁的旅游合作将更趋紧密，一方面将继续扩大交流、深化合作，积极鼓励和支持旅游企业、院校组织形式多样、内容丰富的双向交流活动，定期带领省内有影响力的媒体赴新开展采风宣传；另一方面将着力培育旅游品牌、打造旅游精品线路，重推丝绸之路和世界遗产之旅精品旅游线。

（四）细分市场——江苏旅游业发展的个性化

江苏省在固有的成熟旅游资源和设施的基础上，不断推陈出新，挖掘旅游蓝海，做国内旅游市场的风向标。

1. 发展旅游新业态

江苏省在加强传统旅游项目的基础上，细化旅游需求，大力发展各种新型休闲度假产品，推进一批填补江苏省旅游产品空白的项目，推进工业旅游、医疗养生、文化演艺、体育科普、研学旅游等新业态取得新突破，尤其是推动文化演艺、低空飞行、邮轮游艇、医疗旅游、体育旅游、夜旅游等项目的开发建设。

2. 突出乡村旅游特色

强化旅游富民思想，打造乡村旅游精品，推进乡村旅游升级，突出江苏乡村旅游的特点和优势。推进乡村旅游综合发展实验区建设，发展一批乡村旅游集聚区和魅力乡村；创建一批休闲观光农业与乡村旅游示范点、星级乡村旅游区（点）和特色景观旅游名镇（村）；加强对乡村旅游的规划指导和发展引导，推进乡村旅游产品业态的融合，丰富乡村旅游产品的内涵；支持各地办好乡村旅游节，举办富有特色的乡村民俗活动，举办乡村美食大赛；继续开展"畅游江苏、美丽乡村"重点网络媒体乡村游记者采访活动，利用媒体推广江苏乡村旅游。

3. 与金融行业深度合作

深化与省农行等金融机构的战略合作，推进一批意向旅游项目融资签约。

4. 大力打造自驾游产业

江苏省重点推进全省自驾游、落地自驾、房车营地建设。2015年，江苏将扩大"畅游江苏卡"的发行与消费，实现旅游全要素的刷卡无障碍；落地自驾项目在徐州试点后又在苏州升级，南京、镇江、无锡、常州、宜兴等地都将设立落地自驾游实体服务店，"高铁+租车自由行"的旅行方式在江苏有望成为旅游"新常态"。

三、结语

随着江苏省旅游业发展"八大主要任务、百项重点工作"的提出，从政府到企业将着力推动旅游业的全面发展，强化改革创新，推进产业结构升级；强化公共服务，推进配套功能升级；强化开放意识，推进融合发展升级；强化依法兴旅，推进旅游品质升级；强化载（主）体建设，推进内生动力升级；强化品牌经营，推进旅游消费升级；强化旅游富民，推进乡村旅游升级；强化队伍保障，推进工作效能升级。鼓励民众走出国门欣赏国外旅游资源，提高人民素质，展现江苏人民高文化、高水平、高包容的特点；积极参与国际旅游推介会，高度重视国际旅游奖项的评比，树立江苏省旅游的国际品牌；打通海陆空国际交通线路，提出优惠政策吸引外国游客入境旅游。全面将科技运用在旅游业，实现景区、交通、消费的智慧化，便捷旅游活动。实现全民参与旅游，全面共建旅游。寻找旅游业发展的缝隙，抓住旅游蓝海，引领全国旅游行业发展的新方向。

【参考文献】

[1] 郝思军. 江苏省入境旅游状况与经济增长关系分析 [J]. 数据，2011（10）.

[2] 苗向东. 有一种生活叫"请慢用！" [J]. 社区，2011（5）.

[3] 王蓉，阿龙. 十年磨一剑，扬州领衔大运河申遗梦圆 [N]. 扬州时报，2014-06-25（A04）.

[4] 钟金林. 旅游援疆成果辉煌 [N]. 中国旅游报，2015-07-25（02）.

[5] 闫瑞丽. 旅游日成优惠日 可惜是上班日 [N]. 人民日报（海外版），2014-05-19（03）.

[6] 杨颜慈. 南京机场10日起对51国实施72小时过境免签政策 [N]. 中国新闻网，2015-07-25（B04）.

[7] 雷琛烨. 江苏：从输血、造血到双向互赢 [N]. 中国旅游报，2015-07-15（10）.

[8] 薛珊. 第七届高淳国际慢城金花旅游节3月28日盛大开幕 [N]. 龙虎网，2015-03-28.

[9] 石小磊. 带薪年假应该怎样纳入地方考核 [N]. 扬子晚报，2014-08-23.

[10] 董金玲. 2015江苏乡村旅游节新闻发布会 [N]. 国务院新闻办公室网站，2015-04-14.

［11］江苏省人民政府.省政府关于全面构建"畅游江苏"体系，促进旅游业改革发展的实施意见［N］.江苏省人民政府，2014-7-30.

［12］潘晔.江苏推"智慧旅游卡"：80%景区或将"一卡通"［N］.新华网江苏频道，2014-05-18.

［13］朱秋霞.2015年江苏智慧旅游微营销培训会在镇召开［N］.金山网，2015-06-17.

［14］宋婷."中国大运河"成功申遗，江苏段遗产最多［N］.新华日报，2014-12-31.

基于智慧旅游背景下智能导游的应用实证研究

【摘要】所谓"智能导游"就是指利用云计算、物联网等新技术，通过互联网或移动互联网，能主动感知各类旅游资源的、便携的终端上网设备，能使游客在旅游目的地完成旅游活动，获得较高的旅游体验，主要包括导航、导游、导览、导购四个基本功能，为游客特别是自助游游客提供定位、景点讲解、线路引导、活动安排建议等服务。通过分析旨在探索智慧旅游背景下职能导游在景区的使用前景，并将其与传统导游进行比较分析。

【关键词】智能导游；传统导游；智慧旅游

一、传统导游模式分析

（一）传统模式在现阶段的不足

随着旅游业的高速发展，各种旅游模式的兴起，游客的需求趋于个性化、探险化、求知化，旅游中的食、住、行、游、购、娱则更倾向于自己安排，摆脱旅行社预先安排好的行程模式，更加的随心所欲、自由自在，充满了多元化的个性元素。传统的导游模式不能满足游客多元化需求的问题日益凸显，主要有以下问题：没有足够的导游与游客形成一对一的关系；多个导游同时讲解的时候会互相影响；导游的专业态度、工作态度、自身素质会直接影响游客的心情及旅游的品质；导游无法全面地讲解目的地各类文化知识；游客不能自由探索式地游览。

随着这些问题的日益凸显，越来越多的人趋向于自助旅游，却往往因没有导游的指引而出现迷失方向、遗漏景点等问题。近二十年来计算机网络迅速发展，游客可以在互联网上获得很多旅游信息，然而一旦踏上旅途脱离电脑，景点信息就难以获得。如何解决这些顽疾？近年来，智慧旅游迅速发展，其体系中智能导游有望从根本上解决这些问题。

（二）传统导游模式的优点

传统的导游模式也并非一无是处，其同样具有便宜、方便、省时、安全的优点。

二、智能导游模式分析

(一)智能导游出现的背景

1. 个人信息终端和网络的普及

在信息技术高速发展和普及的今天,互联网已经普及,各种网络资源、虚拟社区蓬勃发展,各种便携的终端网络设备可以方便快捷地获取各种网络信息资源。

2. 旅游者需求发生变化

在旅游需求增大的同时,渐趋于个性化需求,成为时代的新宠。旅游过程更加注重知识性和体验性,游客希望在旅游的过程中全方位地参与或体验,充分理解旅游地的内涵和特色,体会到旅游活动的极大乐趣。

3. 自助旅游的兴起

随着旅游者经验日益丰富,旅游的需求层次提高,传统旅游无法满足越来越多的自助游的游客,游客的自主意识增强,追求个性化旅游,更倾向于以自己来设计旅游路线。借助于现代发达的通信、交通工具,自助旅游以其追求个性和自由的特点越来越受到推崇。据调查,77%人喜欢自助游,自助旅游还具有很大的灵活性,在旅途中可以根据个人喜好临时调整或改变行程。

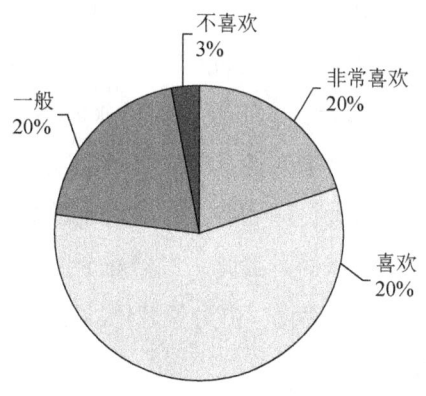

图1 自助游喜好比例图

4. 我国出入境旅游的迅猛发展

中国多元化的物质文化和丰富的自然资源向来对外国游客有着巨大的吸引力,随着越来越多的境外游客把旅游度假的目的地定在中国,而我国也有越来越多的游客走出了国门,与之不协调的是我国的外语导游人才短缺,使得无论是入境的外国游客，还是出境的中国游客，由于语言的限制，对于旅游目的地的各种情况不能完全了解。

5.环境保护问题已成为旅游业的关注重点

传统旅游导游利用扩音器讲解，景区团队交叉重叠，环境嘈杂，降低景点博物馆高分贝噪声成为景点管理的新要求。

（二）智能导游的优势

在旅游目的地，游客可以通过智慧导游，随时定位，轻松便捷地了解周围的旅游信息，包括景点、酒店、餐馆；酒店星级、价格规范、剩余房间；活动的时间、地点、价格范围、餐馆的口味、人均消费水平、优惠等。游客还可以利用智慧导游规划自己的游览路线，可以随时随地改变和制定下一步行程；智慧导游提供网上预订，游客可以随时预订，方便快捷，同时也大大提高了景区的机动游客量。在景区，游客利用智能导游可以方便快捷地获得清晰的景区电子地图，智能导游也为其提供线路选择；在游览的过程中，通过智能感应，自动播报，让景区动起来，向游客讲述自己的故事。智能导游可针对游客旅游过程中所需信息提供智能化的服务，智能导游为游客提供了方便，提升了旅游服务的质量，最终也提升了旅游业整体品质，扩大了旅游的影响力，继而能吸引更多的自助游客。

（三）智能导游的缺点

导游员作为旅游目的地居民的代表，能够通过自身的气质和表达让游客切身真实地感受到当地人的特色；通过导游员的人性化的引导与讲解，使不同年龄文化背景的人能更好地互相沟通、融合，人工导游促进旅游活动中人际交流和感情交流；在旅游活动过程中，充满了各种未知性，随时有可能发生无法预料的事情，人工导游员可以即时解答和处理旅游者提问和要求，应付旅游活动中各种随机事件。以上三点是物化的智能导游无法代替的。因此，机器在全民旅游的今天能解放的是大量的劳动力，但是放弃的是更为人性化、更为及时化的服务。

（四）智能导游发展的机遇

智能导游的发展机遇就政府方面而言，2011年，全国旅游工作会议明确要求要抓住三网融合快速推进、移动互联网快速发展等机遇，推动旅游业广泛运用现代信息技术。以信息化带动旅游业向现代化服务产业的转变，各地政府也加大智慧城市的建设步伐，为智慧旅游、智能导游提供新的发展契机；就旅游企业而言，为适应旅游业的信息发展趋势，旅游企业探索旅游管理的创新平台，景区智能化建设，这在一定程度上都推动了智能导游的发展；就旅游目的而言，旅游目的地为了竞争，提升自身形象，都在积极努力打造智能服务的典范，建设旅游的完美体验体系，提升行业的竞争优势，完善导游服务体系。

三、浅析智能导游的发展前景

（一）智能导游的应用市场前景

随着旅游业的快速发展，传统的随团旅游时间仓促、线路单一等弊端逐渐显露，而另一方面，追求个性和自由的自助游日益流行。但是游客在自助游过程中，时常会遇到道路不熟找不到方向，不能深入了解景点的文化底蕴，甚至遗漏景点等问题。因此，智能导游对于未来自助游的发展方向是不可或缺的。

再者，我国近年来的出入境旅游也正迅速地发展起来，面对世界各地如此之多的客源，外语导游员的数量就显得少之又少了，所以说，发展智能导游便是整个社会乃至整个国家的必然趋势了。

此外，随着社会经济的不断发展，人们的生活水平也得到了大大的提高。因此，许多游客在游览过程中的旅游需求也更加趋向于多样化，这种需求的不断变化刺激了他们对于旅游服务高新技术化的向往，他们希望获得更加丰富而又充实的旅游体验。

更重要的是环境保护问题。现在很多景区里的导游员在讲解时都会拿着扬声器大声喧哗，这样不仅给其他游客带来了噪声，而且对于周围的环境也造成了一定的影响。智能导游应用的必要性也因此凸显。

因此，在全民旅游的今天，提倡低碳旅游的今天，智能导游势必应运而生。

（二）智能导游的发展优势

1. 主动感知，充分整合，协同运作

在智慧旅游模式下的智能导游能主动感知旅游景点、文物古迹、城市公共设施的各类资源，并进行分类汇总，为游客提供食、住、行、游、购、娱等方面所需要的信息。智能导游为游客提供一个旅游活动中上下和谐高效协作的工具，可以即时准确地掌握旅游活动的信息。

2. 提升旅游业服务水平

智能导游从游客出发，通过信息技术提升旅游体验和旅游品质，游客在旅游信息获取、旅游计划决策、旅游产品的预订支付、享受旅游和回顾评价旅游整个过程中能感受到智能导游带来的全新的服务体验。同时智能导游通过各种技术实现信息的传递和事实交换，让游客的旅游过程更顺畅，提升旅游的舒适度和满意度，为游客带来更好的旅游安全保障和旅游品质保障。

3. 扩大旅游的影响

智能导游还将推动传统的旅游消费方式向现代的旅游消费模式转变，并引导游客产生新的旅游习惯，创造新的旅游文化。

4. 吸引更多的年轻游客

近年来自助游兴起，而青年人成为自助游中的主力军，这些人经济负担小，消费潜力大，他们更注重体验旅游，读万卷书行万里路、培养自立精神、了解不同文化、丰富人生体验。

四、智能导游对于旅游目的地和游客之间的优势

（一）旅游目的地

所谓旅游目的地是指吸引旅游者在此短暂停留、参观游览的地方。这是传统意义上对旅游目的地的解释。智慧导游给旅游目的地带来的优势，分析起来有以下几点。

1. 环境保护

目前环境保护已成为旅游业的关注重点。随着旅游的人越来越多，带来了很多环境问题。第一，噪声污染就是个大问题。智能导游作为无噪声污染的东西，可以保护文物古迹、自然景观、人文名胜并且对人体健康没影响。第二，导游作为人，本身也会有相应的垃圾产生，而智能导游体积小、不产生任何垃圾，因此它不仅提高了旅游质量，还提高了国家对外旅游的整体形象，保证旅游发展与环境相和谐。

2. 降低景区的成本

智能导游和人工导游都可以达到介绍景点的效果，智能导游可以有效降低景区配备专职导游的经营成本。

3. 避免讲解员讲解质量的不稳定性

对于景区来说，智能导游与人工导游相比，能避免由于由个人原因带来的服务质量不稳定性。通过智能导游可以提高游客对景点的认知度，并通过他们的传播加快提高景点的知名度，增加客流量。

4. 提升景区形象

智能导游系统的使用必然要求加强智能景区的建设，智能景区将能更有效地保护旅游资源，为游客提供更优质的服务，实现景区环境、社会、经济全面协调、可持续发展。智能导游促进景区的建设发展，进而提升景区形象。

（二）旅游者

方便快捷的智能导游为游客带来的优势分析如下：

1. 满足来自不同国家的游客的语言需求

目前国内外语导游稀缺，语言不通导致出入境游旅游质量下降。智能导游精通中、英、日、韩、法、德、西七种语言，可以轻松地解决语言问题，一举解决多言语传统导游的成本。

2. 缓解旅游旺季导游人员不足的状况

目前国内从事导游工作的人员众多，但是一到旺季仍是供不应求，没有足够的导游来提供服务。智能导游的出现，能够顺应大众旅游时代对于数量的要求。

3. 满足游客的个性化需求

智能导游形成一对一的关系，能满足游客的个性化需求。景区内无论游客到哪个景点都会做详细讲解介绍，游客可根据自己的喜好进行取舍，而避免了跟随传统导游员游览时，没有选择。游客还可自行安排个性化的游览线路，深入了解景点的历史发展和文化内涵。

4. 提升旅游的品质

近年来导游服务质量下降，导游欺客、宰客的事件时有发生，游客投诉不断，游客对旅游的整体满意度直线下降。而智能导游并不存在这样的问题。智能导游能保证讲解的质量，尊重史实，能使游客更深刻地了解景区的文化内涵，大大提高了景区服务标准化和统一化，在口碑上为景区的发展提供支持。

五、结论

在传统导游服务遇到的数量有限、信息量窄、服务质量参差不齐的情况下，互联网技术的强力发展，网络运用比例大涨，极大地增强了智慧旅游使用的可能性和实用性。旅游信息化的发展是一种大势所趋，智慧旅游符合旅游的发展方向，智能导游也将被大量运用于旅游市场，前景广阔。

【参考文献】

[1] 百度.智能导游系统［EB/OL］.http：//wenku.baidu.com/view/1cf51dd576eeaeaad1f3300a.html，2012-06-12.

[2] 王锐杰，尹怡欣，杜军平，涂序彦.图像识别技术在智能导游系统中的应用［J］.计算机工程与应用，2008，44（30）.

［3］百度．网上多媒体导游系统分析与设计［EB/OL］．http：//wenku.baidu.com/view/23eff587d4d8d15abe234ef1.html，2012-07-01．

［4］牛司朋，王珏，刘增刚，车新帅．景区智能导游系统中语音解说技术分析研究［J］．电脑编程技巧与维护，2009（8）．

［5］百度．智慧旅游解决方案［EB/OL］．http：//wenku.baidu.com/view/444a02e2551810a6f5248649.html，2012-08-04．

［6］维普网．数字技术与应用［EB/OL］．http：//www.cqvip.com/QK/95792B/201108/38901，2013-02-04．

［7］任洋辉．终端及用户需求普及移动互联网应用［EB/OL］．http：//tech.qq.com/a/20100302/000215.htm，2012-08-23．

［8］郑燕．智能导游机能否成为景区新宠［N］．中国旅游报，2011-09-19．

［9］王迪云，李若梅．我国入境旅游客源市场主成分分类研究［J］．经济地理，2009（11）．

［10］赵媛，赵军．基于移动GIS和智能手机的电子导游系统发展及其关键技术［J］．数字技术与应用，2011（8）．

社会发展背景

Regional Cooperation and Conflicts

Economic globalization is an unavoidable trend nowadays, and regional cooperation is part of the trend, and a form of globalization. Regional cooperation is a reasonable choice of neighboring countries confronted with unpredictable international attacks, economically and politically. Asia has also this issue on its agenda. (Mueller: 1998: 18) Though with a late start, regional cooperation in Asia has gone somewhere. There are a number of transboundary organizations built up since 1990's; however, there are still some obstacles for further integration in this region. This paper analyses some challenges and chances for further regional integration in East and Southeast Asia; how the states, organizations or civil societies act in the process of further integration; how the variety of political systems affects the regional integration in East and Southeast Asia. (Emmers, Ralf: 2003: 419)

1 Transnational Crime—A challenge but also chance for integration in East and Southeast Asia

The United Nations (UN) defines transnational crimes "as offences whose inception, prevention and/or direct or indirect effects involved more than one country" (Mueller: 1998: 18). And UN also identifies eighteen different categories of transnational crime. "These are: money laundering, terrorist activities, theft of art and cultural objects, theft of intellectual property, illicit traffic in arms, aircraft hijacking, sea piracy, hijacking on land, insurance fraud, computer crime, environmental crime, trafficking in persons, trade in human body parts, illicit drug trafficking, fraudulent bankruptcy, infiltration of legal business, corruption and bribery of public officials, and finally other offences committed by organized criminal groups" (Mueller: 1998: 20), among which, terrorism, illicit traffic in drugs, trafficking corruption and bribery of public officials are often seen in East and Southeast Asia. Obviously, transnational crimes need transnational cooperation in deciding how to arrest and punishing the criminals, which needs common rules of laws and an organization to handle this kind of crimes. (Emmers, Ralf: 2003: 419-427)

On the one hand, it is a challenge for countries to solve the transnational crime as there was no common security organization in this region (Dupont: 1999: 433-443). Although the regional organizations such as, APEC, ASEAN, and SCO, grow fast and strong, there are no formal and authoritative organizations or systems for regional security, which is far behind the economic cooperation in this region and to some extent hinders the further integration.

In sum, transnational crimes to some extent challenge the regional security in East and Southeast Asia, but also, in turn, promotes the process of regional integration.

2 Role played by ASEAN+3 and economic cooperation

2.1 ASEAN +3

ASEAN, as a group with the purpose of promoting regional peace and prosperity in Southeast Asia, has actively proposed effective and irreplaceable advice for economic cooperation in this region in order to financially develop well, to conquer the attacks brought by financial crisis and drawback caused by globalization. It turns out to be a success for ASEAN working as a bridge for countries in this region to relate more and more close. With the attack of financial crisis in 1997, ASEAN realized the necessity to ally China, Japan and South Korea, and then came the "ASEAN+3", which further integrate the whole East Asia. With these countries within, ASEAN helps East Asia not only in the fields of economy but also politicitics, culture and public health. Take SARS for example. In April 2003, ASEAN +3 held a seminar in the level of ministry of public health, and in June, a complete plan to prevent SARS came out and also a system to examine the early symptom of SARS carrier. At the same time, strict examine of tourists by air, land and sea was carried out. Successfully, SARS was well controlled in this region. Another example concerns the common security in this region. In 2004, ASEAN +3 discussed the transnational crimes, such as terrorism, drug trafficking, sells of humans, etc., and shared the common information about the criminals and cooperated plans to arrest them. It is better to ally in solving transnational crimes, as these problems at least concern two countries. (Terada, Takashi: 2003)

All the success of ASEAN+3 has proven the practicability of further integration of countries in East Asia, and at least there will be a group to be turned to or a place where countries can ally when something huge happen in this region. And ASEAN will always serve as the foundation of East Asia community.

2.2 Economic cooperation

With several decades of economic cooperation, countries in this region have already relied on each other economically, which facilitates the further integration. East Asian countries are highly dependent on foreign trade and foreign investment, which is mostly suggested by the fact of mutual dependence of countries in this region. In 1995, for example, nearly half of the foreign investment in East Asia was from the countries within it, mainly newly established industrial countries and Japan following them. In 2002, among the ten members in ASEAN, the average trades within the region amounted to 47.3%, with the highest one, Singapore as 56%, and Indonesia 55.7%, Malaysia, Philippine and Taiwan, 54.3%, 53.7% and 53.3% respectively. From the perspective of the trades in the whole world, during 1998 to 2000, regional trades in East Asia accounted for from 4.8% to 12.7%, while the trades in European Union declined from 24.4% to 22.3%. (Kiyokatsu: 2002: 27-28)

In addition, trade complementarity index in East Asia has increased dramatically since 1980s, among which the East Asian economies rocketed 67.3 in 2001 from 51.2 in 1985, high surpassing the index of trades between North America and EU. It indicates that the inter-regional trades in East Asia are potentially more than that of outer regional. It is a fact that the increase of the trade complementarity index results from the increasing economic cooperation in the form of division of work in this region. The higher the index is, more potentially the inter-regional economic cooperation will occur and the more possibility the common community will be set up. (Kiyokatsu: 2002: 27-28)

The common economic interests unavoidably come out from the mutual dependence, which tends to promote the further integration in this region.

3 How variety of political systems playing in ASEAN+3

Political systems in East Asia are characterized by variety. Japan and South Korea follow the west, building up capitalism democratic system; some newly built-up industrial countries or region mix the capitalism political system and their traditional ruling system; the rest are unsteady or vague in what kind of political system they use. (Doh, Wells: 2005: 88-92) Different political systems result in different demand for interests, and diminish the mutual trust and sense of identity between countries with different political systems, which affects the economic cooperation and further integration in this region.

From the perspective of Japan, a super power in East Asia, it is famous for its fast developing economy and solid democratic system and also the military base. Japan follows the western way of democratic system and close tie to America; because of its historical militarism, Japan's desire to be a leader and super power in the world, economically and politically. As a result, it somehow doesn't want to cooperate with the rest of the region to give a chance to China to develop faster; however, this region has been proven to be powerful and influential group in the world like EU, Japan needs multilateral freedom of trade in this region and also bilateral relations to consolidate its political status in East Asia.

In addition, political system also how democratic a country is, on which countries are already in different levels and causes controversy about the same issues. In East Asia, Japan and South Korea, etc. are restricted democratic; China, Vietnam, Laos are communist; and Burma is still military. With so many kinds of governance, countries argue upon issues, such as human rights, freedom of the minority and also the freedom of religion. (Doh, Wells: 2005: 92-101)

In sum, political systems mainly cause controversy in this region about religion, culture, human rights, which is an obstacle for further integration in East Asia; however, driven by the economic interests and increasing talk with other members, they learn to cope with each other with compromise and concession.

Conclusion

This paper firstly investigates the challenge and chance caused by transnational crime in East Asia-a challenge to the regional security and a chance for countries in this region to set up a formal and authoritative organization for regional security. Secondly, it analyses how the ASEAN and economic cooperation facilitates the further integration in this region. ASEAN attracts the countries outside it by its success in cooperation of its members in public health and regional security; it also passes confidence to its members with the success. And the regional economic cooperation levels up all the relevant countries' economy and numbers of trades in the world. Lastly, this paper points out the varied political systems in East Asia and how this variety affects the further integration.

Wholly speaking, East Asia is on the way for further integration as ASEAN works well and better with China, Japan and South Korea joining in. Economic interests are the reason and pursuit, and also regional security and cultural identity facilitate the further integration.

References

[1] Emmers, Ralf. ASEAN and the Securitization of Transnational Crime in Southeast Asia. *The Pacific Review*, 2003, Vol. 16, No 3, pp 419–438.

[2] Doh Chull Shin & Jason Wells. Is Democracy the Only Game in Town? *Journal of Democracy*, 2005, Vol. 16, No 2, pp 88–101.

[3] Dupont, A. Transnational crime, drugs, and security in East Asia. *Asian Survey*, 1999, 34(3): 433–455.

[4] Kiyokatsu, Nishiguchi, Regional Economic Cooperation in East Asia after the Crisis. Centre for Janpanese Research University of British Columbia, 2002, March 27–28.

[5] McFarlane, John and McLennan, Karen. Transnational crime: the new security paradigm. Working Paper No. 294, Strategic and Defence Studies Centre, Australian National University, Canberra, 1996.

[6] Mueller G. Transnational crime: definitions and concepts. in P. Williams and D. Vlassis (eds) Combating Transnational Crime, a Special Issue of *Transnational Organized Crime*, 1998, 4(3&4): 13–21.

[7] Rüland, Jürgen. The Nature of Southeast Asian Security Challenges. *Security Dialogues*, 2005, Vol. 36, No. 4, pp. 545–563.

[8] Terada, Takashi. Constructing an 'East Asian' concept and growing regional identity: from EAEC to ASEAN+3. *The Pacific Review*, 2003, Vol. 16, No. 2, pp. 251–277.

[9] Vatikiotis, Michael. Resolving Internal Conflicts in Southeast Asia: Domestic Challenges and Regional Perspectives. *Contemporary Southeast Asia*, 2006, Vol. 28, No. 1, pp. 27–47.

[10] Yoshimatsu, Hidetaka. Collective Action Problems and Regional Integration in ASEAN. *Contemporary Southeast Asia*, 2006, Vol. 28, No. 1, pp. 115–140.

Imbalance of Sex Ratio at Birth in China

According to Xinhua news, the sex ratio at birth in China is about 117 boys born for every 100 girls in 2009, which is high above the natural ratio, 103-107 boys to 100 girls (accessed 01-29-2009 at http://news. xinhuanet. com/english/2009-01/16/ content_10668397. htm). Furthermore, according to the Chinese Statistics Bureau, the problem is more serious in rural areas than that in the urban. The sex ratio in urban is 112. 8 boys to 100 girls, while in the rural it is 118. 1 to 100. The serious imbalanced sex ratio at birth has attracted a lot of attention from the government and many institutions and scholars because it causes many social problems. This problem can be traced back to 1980s, when the B-ultrasound was adopted to identify the sex of the fetuses. This technology enabled people to examine the gender of the fetuses and then people aborted fetal girls in order to have preferred boys. Although this B-ultrasound technology has been banned, there are still a large number of aborted fetal girls. In this paper, I will first illustrate the current situation of the serious imbalance of the sex ratio at birth with its causes and effects. In the second part, I will further analyse this imbalance and relate it to other social problems in China. At last I will list some possible solutions to this problem.

Causes of imbalanced sex ratio at birth

Boys are preferred to girls in China firstly because of Confucianism. Confucianism emphasizes the male's superiority to female. Women are supposed to obey men, obeying their fathers when they are unmarried maidens, obeying their husbands when they are married and obeying their sons when they become widows. Male are dominant in the family as they continue their family lines by passing their family names to their descendants. In the old time, people kept giving birth, in order to have as many boys as possible to extend their patriarchal lineage. (Greenhalgh and Winckler, 2005: PP 229, 253)

Furthermore, the incomplete social security system forces people to rely on their sons for the elder ages. Instead of the idea of having an independently new family of their own, Chinese girls are considered to marry out of their maiden family, but into their husbands' family, because the sons, together with their wives, ought to take care of the sons' parents. As a result, sons are a symbol of promising elder ages with physical care to parents. Without any son, there is supposed to be nobody to take care of the old couple. This is another reason why sons are so cardinal to parents. (Greenhalgh and Winckler, 2005: PP 305)

However, since the one-child policy was adopted in 1978, people, althhough aredesperate in need of sons, cannot have as many children as they want. The only way to ensure themselves to get a son is to get rid of fetal girls by aborting fetal girls or killing infant girls in order to get a chance to have another child. At first, people abandoned baby girls after giving births to them. And then after the adoption of the B-ultrasound machine, prenatal sex detection followed by sex-selective abortion has become the major contributor to the imbalance of sex ratio. It is convenient for people to know the gender of the baby at an early phase of pregnancy. This is a major reason why the imbalanced sex ratio at birth is so high. (Greenhalgh and Winckler, 2005: PP 268-269, 275)

Wholly speaking, the combination of strong son preference, birth-planning policy, and the availability of technology of gender identification has led to the serious imbalance of sex ratio at birth. (Greenhalgh and Winckler, 2005: PP 286)

Effects of the imbalanced sex ratio at birth

The increasing trend of imbalanced sex ratio at birth in China have some unavoidable effects.

First, the most obvious effect of more male than female is the difficulty of finding a wife, as more men are competing for future wives. As the ratios shows, there are at least seventeen men cannot find wives at the same age, so here comes another problem that the age difference will be enlarged. The seventeen men will predictably look for wives at other age levels, most likely the younger women. The traditional formation of family will be overwhelmed by lots of single men and couples with a big age gap. (Greenhalgh and Winckler, 2005: PP 274)

Second, with less women, China's reputation as the world's factory will be undermined; in other words, its economy will be affected(Greenhalgh and Winckler, 2005: PP 299). With an increasing number of men into labour market, there will be male-labour surplus; as a result, men are under more stress in competing for jobs and wives. Women will somewhat be pushed out of the working market(Greenhalgh and Winckler, 2005: PP 238). Therefore, this imbalance of sex ratio will lead to imbalance sex ratio in the labour market, where production, distribution and consumption will also be influenced. Moreover, some particular idustries, such as textile, services, etc., which need female's preciseness and care, will lose its advantage in China. Because female will be less in number and thus more expensive in labour. China now has a large number of cheap maiden workers; however it will pay more to cherish female's work. In a word, with less women than men, China's economy will lose its position as the world's factory as it will gradually gain less and less cheap maiden labour. (Greenhalgh and Winckler, 2005: PP 238)

Relevant social problems

Besides these relevant problems caused by the imbalanced sex ratio, there are also other social problems. With not enough women for men to marry, first, the imbalance will catalyse social unrest. In order to fight for women into marriage, men are physically inclined to solve it with violence and even crime or murder, which definitely will destroy the social stability. In the long run, the whole society will be under shadow of male violence and in turn, women will be less likely to be attracted by men with the turn to violence. Under this circumstances, there will be a tendency for women not to marry or marry out of the country. This is a vicious cycle caused by the imbalanced sex ratio in China.

Second, women, chased by not only one man, will probably choose divorce to experience different men in order to obtain the best, in which the number of divorce will rocket. When men are more than women, even a married woman can attract single men, who are desperate to go after women, whether married or not, without concern of moral or social duties. In turn, it is unavoidable to cause some crimes or murder of women because of men's anger of losing wives or dissatisfaction in pursuing for love.

Third, morally speaking, it is likely to have love affairs and immorality in a society where men outnumbers women. Moral will lose its priority to physical desire. Women are then facing more lure than ever before, which makes it easy for them to cross the moral line to have affairs. Also, the enlarged age difference in relationships and marriage is also an attack to ethics. A man's daughter may possibly become his friend's wife; and cases like this, i. e. incest, can be seen frequently.

Fourth, brides trafficking will also become a serious problem. With not enough domestic women, women in neighbouring countries, especially poor ones, will become the targets of some illegal organizations to make money through sell foreign brides to single men in China. This will arouse boundary unrest and also cause people's rage in those foreign countries. (Greenhalgh and Winckler, 2005: PP 227)

Fifth, human reproduction is realized mainly through female; with a decreasing number of women, reproduction will understandably diminished. The one-child policy has already hold back the dramatic population increase in China, and resulted in this imbalanced sex ratio; in return, this imbalance will be a disaster of China's population growth as less girls are born than boys, and given those social problems, marriage will be a difficult decision for women to make, let alone giving birth to the next generation. At that time, China will have a population increase probably at one fourth of the rate now or even negative growth. The low fertility will lead to labour shortage and thus expensive labour and human service and also the lost of the reputation of the world's factory(Greenhalgh and Winckler, 2005: PP 304).

Furthermore, China now is facing a problem of graying before getting rich, which means more elder than the young are in need of physical care. And the imbalanced sex ratio will result in more old men than women, which again will transfer all the care to the elder invisibly to the young, as there are few women can take care of their husbands and lots single elder men. The young will take much more pressure from job hunting and raising the family including their parents. The male elder will become another disadvantaged group and phenomenon in China. The whole society will burden on the small number of youth with times number of the elder with no production capability.

How to solve the imbalanced sex ration at birth

If with such an imbalanced sex ratio at birth ignored, it would result in the damaging consequences analysed above. This problem, of course, need some solutions.

First, the traditional need for son should be adapted. People, especially rural people, still try their whole life to get a son, because they worry about their old ages to be taken care by sons. It is important to publicize the luck to get a daughter, because it is the daughter who actually takes care of the parents, as the care becomes femininized. The daughter are more close to their parents by nature. It can be promoted by billboards, TV shows, radio, and short films along with the completeness of the social security system, which will comfort the elder's ease even if they don't have a son.

Second, the one-child policy should be somewhat changed, together with the availability of prenatal sex detection technology. In urban areas, the one-child policy has been popularly accepted, but the social networks enbale people to access to sex detection before giving birth; as a result, the use of gender identification technology should be more strict and under supervision. In rural areas, education of equality of boys and girls should be prevailed as the one-child policy is carried out, because it is quite a phenomenon to avoid the rules to have more than one child when the first child is not a son. Particular subsidies based on the special income situation of each province could be tested. This subsidies can be issued when the first child is a girl and the family promise not to have another one. When the daughter goes to school, there can be some benefits on the tuition fee, which will enable more girls to receive education as to balance the educational level between male and female. Abortion should be legally and morally forbidden.

Conclusion

The imbalanced sex ratio at birth in China now is 117 boys born for every 100 girls. With such a high ratio above the natural one, China will confront with lots of potential problems. Not only the number of marriage will drop, but also the divorce number will rocket. The traditional concept of family will be undermined, in which many immoral affairs and incest will happen. The age difference of the couple will be enlarged, and lots of much women younger than their husbands are becoming widows. Single men are staying single. The social unrest will aroused because of lacking women, and even international relationships with neighbouring countries will destroyed because of brides trafficking into China.

If a graying and sad "single" China is not acceptable, the imbalanced sex ratio should be solved as soon as possible. The idea of the equality between boys and girls comes first on the propaganda agenda. That the care to the elder tends to be increasingly feminizied is also a point to be emphasized. And then some subsidies should follow to back up the promotion to give birth to girls, in the aspects of giving to only one child and it's a daughter, also in the aspects of benefits on the girl's tuition fees, also more opportunities for jobs. With strict implementation, the imbalanced sex ratio will gradually be moderated.

References

Greenhalgh, Susan and Edwin A. Winckler. *Governing China's Population: From Leninist to Neoliberal Biopolitics*. Stanford University Press, 2005.

The Marginalized in Urban China

As the cardinal part of the society, human beings are always the focus of various academic works, and the same is true of the people moving as a group and even a phenomenon in the process of urbanlization in China. Anthropologists now do research on this group of migrants, usually moving from the mountain areas or the remote countrysides to big cities to make a living, to reveal and analyze their hard life and special status of them compared to the local people in the city. This paper is first to explore the findings of the anthropological research focusing on the migrants from rural to urban in China, and to find why they are called the *marginalized*, without a distinct boundary, and the living situations of the migrants, such as their healthcare, gender, and communities which they organize themselves to protect their own rights. [1]

And then the reasons of continuing migration into the cities will be analyzed through the *value* theory in anthropology and the push-pull theory.

The marginalized in the urban china

Although it is very institutionalizedly strict to separate the rural from the urban in the Maoist era, with more and more peasants flushing into the cities after the reform and opening-up policy implemented, the boundary between the urban and the rural becomes increasingly ambiguous. [2] What's more, the official urban anthropology came into China very late, as the First International Anthropological Conference opened in Beijing in 1989. [3] As a result it is more challenging to do anthropological studies in Chinese cities.

In China, there is a high ratio of peasants to land which makes it is increasingly impossible for the peasants to make a living on farming. Take the Shuang village in Jiangsu province for example, since 1980s most peasants have gone to the big cities to make money. [4] However, the peasants are not considered as part of the city but still peasants. They remain the second-class citizens, having no right to the services for the citizens with *hukou*. They just hold their "agricultural" household registration status.⑤ The peasants who even migrate into the city can never treated as a real citizen compared to the local people. That's the reason why they are called the *marginalized*.

In this case, researchers have studied the current status of the peasants working in the big cities. First is the healthcare system in urban China, which has drawn great attention from anthropologists, as healthcare is direct and important to human rights. However, in China there are great differences between the quality of urban and rural health services, because the peasants don't have permanent household registration, which gives urban citizens the access to the health services.⑥ Second is the increasingly serious problem about female migrants. Women are always considered as the subaltern group in the society, especially in the less developed ones, such as in the rural areas.⑦ In the past, it was quite a phenomenon that a rural family wanted the girl to marry into the urban so as to get networks with the cities. But the process of urbanization is witnessing the change in gender expectations. Fewer and fewer rural women marry into the cities, partially because the sense of self-identification becomes stronger and stronger to distinguish the rural people from the urban people; as a result, most rural women hunt jobs in the the cities but often get the lower-classed ones, such as cleaner, babysitter, etc. and some of them end in the sex industry, in order to make a living in the cities and go back to their hometown proudly with a lot of money.⑧ Third is the communities which are organized by the people from the rural areas in order to protect their own rights in the urban; some special zones are also set up with more and more migrants. Take the Zhejiang Village in Beijing for example. It is formed out of the native-place ties and attracts the migrants from Zhejiang to live together. But it is not well institutionalized and sometimes has problems within the Village. Besides, the housing conditions for migrants are poor, because they cannot access the affordable housing without *hukou*.⑨

Along with the rapid expansion of the urban areas, land is in desperating need. Many peasants give in their land for contemporary profits—money to the real estates and turn to cities for labor work, which is always shamed by the local people. However, in the cities, the migrants actually have no voice to fight for their rights, as the subaltern group said by Gayatri Chakravorty Spivak that they cannot speak.⑩ When they come across some incidents, like being treated unequally with the citiens in the urban area, they just keep silent or to be more exact, they have no idea about who they can turn to to help them from the legal aspect. And gradually silently taking what happens to them becomes a habit of the peasants when being humiliated.

Anthropological reasons for the migration

Analyzed as above, it is quite confusing why the peasants are still on the way into the urban areas, though they don't have the chance to be a real citizen as the local people and never enjoy the equal rights as the local ones do; however, there must be some powerful reasons for them to do so. The following part will first explain why the peasants don't have the appreciation as they should have had from the society and then on this basis, give the reasons of the migrations trend from the rural to the urban. In the "value" term of anthropological theory, David Pedersen said, "at the most basic level, the essays are concerned with how to better understand and potentially shape the contours and scope of social life, whether at the margins of or greatly dominated by capitalist relations. In this endeavor, all the essays approach value as an integrative concept." [1] In the case of the migrants, they always work as cleaners, *coolies*, etc and feel prior to the local people in the cities. Theoretically speaking, they haven't seen their own value. With the expansion of cities, a lot of construction work needs quite a number of workers, most of whom are from the countryside. These construction workers, as well as the milk delivers, rubbish collectors, are becoming more and more important for the building-up or the redevelopment of a city. Fundamentally, migrants should undoubtedly be considered as part of the city, but they haven't realized their own value to the development of the urban China. Actually, if they united to ask for more equal rights to realize their value, they would succeed, because without their work, such as newspaper delivering, gate-keeping, etc, the city functional system wouldn't be full and the whole society wouldn't operate at all; however, nowadays migrants are still under high pressure to make a hard living in the cities, so they won't take a risk at losing their current jobs in order to fight for more earnings. From the perspective of the urban citizens, they value themselves for their high education and decent jobs but often look down upon the migrants, especially those who work as *coolies* and they haven't realized that their daily life depends much on the work done by the migrants. However, they are highly appreciated by the ones who cannot migrate into the cities and in these people' eyes, the migrants are part of the cities. In face of the peasants, the migrants themselves feel superior and confident because of their higher income and broadened views of the world. Generally speaking, in the value theory, the migrants are on one hand dominated by the urban citizens and devalued by them and even by themselves; but on the other hand, they are valued by the peasants who stay in the countrysides. As a result, they become the margin of the society and cannot really be part of the cities, so there comes the name of them: the marginalized. However, the society should first consider the migrants as equal as the urban people and then make efforts to make the migrants themselves feel that they belong to the urban areas and then fulfill their value as citizens in the city.

From the analysis of the *value* theory, the current status of the migrant are by no means good or equal to the citizens in the cities, so the question why they are still flushing into the big cities is easily raised. In Everett S. Lee's *Push-pull theory*, the reasons for the peasants' migrating into the cities are divided into *push* and *pull*.[12] From the angel of *push*, which indicates the reasons why the peasants leave their hometown—the countryside, several aspects are included. Firstly, the income from farming is so little that farmers cannot afford their lives, let alone the tuition fees of their children. In China, farmers are famous for their whole-year-long hard work, while they earn imbalancedly little, compared to their hard work, from seeding in spring and harvesting in autumn and at times, the natural disasters destroying all their efforts and leaving them nothing but tears. And this is one *push*. Secondly, with the one-child policy poorly implemented in many rural areas, the population grows so fast that the villagers have few opportunities to get a job besides farming, while nowadays there is decreasing land that are used to be farmed; as a result, a number of young peasants have no choice but to turn to the urban areas for work—which can be easily called another *push*. Besides *push*, *pull* also works well in attracting the rural people into the cities. In the first place, the city are more interesting with all kinds of people coming from many parts of the country, even from the whole world, various happenings within the city everyday, and totally different lifestyles, all of which broadens the peasants' horizons. What' more, the chances of getting a job are much larger in the cities than that in the countrysides. And the migrants can even choose what they like to do in the cities while in the rural areas, mostly they can only farm. Besides, their several months' income definitely will be much higher than that they gain from hard farming throughout a whole year. These above are three basic lures from the cities to the migrants. In a higher level, there are more attractions or *pull* from the urban areas. As far as the migrats' children are concerned, the living conditions and educational environment is much better than that in the rural areas. To give the children a better chance for living and studying plays an important role in the decision-making process for the migrants whether to move into the urban areas or just stay in the rural hometown. With both *push* and *pull*, the urban areas attract more and more migrants moving in. This theory well illustrates the reasons why it is a trend for the peasants to migrate into the cities.

Conclusion: the future of the marginalized

Distinguished from the other disciplines, anthropology now has its own departmental and institutional boundaries. [13] Usually anthropologists have to do twofold work—firstly employing social theories to explain the existing phenomena and secondly modifying and improving the related theories. [14] That's how and why the value theory and the *push-pull* theory are employed in this paper. Through the *push-pull* theory, the attractions from the urban and the backwardness in Chinese rural areas will undoutedly enlarge the number of the marginalized. With the increasing number of the people in this group, the marginalizd will draw more and more attention from the Chinese society and government. The marginalized themselves will also gradually realize how powerful they are. This is the real value of them, and the local people in the cities will see the important roles the marginalized play in the whole society and then realize how the society lives upon the marginalized. From the analysis with these two theories, the future of the migrants is bright, with the marginalized equally having the rights as the local people do, having specific institutions to protect their rights and the most important being that they are full aware of their own power to unite each other to make their voice heard.

Notes

1 Alan Smart , Li Zhang. From the Mountains and the Fields: The Urban Transition in the Anthropology of China. China Information20, 2006, 3:481–482.

2 Alan Smart , Li Zhang. From the Mountains and the Fields: The Urban Transition in the

Anthropology of China. China Information20, 2006, 3:482.

3 Gregory Eliyu Guldin. Of Disciplinary Births. in Urban Anthropology in China, ed.Gregory Eliyu Guldin and Aidan Southall, New York, 1993.

4 Chih-jou Jay Chen. Transforming Rural China: How Local Institutions Shape Property Rights in China. Oxon: Routledge Curzon, 2004.

5 William Hurst. The City as the Focus: The Analysis of Contemporary Chinese Urban Politics. China Information20, 2006, 3:463.

6 Alan Smart and Li Zhang. From the Mountains and the Fields: The Urban Transition in the Anthropology of China. China Information20, 2006, 3:489.

7 HomiBhama. Remembering Fanon: Self, Psyche and the Colonial Condition. Colonial Discourse and Post- Colonial Theory. Prentice Hall, 1994:122-123.

8 Alan Smart and Li Zhang. From the Mountains and the Fields: The Urban Transition in the Anthropology of China. China Information20, 2006, 3:492.

9 Shenjing He, Zhigang Li, and Fulong Wu. Transformation of the Chinese City, 1995-2005: Geographical Perspectives and Geographers Contributions. China Information20, 2006,3 :442.

10 Gayatri Chakravorty Spivak. Can the Subaltern Speak. Colonial Discourse and Post- Colonial Theory. Prentice Hall,1994:102-104.

11 David Pedersen. Toward a value theory of anthropology. Anthropological Theory8, 2008, 1:5-8.

12 Everett S. Lee. A Theory of Migration. Demography3, 1996, 1:47-57.

13 Jerry Eades. Anthropology and the Interdisciplinary Study of Chinese Society. New Reflections on Anthropological Studies of (greater) China. The Regents of the University of California, 2004.

14 P Steven Sangren. China's Anthropological Significance. New Reflections on Anthropological Studies of (greater) China. The Regents of the University of California, 2004, 38: 41.

Reference

Bhama,Homi. Remembering Fanon: Self, Psyche and the Colonial Condition. Colonial Discourse and Post-Colonial Theory. Prentice Hall, 1994.

Chen,Chih-jou Jay. Transforming Rural China: How Local Institutions Shape Property Rightsin China. Oxon: Routledge Curzon, 2004.

Eades, Jerry. Anthropology and the Interdisciplinary Study of Chinese Society. New Reflections on Anthropological Studies of (greater) China. The Regents of the University of California, 2004:11.

Guldin, Gregory Eliyu. Of Disciplinary Births. in Urban Anthropology in China, ed.Gregory Eliyu Guldin and Aidan Southall. New York: E. J. Brill, 1993.

He,Shenjing, Zhigang Li, Fulong Wu. Transformation of the Chinese City, 1995-2005:

Geographical Perspectives and Geographers Contributions. China Information20, 2006, 3:442.

Hurst, William. The City as the Focus: The Analysis of Contemporary Chinese Urban Politics. China Information20, 2006, 3:463.

Smart, Alan, Li Zhang. From the Mountains and the Fields: The Urban Transition in the Anthropology of China. China Information20, 2006, 3:481-482.

Smart, Alan, Li Zhang. From the Mountains and the Fields: The Urban Transition in the Anthropology of China. China Information20, 2006, 3:482.

Lee, Everett S. A Theory of Migration. Demography3, 1966, 1:47-57.

Pedersen, David. Toward a value theory of anthropology. Anthropological Theory8,2008, 1:5-8.

Sangren, P. Steven. China's Anthropological Significance. New Reflections on Anthropological Studies of (greater) China. The Regents of the University of California, 2004:38,41.

Smart, Alan,and Li Zhang. From the Mountains and the Fields: The Urban Transition in the Anthropology of China. China Information20, 2006, 3:489.

Smart, Alan Li Zhang. From the Mountains and the Fields: The Urban Transition in the Anthropology of China. China Information20, 2006,3:492.

Spivak, Gayatri Chakravorty. Can the Subaltern Speak. Colonial Discourse and Post-Colonial Theory. Prentice Hall, 1994.

The Change of Migrant Workers in China in the Reform Era

The migration flood has been a dramatic phenomenon in China since 1978. This group has witnessed and also experienced significant changes throughout the past three decades. The number of migrant workers keeps growing in number and they win them the governmental changes for benefit. Besides positive changes, there are also social problems relevant of migrant workers. In this essay, I will firstly illustrate and analyse the changes and continuity the migrants has been through in the reform era. And then I will further analyse the gain and loss of this group of people, in the perspective of what these changes influence the migrants and also the society.

Changes of the migrant workers

The reform era has witnessed several changes of the migrant workers. First, the number of migrant workers has dramatically increased. The annual increase of the migrant workers from 1989 to 1993 was about 25%. By the early 1990s, neraly sixty million rural migration were working outside their villages. The growth of rural labour migration continued in the 1990s, and by the mid-1990s, the total migrant population was probably about eighty million people, accounting for one quarter to one third of the total population in major cities(Mallee, 2005: PP143). From the 1978, rural people tried to make a living by selling farm production to urban citizens after decentralization at first, which was the beginning of migration flood. And then small business, such as selling cheap clothes at a stand, enabled them to stay longer in the cities with direct income and goods supply. (Mallee, 2005: PP142)

Second, the social networks also works in the spread of migrant workers. When one migrant worker has settled down and become capable of making a living in a city, he or she may probably inform his or her fellow villagers of the fortune to go outside of their hometown by showing what he or she has seen and experienced, as well as the relatively higher income than that from farming. And also the early migrant will help the later one with information for jobs and accommodation. In this case, not only more and more villagers come out of the villagers and try to live and work in the same spot, also do they gradually form their own connections to protect each other in the urban where they are classed as outsiders, and are somewhat looked down upon and isolated by the urban citizens. (Mallee, 2005: PP143) According to Pun Ngai, migrants identify themselves by locality, kinship and also dialect. Sometimes they even isolate themselves from those from different parts. (Pun, 1999: 6-10) Take the "Zhejiang Cun" in Beijing for example. Rarely can people point out the physical locality of this place, but it is a connection among those who come from Zhejiang to dagong in Beijing. It is actually a migration living zone, most of them are from rural Zhejiang province; as a result, the urban citizens call it "Zhejiang Cun". As the urban citizens are not willing to share their living space with the rural migrants, this special zone is formed as more and more Zhejiang migrants come into Beijing. With geographical advantage, it is convenient for these migrants to help each other and protect each from being humiliated by the urban citizens. Furthermore, it's also beneficial for them to monopolize some small business, such as cheap clothes or textile products, etc. Crimes are also less in such a zone full of the same origin than one filled with people from different places and speaking different dialects. (Zhang, 2001:PP 203-205)

Third, migrant workers have become part of China's economy. They have contributed a lot the the economic booming in China, which originally called upon migrants into cities. Because of the open reform, China has been open to the international market and also become a supplier of goods. Urban enterprises, such as textile and machine-building industries, construction, urban sanitation and others, benefit from the reform and expend their factories in order to make more money, but they also faced the shortage of labour, that's why it is possible for migrant workers to survive and keep flood in to the major cities. Through three decades, the income of migrant workers ahs also risen at about 25 per cent by now. (Mallee, 2005: PP143)

The governmental control over the migrant workers has been also changed, especially the hukou system, but still very strict. And also the state becomes tolerant in residing contemporary migrant workers with income to survive by means of issuing contemporary residence permit, and most importantly because economic development needs cheap labour. As a result, nowadays it is common to see a rural couple live and work together in the city. Furthermore, in order to promote and balance the marriages between rural and urban, it is possible for the children to be registered in their fathers' place of residence, which enables more rural girls into cities than even before. (Mallee, 2005: PP145)

Continuity

In spite of the huge contribution from the migrant worker to the national economy and urban development, it is still impossible for them to become real urban citizens, especially after the government cracked down the hukou transfer policy. They leave the land by cannot leave the countryside. (Mallee, 2005: PP143) With the denial of the hukou system, the migrant workers are shut out of the door the city. They cannot enjoy the same social welfare as the urban citizens. They pay more in seeing a doctor. They have no pensions when they are too old to dagong. Their children cannot go to the urban schools without a large sum of registration fee which they cannot afford.

The discrimination has never gone away, because the urban citizens are entitled with superiority by the hukou system, while consequently, inferiority to migrant workers. The migrant workers are still classed by the urban residents as outsiders, even they work for ten or more years in the city. The urban people excludes the migrant workers from classical and elegant occasions by instinct. They public servers treat they rudely as they are not human being. In Amy Hanser's "the gendered rice bowl", the underground with rural women selling cheap clothes is a place where elegant urban citizens are not supposed to approach. And those rural women are destined to be humiliated and little chance for upward mobility. (Hanser, 2005: PP 591)

As the laid-off workers compete with the migrant workers, it is obvious the hukou plays a crucial role in finding jobs. Migrant workers are under more pressure in seeking working opportunities without an urban hukou. Some large cities even restrict the migrants' employment options. At work, the migrant workers are exploited as much as possible. They work nearly eighteen hours a day, and mostly, seven days a week without a single day for rest. They are easily punished for some totally trifles. (Pun, 1999)

Gain in migration

Dagong is quite humiliating and torturing experience, but there are more and more rural people jump into this pot, because they can earn more in the city than farming in the village. With heavy tax and fees, villagers could barely live from hand to mouth from farming. They couldn't afford treatment of a serious disease or the tuition fee of their children. But with the hard work in the city, they can fulfill their needs with as many jobs as they need if they can physically stand. Moreover, the colorful urban life is another attraction to them. In the villages, they didn't even have electricity. At night, they just went to sleep when the dark was getting; while in the city, they can at least hang out for nights, or shop a little bit as there are cheap products in China, even if they cannot afford the real fun as the urban citizens enjoy.

For the next generation of the migrant workers, some of them are born and live in the city. They have broadened views than those rural kids. Some of them, if lucky, can go to migrant children's school, which is by no means the same as the urban schools, but far better than the rural schools in the aspect of material conditions, or at least geographical advantage of being near the world of information.

Loss in migration

Identity lost is the major psychological response to dagong in urban areas among migrant workers. They are the host of the villagers, but when they are in the cities, they are not treated as guests are servants. When needed, the migrant worker offer their energy and life for the economic growth; when the financial crisis occurs, they are the first to be pushed out of the city to give away their jobs to those urban citizens, and also the last to be considered to be helped financially.

All the building are set up by the migrant workers brick by brick, also are the bridges, subways and others, but the migrant workers cannot use them as owners but the urban citizens. The floating population suffer physically because of the long arduous work, and are also psychologically tortured out of being deeply humiliated. Under this circumstances, this floating population is a potential disaster to the social order. Because of the overload of rural people into cities and also lots of laid-off workers, the limited job vacancies are to be fulfilled and the rest will remain unoccupied, lingering around in the city. Used to wonderful urban life, many of them are not willing to go back to boring countryside, where nothing except farming can be done. This unoccupied group will lead to lots of trouble when they are humiliated by the urban citizens. Dissatisfied with the conditions of no work, no income, they dare nothing.

For the second generation of migrant workers, some of them may be born right in cities, but they are still rural because of the hukou system; some are left in the villages, separated from their parents. For those live in the cities, they feel unequal as the urban children, who grow up together with the rural children. The only difference is the mark on their hukou booklet. Psychologically humiliated by this gap, this generation of the migrant workers will cause a lot of trouble when grow up along with non-understandable inequalities in education, job hunting. The urban children can go to beautiful kindergartens, while the migrant cannot afford it but linger around their parents' stand. The urban teenagers can take part in fantastic clubs, while the migrant need help their parents to make money to survive. The urban men can pick any girlfriend they like and change frequently; while the rural men wait to to introduced to a rural girl. All these differences will arouse social unrest. For those left in the countrysides, they have no care from their parents. It is easy for them to be inward and emotionally distorted. And also they have no supervision on homework or study, as a result, they will remain poor financially and academically.

Another loss is their own property-the land. A large amount of land is being wasted because there are not enough young labours left in the rural areas for framing. Most of them are following the migration flood into the city with no aim. Agriculture lags behind in China's national economy as a whole. Without enough staff working on it, agriculture will be increasingly backward, and will never catch up with the other industries. Finally agriculture will be a killing point to China's economy, dependent on export.

Conclusion

Since the beginning of the reform era, every corner of China has experienced great change, and there is no exception to the migrant workers. They are the main role in the changes, contributing a lot to China's economy and urban development. However, they are still outsiders of the urban areas, because of the hukou system. They are excluded from the mainstream urban life but only see and listen to what happen in the city without real participation. They are also looked down upon by urban citizens. Under this circumstance, dissatisfaction out of inequality will be aroused in migrant workers and lead to serious social disorder and domestic rage. There are still changes in need to for real improve the status of the migrant workers in the cities, such as the adaptation of the hukou system as to give more benefits to the floating population.

References

Amy Hanser "The Gendered Rice Bowl: The Sexual Politics of Service Work in Urban China." *Gender & Society,* 2005, 19(5).

C. Cindy Fan "The state, the migrant labor regime, and maiden workers in China." *Political Geography,* 2004. 23(3).

Hein Mallee, "Migration, hukou and resistance," in Perry and Seldon, eds. *Chinese Society: Change, Conflict and Resistance.* Routledge, 2003 .

Li Zhang, "Contesting crime, order and migrant spaces in Beijing," in Chen, Nancy N., Constance Clark, Suzanne Gottschang, Lyn Jeffery, Eds. *China Urban: Ethnographies of Contemporary Culture.* Duke University Press, 2001.

Pun Ngai. "Becoming Dagongmei (Working Girls): The Politics of Identity and Difference in Reform China." The *China Journal,* 1999, 42.

Migrant Workers and Pension Insurance

1 Migrant workers and pension regulations through history

Since the economic reform in 1978, migrant workers have become a new group in China. Usually migrant workers move out of poor areas and into comparatively richer cities, which offer them more job opportunities and help them make more money for a better living and some of them use their earnings to subsidy their families back in the poor areas. In a word, they originally come from poor areas, mostly villages, and work as labor or in service industry in cities for money. The number of the migrant workers has hit 200 million at the end of 2008 (National Bureau of Statistics of China: http://www. stats. gov. cn/was40/gtjj_en_detail. jsp?searchword=migrant&channelid=9528&record=3). Because of the dual-system in China—the division between cities and villages, migrant workers have become the people at the edge. They are geographically from villages, but that's the only reason they are called "peasants." They do work in cities and suffer from the pressure and risks as urbanites do. They live a city life. The duality of their identity has caused trouble in realizing migrant workers rights in cities. And the pension insurance is an important one as I observe.

Through history, different pension regulations were set for urbanites and peasants firstly. However, when the migrant workers were coming out gradually, they became the conflict between the two different pension systems. Where should be the migrant workers put? They are born by peasant parents, but they do urban jobs and live in the urban. For years after the economic reform, as the central government has realized how important the migrant workers are for China's economic development and due to the weakening effects of the dual system between cities and villages, the aim to integrate migrant workers into the urban has been on the government's agenda. To integrate migrant workers into urban pension system is one of the steps to integrate migrant workers into cities. However, migrant workers are characterized by moving quite often and earning little and the pension insurance is also quite beyond the migrant workers from the perspective of paying for total fifteen years; as a result, the integration is not easy. In this chapter the pension regulations will be examined through history and where the migrant workers should really be will be looked into.

1.1 Pension regulations in urban areas after the reform

In 1991, a policy titled *Decisions on old age insurance scheme for workers of enterprises* was made. The State Council emphasizes in this policy that "the state-owned-enterprise (SOE) pension scheme is very important to protect retired workers and maintain social stability. It reduces the burden upon the state and enterprises, promoting economic structural reform" (SC, 1991). This scheme was only compulsory for SOEs, but for collective-owned enterprises, mostly managed by local governments, they were only encouraged to implement it. And for private sector and joint venture companies it was just voluntary to implement the scheme (Chan, Ngok, Phillips, 2008: 63). As the policy only protected the retired workers from SOEs, it's fair to say that the scope of the protection was very limited. Although the other enterprises were encouraged or left for full independence to choose to implement it or not, most companies chose not to in order to save money as it was not compulsory.

In the early 1980s and 1990s, the wave of migrant workers just started and the migrant workers in the early 1990s were called the first generation of migrant workers. They were the pioneers in leaving villages for jobs in cities. Although nowadays migrant workers work in varied fields depending on their education or technological abilities, they were mainly working as labor force and in service industry of private companies in the early 1990s as most of them were educated only at primary school level or even below. According to Zhang (2008: 71), the first generation of migrant workers was still more like peasants in stead of urbanites, physically and psychologically. They were connected to farmland as they felt the land was their ultimately home; due to the clear and strong division caused by *hukou* system, migrant workers felt discriminated in cities and inferior to urbanites. They worked in cities mostly in order to make money to subsidy their families and they were returning to villages when they were too old to do labor work. They considered themselves as passers-by in cities. They changed jobs quite often and without aims. Obviously, they were excluded from SOEs, let alone the possibilities to be integrated into the new pension scheme.

In 1995, A *Notification on deepening reform of the old age pension insurance system* was published (SC, 1995). This regulation involved more people besides retired workers from SOEs. And the ultimate aim was to build up a unified system, where all kinds of enterprises and workers were included. However, this notification gave too much freedom to local government from the perspective of deciding the amount to contribute according to local circumstances. Here, the inequality and unbalanced welfare from region to region was strengthened, especially from the same SOEs. As Leisering pointed, this freedom caused further "fragmentation of the old age system" (Leisering et al, 2002: 21).

In 1997, the pension insurance idea was further systemized by a circular issued by the State Council, the *Decision on establishing a uniform basic old age insurance system for enterprise employees* (SC, 1997a). This document spotted three aspects in the pension insurance. It firstly put sup a new idea of a "social-pool-plus-individual-accounts scheme," which means the pension insurance should be divided into two parts. The contribution of the employer or in another word, the enterprises, was put into the social pool, which couldn't be retrieved by the individual when they cut off the pension insurance halfway, but be collected by the government. The individual part of the contribution was always the individual, and the individual could get what they contributed into the accounts when they cut off the pension insurance halfway. However, since 2010, in order to further systemize the pension insurance, the central government issued a new regulation, which forbade the pension insurance involvers to cut off the pension insurance halfway, which meant the individual couldn't retrieve the social part or the individual part of the pension insurance. Secondly, it built up the common contribution rate for the employer and the employee, which somehow softened the inequality and unbalanced welfare from place to place. Lastly, the circular expanded the pension insurance scheme to all kinds of enterprises and self-employment. Here, the central government considered including all walks of lives in the urban into the pension insurance scheme, which would in the future help enhance the inequality and common welfare for all the urban old people, and therefore, would be a good move to set up a safer society. (Chan, Ngok, Phillips, 2008: 63) But at this point, the controversy somehow appeared when speaking of the migrant workers. The migrant workers were, according to the *hukou* system, by no means the urbanites, but they workers in urban sectors, and lived in urban areas. As a result, from my point of view, even though the government intended to include the migrant workers into the pension insurance system, migrant workers would be destined to be a group without a clear identity when the *hukou* system clearly referred to a superior identity, which then would cause a lot of problems in categorizing them, such as in the pension insurance system.

In 1998, a further circular, entitled *Issues about the social pooling of the basic old age pension insurance at provincial level and the transfer of occupational pooling to local administration* (SC, 1998), was published. It set up a time agenda to realize the social pooling of the pension insurance at a provincial level by the end of 1998. Furthermore, the circular addressed that the local government should set the same contribution rate for all the employers in the same province, which enhanced the equality in the same province (Chan, Ngok, Phillips, 2008: 63).

1.2 Further revisions in the 2000s

In the 2000s, there were more changes to the existing circulars about pension insurance in urban areas. In 2002, not only enterprises workers but workers with varied patterns participated in the pension insurance scheme. Workers with flexible workers or self-employed were to pay the pension insurance at 18% of the average income in the local region. In 2005, SC issued a directive entitled *Decision on improving enterprise workers' basic old age insurance scheme* (SC, 2005). It further enhanced the 1997 circular by setting up a standard contribution rate for employers and employees. However, it set different standards for enterprise employees from employers self-employed and employers with flexible work.

As a result, it was not until 2005 that China central government built up clear, comprehensive, concrete and standard old age pension insurance for urban workers. There were generally five aspects as designed in the pension system. The first was the basic financial system, which was a combination of individual contribution and governmental subsidies. The second was about the contribution tare. It limited the enterprise contribution rate no more than 20% and for different regions, the rate was set by the local authorities. For the enterprise employees, they should pay a rate at 8%, but for employees of flexible jobs or self-employment, they must pat a rate at 20%. The third was about the pension age, which was comparatively fair that male retired at 60 and women 55 over the country, except for some extreme jobs, such as coal miner or working in deep sea or high temperatures. The fourth was about the contribution requirements. It required for a 15-year-long contribution and for those who paid less than 15 years, they could only get their contribution into the individual account back. The last point was about the benefits, which basically set the pension almost determined by the local wage level (Chan, Ngok, Phillips, 2008: 65). For all the workers in the urban society as a whole, this pension insurance scheme somehow balanced their welfare. As the privatization of the SOEs, the enterprise workers lost their superior welfare, but were included into the common pension insurance scheme. But for workers with unstable jobs or self-employment, they used to have no security for their old loves, but the new pension insurance scheme took them into consideration and guaranteed a better old live for them with steady pension. Therefore, all the works' welfare was balanced by the new scheme. However, from the perspective of different regions, the contribution rates were different, which somehow badly strengthened the inequality among different regions. And also, the migrant workers were not included into the new pension insurance scheme, which caused further improvement of the pension insurance scheme (Chan, Ngok, Phillips, 2008: 64). This pension insurance scheme, to my idea, was not fair, as it set different contribution rates for enterprise workers and self-employment and flexible workers, which in the future hampered the process to include the migrant workers into this scheme, as seen from the variations, the it needed a new contribution rate for migrant workers alone.

Since the 1970s, the rural pension system had been through some changes because of the disappearance of communes, which were replaced by families. According to Leisering (2002), the design of rural pensions between 1991 and later changes up to 2002, the changes mainly aimed to attract more peasants to participate in the rural pension system, such as flexible payment (prepayment, back-payment, etc.), reduced retired age from 60 to 55, even 50, and the benefits being increased by 10%, etc. However, the expansion of the rural pension scheme was limited by several factors, such as the competition from the insurance companies, the unwillingness of the local governments to contribute into the pension scheme and other reasons (Leisering, 2002: 19) Moreover, from the perspective of the peasants, the pension insurance was just like savings, due to lack of subsidies from the local government, as the local government had the freedom to decide whether to contribute in pension insurance or not while most of the local government chose not to. Therefore, to peasants, the pension insurance was not profit-making either in a short term or in a long run (*People's Daily Online*, 2006b). As a result, the number of the old-age pension scheme participants decreased from 82.8 million to 53.8 million from 1997 to 2004 (Shi, 2006: 80 I) It was fair to say that the changes through the 1990s had pushed no development so that the expansion of the scheme was not successful at all and the coverage was still small.

1.3 Pension insurance and migrant workers

From 1995, migrant workers were put into the consideration of being included into pension insurance system in theory, but there were problems remaining in practice. The 1995 notification started to apply the urban pension insurance to migrant workers, ceasing the exclusion of migrant workers out of the urban pension system. The later revisions in 1999 further opened the pension system to migrant workers by requiring the companies to set pension accounts for their employees, including migrant workers. The 2001 notification clarified the relevant regulations about migrant workers that for those migrant workers who had contracts and also pension insurance, when they cut off the contracts, the personal account of the pension insurance should be kept by relevant social agency or to the migrant worker's will, the total personal account would be paid at once to migrant workers. But the part from the social pool would be kept by the government, and when they set another contract, they needed to start over new pension insurance for another 15 years. In 2002, the government further emphasized that all the companies who employed migrant workers should sign contracts with migrant workers and pay their social insurance (Lv et al, 2008: 169-170).

However, the pension insurance since 2002 was not very welcomed by migrant workers. Firstly, the coverage of the pension insurance was still low among migrant workers. According to Lv, in 2004, from a research among 15, 000 migrant workers in Chongqing, there were over 90% of them having no pension insurance. In Jiangsu province, Shanghai, Guangzhou, etc. companies were pushed by the government to buy pension insurance for migrant workers. From my fieldwork in December, 2009 in a township company in Nanjing (A), all the workers in this company were from rural areas. A mainly does work on setting telecommunicating cables, which means it is a labor-intensive company and needs a lot of labor. The workers in this company were divided into two categories, the managing level and the labor workers, with a rate 1:5. According to my respondent, Gao, there were 90% of the managing level workers had pension insurance, which were managed by the company, while 90% of the labor workers had no pension insurance, and the only 10% or less had pension insurance because these labor workers had another position in state-owned companies as maintenance workers. Gao told me that the government asked the company to buy pension insurance for the migrant workers in 2006, but at that time, the boss paid no attention to the regulation and did nothing until 2008, when the company got punished by the relevant department for not buying pension insurance for its workers. As a result, it was fair to say the employers were not willing to buy pension insurance for migrant workers as it cost a lot and also risky due to the high mobility of migrant workers.

Secondly, the rate of cutting off the pension insurance was quite high. Guangzhou was the pioneer of including migrant workers into pension insurance and expanded it. However, even in Guangzhou, the rate of cutting off the pension insurance was high. In 2004, there were 1, 050, 000 migrant workers participated into the pension insurance, but 400, 000 of them cut off the pension insurance in 2007. And in Shenzhen, the total number of migrant workers who took part in the pension insurance was roughly 500, 000 in 2008, but every year afterwards there were over 120, 000 migrant workers cut it off. To pay a total 15years of pension insurance was quite a burden of migrant workers as they moved quite often and it was quite complicated to cut the insurance off and start over; in other words, the regulation was not perfect for migrant workers to participate in pension insurance.

Lastly, the will of the migrant workers to pay pension insurance was not strong. The reasons were below: firstly, compared to injury insurance and medical insurance, pension insurance wasn't that urgent or important for migrant workers or their families; second, migrant workers were mainly from villages, where people had the idea of "raising a son for old lives" instead of buying pension insurance; thirdly, pension insurance seemed not profitable in a short term. For migrant workers, paying 15 years was quite risky of not getting anything back (Lv et al, 2008: 168-169). From my fieldwork, those labor workers were not willing to buy pension insurance as they didn't believe in that their long term input of 15 years insurance would turn out to be a useful way to support their old lives;

instead, they'd rather count on their children. And for some of them, who showed a little interest in pension insurance, they had no idea how to buy it and where to do it, where I guess the government didn't work enough on the propaganda on pension insurance for individuals with low education. More points from my fieldwork on why migrant workers were not willing to participate in pension insurance were that: the pension insurance was not low, and the salary of migrant workers was not high that they somehow couldn't afford the pension insurance. Furthermore, it was difficult to move pension insurance with them, as different places had different pension insurance rate, which caused trouble for migrant workers in moving.

In a word, for migrant workers, the pension regulation was not perfect or profitable for them, and their own conditions also hampered their will to participate in the pension insurance.

1.4 The new era of pension scheme in both urban and rural areas

In 2009, there were two new regulations on both rural and urban pension insurance coming out in order to include more and more peasants and migrant workers into pension insurance system. These two pension regulations offered migrant workers two options, both aiming to attract them to participate in pension insurance.

The new rural old-age pension insurance scheme in 2009

The meeting on the new rural pension scheme was closed on the 19th of August, 2009. Combined of personal payment, social pool and government subsidies, a new rural pension insurance scheme was put up and put into experimental practice. The new rural pension learnt from the urban pension insurance system, consisting of three parts, the personal accounts, the social pool and the governmental subsidies. The old pension insurance was all personal account, which was like saving account. The new rural pension scheme enables peasants to have pensions like common urbanites after their sixty. According to the scheme, by 2020, all the peasants will have had the new rural pension insurance.

The new rural pension scheme has several principles in practice. First, this new pension scheme is based on the rural factual situations, staring at a low point, which means it has a lower payment compared to the urban one. Second, the pension insurance is combined of three parts, the individual, the collective and the government. The responsibility is not only the peasants alone, but also the collective and the governmental.

Third, the new scheme should be publicized by the government and the peasants should be guided by the government and decide to participate at their own wills. Four, the new scheme should be put into practice in some experimental places and then be extended (The Central Government of the People's Republic of China: http://www. gov. cn/zxft/ft188/content_1415538. htm). This new scheme aims at adults above 16 years old, who are not students and have no urban pension insurance account. At the age of 60, the pension will be given out.

For migrant workers, the new rural pension scheme is a good option, as it's cheap, now basically there are five categories of rural pension insurance, from 100 to 500. For those who will spend their lives after retirement in their home villages and it also saves a lot of troubles in transferring the pension insurance. The further advantages of the new rural pension scheme are good for migrant workers. Take Beijing for example. For migrant workers, who settle in Beijing and used to have the new rural pensions, they can have their rural pension payment transferred into urban pension, according to the rate and years of their rural pension insurance. Moreover, for those migrant workers, who cannot pay total 15 year pension insurance in urban areas, they can have all their personal account at once transferred to their local pension agency and have their pensions according to the new rural pension insurance scheme (Mingonwang:http://www. mingong123. com/news/4/zxbd/201001/b147197e9bb68707. html).

To set up this new rural pension insurance system, the government aims to build up a common welfare system in both rural and urban areas, which will secure peasants basic lives and narrow the gap between the rural and the urban, and then enhance the social safety in rural areas. From my point of view, this new rural pension scheme gives migrant workers a good option and safer backup for their lives after retirement.

The new pension scheme in urban areas from 2010

On 22nd December, 2009, a new interim measure was passes by State Council—*the Interim Measures on the transferring and continuation of the basic old-age insurance for urban enterprise workers* (chengzhen qiye zhigong jiben yanglao baoxian guanxi zhuanyi jiexu zanxing banfa). This new measure starts on the 1st January, 2010. The content is basically: including migrant workers, all the urban workers can transfer their pension insurance with them, across provinces. When moving the personal account, 12% from the social pool can be move as well. The payment can be accumulated among different provinces with the same personal account. As in the same province, there is no problem in transferring pension insurance account as it is in different provinces, the new interim emphasizes the importance of the transferring among different provinces. The same is true to migrant workers. But for those retirees who already have their pensions, their pension insurance accounts cannot move.

However, according to the new interim measure, the pension insurance cannot be cut off halfway any longer, but can be only transferred and continued, which means when the pension insurance is stooped, it can be picked up afterwards; in other words, the pension insurance don't need to be paid consistently but accumulatively for 15 years.

Where to get the pension is a concern of the migrant workers. The first basic principle of how the pension insurance accounts finally settle the where the pension is given out is where the migrant workers' *hukou* is and the second principle is the length of their working at one place, where 10-year is an important division. For example, for migrant workers who work for 10 years at one place, their pension will be given out at this place whether it is the last place worker they work or not. For those migrant workers, who never work for 10 years at one place, their pension insurance will be transferred to where their *hukou* is and be given out according to the local financial situation.

The new interim measure tries to promote the labor mobility among provinces and helps the interest and welfare of the staff that move between the rural and the urban. It really enhances the pension rights of the migrant workers, wherever they go, their pension insurance can go with them. Moreover, it really helps complete the social welfare system. As combined with the new rural pension system, when the migrant workers cannot finish paying 15 years of urban pension, they can move the urban pension with them to return to rural areas if they're willing to settle down in their hometown after retirement. The new interim measure remarkably breaks the barriers between the rural and the urban and among provinces, as a result, it can attract more migrant workers to participate in pension insurance and therefore, can expand the pension insurance coverage so that the aim of building up a common welfare system in both urban and rural areas, and securing a basic live for everybody can be realized. Wholly speaking, the new interim measure really helps a lot in promoting the development of the common pension insurance system in China; for migrant workers, they have got a better and safer option to choose to secure their lives after retirement (http://www. longyan. gov. cn/smpd/smsh/201001/t20100120_128049. htm).

However, there are still doubts about the new interim measure of the urban pension insurance. Sheng thinks that the new interim measure has obvious disadvantages, which will hamper more migrant workers' interests than before (http://money. yzdsb. com. cn/system/2010/01/03/010314058. shtml). As he reads how the pension insurance accounts finally settle, to transfer the pension insurance which is paid less than 10 years to where *hukou* is absolutely stands on the migrant workers' light. Sheng estimates that there are almost few migrant workers who work at one place for over 10 years, which means all migrant workers will go back to where their *hukou* is for their pensions. However, from my fieldwork result, the three managing level workers in A all have worked over 10 years in A and they are all above high school education level. But those labor workers, who are mainly at primary school level or even below, can change working place every year. From my understanding, the education level and working type affects how long a worker can do in one company. But the number of labor workers highly overpasses workers of office work depending on education and from my field work result. Sheng analyzed that normally, the migrant workers' hometown are far way poorer than the places where they work; as a result, migrant worker pay pension insurance at a developed city level, but get back at a poor village or county level, which means their gain is by no means equal to their input, but much lower. Although this difference comes out of regional financial gap, the point is the new interim measure should be more complete and take migrant workers' interests into real and factual consideration.

1.5 Conclusion

This chapter has looked into the urban and rural pension insurance regulations in China through history, after the economic reform. From the 1990s, the migrant workers have been more obvious and it is somehow shown in the changes of the urban pension insurance by including all kinds of workers into the pension insurance system. Not until 2002 was a complete and comprehensive urban pension insurance system settled. Guangzhou pioneered in equally treating migrant workers and its local people in pension system. However, due to high mobility, paying 15 year pension insurance at one place was not practical for migrant workers. Therefore, participating in urban pension insurance system was not very helpful but quite risky for migrant workers and urban pension insurance coverage of migrant workers was still low. But at the beginning of 2010, the national mobility of pension insurance was realized, which was practical for migrant workers. This new measure was supposed to encourage more migrant workers to participate in principle, whereas there were still doubting voices coming up.

Rural pension insurance before 2009 was almost like savings, because the rural pension insurance only depends on personal input. In 2009, a huge step was made to promote rural pension insurance development in order to attract more peasants to take part in rural pension insurance. The rural pension insurance system was changed to be like the urban one, combined with personal account and social pool, plus governmental subsidies. This step will gradually boost the uniting of the urban and rural pension insurance system so as to form a common pension insurance system for the whole society without inequality or differences. For migrant workers, they've got another option to secure a better life after retirement.

All in all, since 2010, migrant workers have more options for their old lives. The barrier caused by *hukou* system will be decreasing and the pension regulation by now has been better for a safer and more equal society in principle.

2 Migrant workers and pension insurance

From the analysis of the chapter above, the new rural and urban pension insurance regulations seem to give the migrant workers more better options and that the pension insurance system has stepped into a new phase, especially for migrant workers. However, according to a newspaper report, at the last day of the former pension insurance, 31st December, 2009, 18, 000 migrant workers gathered to cut off their pension insurance in Shenzhen (http://news. sohu. com/20100118/n269667559. shtml). Over 3, 000 of them were from a garment factory (B), and they were raged because they thought the employer kept the new interim measure from them until the 31st December, 2009, while the new interim measure was carried out one day later. That cutting off the pension insurance is not allowed in the new interim measure upset the migrant workers as they didn't have a chance to cut off the pension insurance because they didn't know about the new interim until the last day. But the employer blamed the government for not publicizing the new measure as the employer didn't know about it ahead of time. Although it was quite late for the migrant workers to get to know the new interim, it couldn't stop them from cutting off the pension insurance. There were still thousands of migrant workers succeeding in cutting it off. According to Dubin, the deputy director of the social pension bureau in Shenzhen, over 80% of the migrant workers were not willing to buy pension insurance, especially those at their twenties and thirties. For them, medical insurance and injury insurance were much more important and useful than pension insurance. In Guangdong province, there were only 800 migrant workers who got pension insurance from the beginning when migrant workers started to participate in pension insurance while there were 26 million migrant workers in Guangdong in total by the end of 2009. In the whole China, there were only 20 million migrant workers who took part in pension insurance system, accounting for 17% of 2.3 billion migrant workers in all. It was fair to say the coverage of pension insurance among migrant workers was extremely low. Even though the new interim measure seemed to be very practical for migrant workers, a huge number of them still didn't buy it. Li, from Guangxi, said she felt much safer and securer to have money in her pocket rather than buy pension insurance, as she would return to her hometown where was too poor to have counterpart. It was risky to buy pension insurance in Shenzhen that if she couldn't pay for 15 years while she couldn't continue it in her hometown, which meant that her input would be wasted in the end. Her worries were quite common among migrant workers.

Before the new interim measure coming out, many specialists thought it was because the pension insurance couldn't move that migrant workers were not in favor of pension insurance. However, now the new interim measure solved this problem, then how to explain the stream of cutting off the pension insurance remained a question. In this chapter, this question will be looked into in this chapter.

2.1 The migrant workers, the facts

Although the urban pension insurance is going through a big or even a fundamental change, the circumstances of the migrant workers are still in a very steady phase. Firstly, low income leaves migrant workers' no chance of paying pension insurance. According to a research from Zhongguo Renmin Daxue (People's University of China), the youngest generation of migrant workers averagely earn 1, 700 RMB per month, which is higher than the other older generations' monthly income due to different education level and working fields, etc. The result is from interviews and questionnaires in 28 provinces, 1595 migrant workers. Migrant workers' income has been rising since the very beginning of the migration. However, this income uprising is only meaningful compared to the migrant workers' income in the past; in other words, at the same time, the costs of living also rise. Basically, migrant workers spend their incomes on living expenses, subsidies to their families in their hometown, and also savings for all kinds of needs, such as children's tuition fees. Living in big cities, they can earn more but also need to spend more than in villages. Most of the older migrant workers have little left for savings, especially when they have both their parents and children to feed, while the younger migrant workers tend to blend into the urban lifestyle, spending more on leisure and entertainment. As a result, normally the older migrant workers have not enough money left for savings, let alone pension insurance or they cannot pay for altogether 15 years insurance, while the younger ones are too early to realize the importance of the pension insurance but need to spend money on enjoying their lives (http://finance. ifeng. com/ news/special/xinshengdai/20100406/2010750. shtml). From my understanding, that the migrant workers' average income is lower than the average urban needs is the reason why they don't participate in the pension insurance system. To make it clear, if they have money enough for daily expenses and also savings, why not pay pension insurance? The explanation is that they don't have enough money for all that they want and therefore they need to sacrifice their future for the present. According to Fan (2008), the higher income one has, the more possibly one will participated in the pension insurance system. He found that if one got 1,000 RMB raise, the possibility he took part in the pension system would be 1.724 times of that before. As he explained, the income raise expanded the chances for one to buy pension insurance.

Secondly, low education leads to both physical and psychological barriers for migrant workers to participate in pension insurance system. On one hand, low education limits the working fields for migrant workers, and therefore determines the income. Even in migrant workers, there are different jobs for different education level. In company A, all the managing level workers are at around high school. Among the four managing workers I interviewed, two of them are at high school level, one at technical secondary school level, one at junior college level. According to my respondent, all the labor workers are almost at primary school or even below. Different education levels result in different working types and for sure, different incomes. Gao told me that the managing workers earned roughly over 2, 500 RMB per month, while the labor worker best got 1, 200 RMB. 8% of the income is not a little number for labor workers, as they need to cover their own living expenses and also their families, while for the managing workers, 8% is not urgent for their lives but can secure a better old live as pension insurance. Besides, the mobility is much higher in labor workers' case than in managing workers', which causes much trouble in continuing a pension insurance account. Fan (2008) figured it out that if a migrant worker moved one more city every year, the possibility of he had pension insurance would drop 0.899 times. It is fair to say that the stronger one's mobility is, the less possibility one will buy pension insurance. On the other hand, low education somehow limits one's thinking so that one would like stick to the traditional rather than try the new. In company A, the labor workers still hold tight the idea "raising a son to support one's old live." Fan (2008) concluded that one who had the stronger idea of "raising a son to support one's old live" would less possibility to buy pension insurance. Moreover, education level results in the coverage that one touches the world. Even though interested in pension insurance, Zhang, from my interview, told me that he didn't know where and how to set up a pension insurance account by himself, which could be easily searched in the Internet. Wholly speaking, the higher one's education level is, the clearer one sees the society and the more possibly one will participate in the pension insurance system.

Thirdly, the employers are not so willing to pay pension insurance for migrant workers. Given the strong mobility of migrant workers, many companies would rather avoid paying pension insurance for them (http://news. sina. com. cn/o/2005-08-16/12476704875s. shtml). The deputy boss of company A told me during the interview that all the labor workers shifted even every year, and the number of the labor workers was no less than 200. He told me that all the managing level workers all had their pension insurance accounts operating well, but it was actually a time-waster to have all the labor workers get their pension insurance. As a result, the mobility of the migrant workers is really a barrier keeping them outside of the pension insurance system. Moreover, the other reason is that the employers lower their cost by means of not paying migrant workers' pension insurance (Fan, 2008). It was not until 2006 that all the managing level workers in company A had their pension insurance accounts set up by their companies. Before 2006, although the relevant governmental department enquired A to set up their workers' pension insurance accounts, the boss, in order to save their costs, ignored the enquiry and then got heavily punished. So it is fair to say, the employer is a very important element to help the migrant workers have their pension insurance, given the fact that many migrant workers are low-educated and quite reliable on their companies. From another side, the governmental supervision over those companies who employ migrant workers is ought to be enhanced.

Low income, low education level and no-favor from the employers, all these elements haven't been not changed heavily by now, which therefore cannot change migrant workers' status of the pension insurance thoroughly or their ideas about it. In order to make a good measure in principle to function well, the important is to make all the elements favor it.

2.2 The new interim measure of urban pension insurance

In this part, the new interim measure will be examined from different aspects, the migrant workers and the government.

The migrant workers as agency

From my fieldwork, Gao told me that they were quite relied when the new interim measure came into being, as he thought he would have no worries when he want change his job. And the other two respondents gave me the same reflection. However, Gao later told me he was quite suspicious of the practicability of the new interim measure. For him, China always had the problem that the central government put up a good regulation or law in principle, but the local governments couldn't stick to it through practice. So he had no faith in this new measure to be really helpful for migrant workers. Yun, who had no pension insurance, said he thought the procedures of the pension insurance account shift would be difficult and time-consuming. He said for a person who had no pension insurance, the new measure was making no difference for him. He said he knew the importance of the pension insurance from CCTV news, but he still didn't know how to put it into practice. Yun even didn't know where and how to set up his own pension insurance account.

Migrant workers still hold their ideas on the new measure because the new measure forbids people to cut off the pension insurance halfway. One migrant worker said although the pension insurance gave them no instant profit, they believed in it in a long term and in any case, they could retrieve the money by cutting the pension insurance. For migrant workers, pension insurance could somehow be like savings in a bank. When they needed money in emergency, they could get them without a problem, which made them feel safe. However, the new measure leaves them no chance to get the money back ahead of time. What if they have something emergent happen, which asks for money, say a fatal disease needing an operation. As the respondent said, to have money in their pocket is much safer than paying it as insurance. It was fair to say at the beginning the new measure failed to win people's trust.

The government—what is a good regulation?

According to Yu, the institutional disadvantage of the existing pension insurance system was the core problem in unifying the national pension insurance system, as was analyzed in the former chapter China had different pension insurance rates from province to province. And the national mobility in the new measure somehow shows that a common system is established, which is essentially helpful for migrant workers in principle (http://politics. people. com. cn/GB/1026/9362113. html). However, institutional creation is not the end; in other words, the institutional change cannot ultimately fix the pension insurance distraction to migrant workers. As Nongchaoer read the new measure, the executing part was the most important part of a new regulation to be successful (http://zhangxucheng134200. blog. 163. com/blog/static/3156229820100218496417/). Just as Gao concerned, the local government usually put their own interest ahead of everything, including the central government's order. As the pension insurance is heavily involved the local finance, the practicability of the new measure is really vague. The conflict comes in two situations. One is that the urban and rural division causes problems here, which kills migrant workers' interests. As Sheng analyzed above, urban and rural pension insurance has different rates and the migrant workers pay for higher insurance at a city level but get lower pension at a village level, where the migrant workers' lost is easily seen. The other one is that moving pension insurance doesn't mean a total shift but only parts of it. For example, if one works in Guangzhou and he finishes paying pension insurance for 15 years. But he wants to spend his live after retirement in his hometown, a small town in Sichuan. As the new measure defines, there should be no problem for him to make this decision, because he can enjoy his live after retirement in his hometown with the money he puts into the pension insurance. However, the Guangzhou government gets his money and keeps his pension insurance account, but the Sichuan government gets not a penny. However it is the Sichuan government who will give out the money to him. Even though the money can be shifted between provinces, only 12% the money from the social pool, which is total 20% originally, can be moved to Sichuan. For Guangzhou Government, with so many migrant workers coming in and out, it is really a burden. For a long term, to make up for the lost 8% money in the social pool for the migrant workers who work outside but come back after retirement, the Sichuan government will put a lot to make it even. This is the first potential problem lying in the execution of the new measure, from my point of view.

Secondly, whether the new measure really benefits migrant workers remains a question. The mew measure was analyzed by supportive specialist that it was really a good regulation as in the long term it would secure the migrant workers' future, and also to protect the local government's interest. However Sheng analyzed, the pension insurance shifting among areas was not really a gift to migrant workers but from another side will finally take what migrant workers gain for free in order to protect the local government's interests. Because migrant workers pay for higher pension insurance in developed cities but get lower pension back in their poor hometowns. The stream of cutting off the pension insurance before the execution of the new measure somehow indicated that the new measure was not that welcomed by the migrant workers as was expected by the government. Was it a really good measure? From my understanding, a good regulation should firstly work in the shoes of the people and benefit the people. Take the new measure case for example. It comes out of the need of people who change jobs, among who the migrant workers are the most obvious group. So whether it is a good regulation crucially to some extent depends on whether it benefits the migrant workers. In order to benefit the migrant workers, what the migrant workers really need should be figured out; in other words, the migrant workers' ideas are very important in formulating a new measure. However, the truth is just on the contrary. The collection of migrant workers' ideas was neglected, although this regulation was heavily involved with migrant workers, they couldn't speak it loud what they considered to be the good. As, Zuo, a labor law specialist and labor dispute arbitrator, analyzed, when the government put up new regulations, they thought these regulations were good for migrant workers but without listening to migrant workers' own voice or totally understanding them. The government stood highly above the migrant workers and was supposed to care about very aspects of the society not only the migrant workers' needs, such as the local government's interests. From Zuo's point, the fundamental reason of the stream of cutting off the pension insurance was that the government hadn't listened to what the migrant workers really needed and hadn't collected migrant workers' ideas on what were really beneficial for them (http://news. sohu. com/20100118/n269667559. shtml). The government though it was better to control the high incidence of cutting off pension insurance among migrant workers, which actually was good for them in the long term, and therefore the new strong measure was executed, somehow compulsorily, which meant the migrant workers were not willing to take it. Then it is easily to understand how the unexpected stream came. Another specialist, Zhang, also showed his suspicion on the new measure. If the government really tended to help the migrant workers, why not complete the medical insurance and injury insurance in advance, which were in fact helpful and beneficial for migrant workers immediately they paid for the insurance, which was also why migrant workers were not in favor of pension insurance. Without these two insurances, migrant workers couldn't risk putting all their savings into the pension insurance and had nothing left when they got hurt or diseases (http://news. xinhuanet. com/employment/2009-12/23/content_12692382. htm). It's not wrong for the government to have an overall and long insight, but people need to live at the moment. As a result, I think, a good regulation should be gathered from the people and beneficial for the people both in a short and long term.

Thirdly, the governmental publicizing of the new measure should've been more thorough and in detail. According to my respondents, especially those who are low-educated, they knew how important the pension insurance was and some of them tried to set up their own pension insurance account by turning to the company and asking around, but still failed. Zhang, a labor worker, worked in A for almost ten years, but changed a job once and then came back. He told me he knew how helpful to have pension insurance, seeing that all the news from CCTV and also that all the managing level workers were happy to have their own pension insurance accounts. For him, it was better to have it than not at least, even though perhaps he didn't how exactly the pension insurance would work. In his case, he once asked whether the company would help him set up the account but was refused. Then Gao explained to me that almost all the labor workers didn't have the pension insurance accounts as this was not vey compulsory from the government and therefore, the company was putting up in setting the accounts for labor workers and also was to save the costs. Without the help from the company, Zhang had no idea how to do it and he thought it would be complicated and he wasn't educated too much, so he wouldn't succeed. From Zhang's case, the publicizing of the pension insurance was not successful or at least not thorough, as workers knew how important the pension insurance was, but they had no clue how and where to set it up. Fan (2008) thinks that how the government publicizes the regulations, not only let people know it but also have relevant offices to help the workers to carry them out, determines the attitudes from the people. People will only buy it when they how and where to set the account up and how to cancel it, and also how much per month should they pay and for how many years, and then how much will they get as their pension. Details will make people believe and leaves no cracks for errors.

2.3 Conclusion

The migrant workers are the main target of the pension insurance interim measure. It is important to carry out a new measure and at the same time to push the subject to change in order to create a better environment for the measure to come into being. The government finally put up the new measure but without considering that the migrant workers were still living hard and had no huge change in their lives. To make the new measure work, the first thing is to change the living conditions of migrant workers and to supervise heavily on companies to set up pension insurance accounts for migrant workers.

From the stream of cutting off the pension insurance before the execution of the new interim measure of pension insurance, the question of whether this new measure is a good one or not was probed into, from the aspects of the migrant workers and the government. From my point of view, I do think there are several potential disadvantages for the new measure to be long applied into practice.

Firstly, the local governments in the long term will resist executing the new measure under cover so as to protect their own interests. As analyzed above, the moving of the pension insurance is also the moving of money. Speaking of money, the local government won't let go of their own benefits by being reluctant or inefficient in carrying the new measure out. Although the new interim is intending to unify the national pension insurance system, the rate of urban and rural is not the same. For migrant workers, living and working in cities is what they do to make money, but most of them cannot afford to buy a place in the cities to spend their lives after retirement, which means the urban and rural division. Then during the pension insurance move from the urban to the rural, migrant workers pay for the difference between the rural-urban pension insurance division. And also, the new measure says it can only be moved at 12% of the social pool when the pension insurance is moved among provinces, which means 8% leak is created. Who will pay for this? It is the controversy among different provinces and will also cause problem in execution.

Secondly, whether the measure itself is good or not hasn't been seen. A good regulation, from my point of view, is not good because that the specialist or the government supports it. What makes it good is that the people really benefit from it. However, this new measure was not that successful even at the very beginning as a huge number of migrant worker in Guangzhou were to cut off their pension insurance because the new measure forbade people to cut it off and they worried. Why the government didn't expect this stream apparently showed that the government didn't ask for migrant workers' ideas and took it for granted that what the government thought good the migrant workers would also consider it helpful. So what makes a really good regulation, in my opinion, is that the regulation comes from the people and work for the people. However, this new measure was not welcomed by the people at the very beginning, and was about to caused trouble in execution without people's favor. As a result, to gather opinion from people for new regulations is necessary.

Thirdly, publicizing is very important for governmental measures. Not only how important but also how to do it in detail are both essential to make a successful start of a measure. From the example of Zhang, it was easily seen that China's government tried hard to let people realize how important the pension insurance was but then just leave them without a way to know nothing to do. It's also a kind of failure in publicizing. When the migrant workers are confident in making their own choices to buy pension insurance or not and well know how to do it, then it is a successful publicizing from the government.

From the analysis above, the new measure is not only a measure to test how people favor it or not but also a measure to test how the government functions. Given the situation at the time and changes could be improved, people's favor and governmental functions need to be well combined to make a good-for-people regulation. As a result, to take people's ideas into consideration is essential in my opinion to make a successful regulation.

Through history, urban pension insurance system has been through constant changes in order to make it better and practical and to include migrant workers, while the rural pension insurance system hasn't been touched until recently. Between the urban and rural pension insurance system, conflicts prevent the migrant workers from enjoying their own rights as the migrant workers' identity is grey. Not until 2002 that a comprehensive and complete urban pension insurance system was set up and therefore the companies who had migrant workers were compulsory to help to set the pension insurance up for them. It was tough at the very beginning, but went well later, which could be seen from the example from company A, though who was punished because it didn't had the migrant workers' pension insurance set up. In 2009, rural pension insurance went through fundamental changes to make it counterpart to the urban one in order to make them unify in the future, so as to build up a common pension insurance system and then a common welfare system someday. In this plan, migrant workers would be the biggest group who get benefits, as a common pension insurance system was to solve the problem today that the migrant workers were embarrassed to choose where to buy their pension insurance. Besides the rural improvement, the urban change was coming out afterwards. The national mobility became the huge attraction of this new measure, which entitled migrant workers with more freedom to change jobs in different provinces without worrying their pension insurance. By now, it seems that the pension insurance in both rural and urban has stepped into a new phase.

However, whether this new measure works or not is essential. Implementing this new measure in urban areas is to give migrant workers more freedom to enjoy their rights and clear their worries. The purpose is good, but whether it is practical remains a question. To explore this question, I look into from the aspect of migrant workers and also the government. For migrant workers, the measure is new, but their living and working conditions have no changes, which don't give the measure a favorable environment. Moreover, what makes a good regulation is not how the specialist and government appreciate it but whether people favor it or not. In the case of the new urban pension insurance interim measure, although the specialist and government thought the new measure came out of the need, the migrant workers acted just on the contrary. They cut off their pension insurance before the execution of the new measure in order to protect their money. The unexpected incidence showed the government didn't treat the migrant workers as subject but object to take whatever the government threw at them. This is the key, as I see, to make a good regulation or even a successful government by gathering what people' ideas about their need, their worries and their feelings.

By going through the history of the pension insurance in China and specifically taking the 2010 new measure as a case, I'm here to clarify my opinion that however changes on regulations the government makes, it is the most important to listen to what to people want in advance and then can a successful regulation be made and executed. This new measure, from my eyes, will go through many changes in order to balance the rural-urban division and also local governments' interests because it has a fail start without listening to the migrant workers' voices though aiming to benefit them.

References

Chak Kwan Chan, King LunNgok and David Phillips. *Social policy in China: Development and well-being*. The Policy Press, University of Bristol, 2008.

Chen, Ke. *Yanglao baoxian kesuini manyou* (Pension insurance can move nationally),2010- 03-05.http://www.shm.com.cn/jcld/html/2010-03/05/content_74208424.htm.

Fan, Yajun. *Jincheng Wugong Nongmin Shehui Yanglao Baoxian Canyu Yiyuan Ji Yingxiang YinsuFenxi—JiyuNanjingshi Jincheng WugongNongmin De Diaocha* (The wills of the miring workers to participate in the pension insurance and its reasons), KexueJiaoyujia, 2008, 05.

Leisering, L. Sen, G. and Hussain, A. *People's Republic of China—Old-age pension for the rural areas: from land reform to globalization*, Manila: Asian Development Bank, 2002.

Li, Junhui. *Yanglaobaoxiankuasheng san nanti* (The three problems in transferring the pension insurance nationally) ,2009–12–26. http://finance.sina.com.cn/roll/20091226/22077159426.shtml.

Lu, Yong. Yanglaobaoxian sangyegue zhuanchu 660 ren (660 people move their pension insurance accounts in three months), Guangzhou Daily,2010–03–05.

Lv, Xuejing, et al. *Zhongguo Nongmingong Shehui Baozhang Lilun Yu Shizheng Yanjiu*, Beijing: Zhonguo Laodong Shehui Baozhang Press, 2008.

Mingonwang, 2010–1–29. http://www.mingong123.com/news/4/zxbd/201001/b147197e9bb68707.html.

National Bureau of Statistics of China ,2009-01-03. http://www.stats.gov.cn/was40/gjtjj_en_detail.jsp?searchword=migrant&channelid=9528&record=3.

Nong, Chaoer .2010-01-24. http://zhangxucheng134200.blog.163.com/blog/static/3156229820100218496417/.

People's Daily Online. Twelve percent Chinese rural laborers participate in old-age pension,2006-11-27. http://english.peopledaily.com.cn/200611/27/eng20061127_325683.html.

SC (State Council). *Decision on old age insurance scheme for workers of enterprises*, Document no 33, Beijing: SC, 1991.

SC. *Notification on deepening reform of the old age pension insurance system.* Document no 6, Beijing: SC, 1995.

SC. *Decision on establishing a uniform basic old age insurance system for enterprise employees.*Beijing: SC, 1997.

SC. *Issues about the social pooling of the basic old age pension insurance at provincial level and the transfer of occupational pooling to local administration*, Document No 28, Beijing: SC,1998. www.molss.gov.cn/gb/ywzn/2006-02/16/content_106846.htm.

SC.*Decision on improving enterprise workers' basic old age insurance scheme*3, December No 2005/38, Beijing: SC, 2005. http:// trs.molss.gov.cn/was40/mainframe.htm.

Sheng, Dalin. *the "huge leak" of national mobility of the pension insurance* (YanglaoBaoxianQuanguo Manyou De "Juda Xianjin"), YanzhaoDushi Wang [2010-1-5]. http://money.yzdsb.com.cn/system/2010/01/03/010314058.shtml.

Shi, S.H. "Left to market and family—again? Ideas and the development of the rural pension policy in China", *Social Policy and Administration*, 2006,07:791-806.

Sina.com.cn [2009-12-26].http://news.sina.com.cn/o/2005-08-16/12476704875s.shtml.

Sohu. Com [2010-1-20].http://news.sohu.com/20100118/n269667559.shtml.

Tan, Debo, Yanglaobaoxiankuashengzhuanyi ji nonmingongcankaozhengqiuyijian (collecting suggestions on pension insurance national mobility and the participation of migrant workers). Guangzhou Daily [2009-02-06].

The Central People's Government of the People's Republic of China [2009-12-23].http://www.gov.cn/zxft/ft188/content_1415538.htm.

Wu, Yimin.Biemangmuzhuanyi (Don't Move the Pension Insurance Without Aim) [2010-2-5]. http://insurance.jrj.com.cn/2010/02/0510056935497-1.shtml.

XINHUA DAILY TELEGRAPH. Cong "Tuibaochao" Kan Yanglaojin "Quanguomanyou" (See pension insurance "national mobility" through "the fashion of cutting-off pension insurance") [2010-1-4]. http://news.xinhuanet.com/mrdx/2010-01/04/content_12749533.htm.

Yin, Robert K. *Case study research, design and methods.* Sage publication, 2003.

Yu, Jianrong. *NonmingongYanglaoBaoxianXuyaoZhiduChuangxin* (The pension insurance for the migrant worker asks for institutional creation) [2010-1-23]. http://politics.people.com.cn/GB/1026/9362113.html.

Zhang, Guosheng. *ZhonguuoNonmingongShiminghua: ShehuiChengbenShijiao De Yanjiu (The civilization of China's migrant workers: research from the perspective of social cost).* Renming Press, 2008.

Zhang, Yongqi [2009-12-26]. http://news.xinhuanet.com/employment/2009-12/23/content_12692382.htm

Zhonguo Longyan [2010-1-21]. http://www.longyan.gov.cn/smpd/smsh/201001/t20100120_128049.htm

Bibliography

Chak Kwan Chan, King LunNgok and David Phillips. *Social policy in China: Development and well-being.* The Policy Press, University of Bristol, 2008.

Gong, Weicai. *The study on famers' retirement security in China.* Social Sciences Academic Press (China), 2007.

Lv, Xuejing, et al. *ZhongguoNongmingongShehuiBaozhangLilun Yu ShizhengYanjiu,* Beijing: ZhonguoLaodongShehuiBaozhang Press, 2008.

Song, Baoan. LaonianRenkouYanglaoYiyuan De ShehuixueFenxi (The social analysis of the wills of the old), Jilin DaxueXuebao, 2006.

Xie, Liangmin. *Protecting the Rights of China's Migrant Workers: Law and Regulation.* Law Press (China), 2008.

Zhang, Guosheng. *ZhonguuoNonmingongShiminghua: ShehuiChengbenShijiao De Yanjiu (The civilization of China's migrant workers: research from the perspective of social cost).* Renming Press, 2008.

区域旅游资源发展

南京城墙旅游吸引力提升策略研究

【摘要】 基于南京城墙旅游资源分析的前期成果，本文通过从管理、宣传、资源、产品四个方面入手提出南京城墙资源吸引力提升的策略。

【关键词】 南京城墙；旅游吸引力；提升策略

一、南京城墙旅游资源现状

随着全民族文化素质逐步提高，旅游者越来越注重对旅游地历史文化积淀的认知和了解，人们越来越关注各种人文景观所蕴含的历史文化。明朝的南京又是南京城市史上最重要的时期。明文化的特别标志之一——南京明城墙成为了南京重要的文化旅游资源。近代以来，服务于封建经济传统空间形态的南京明城墙已经丧失其古代实用意义，城墙功能从"实用型"转为"文化型"。明城墙将大大丰富南京文化旅游资源，也必定成为南京文化旅游的一个热点。另一方面，由于长期偏重文物保护和社会效应，明城墙作为旅游资源在深度开发上存在宣传力度不够、旅游项目贫乏、配套设施欠缺等诸多不足。

在这种背景下，南京的城墙旅游亟待合理开发和利用。

二、南京城墙旅游吸引力提升策略

（一）政府牵头，大力推广

1. 统一管理，畅通渠道，分清权责

南京城墙不是独立存在的，多段城墙周边已被开发为市民公园，为市民提供了广阔、舒适的休憩场所；但是经实地考察，城墙本身与周边的公园不归属同一部门管理，使得其周遭的公共洗手间、停车场、休息场地等归属不一，因此，出现了风格不一致、投诉无果的问题，大大削弱了城墙的吸引力。例如本次走访中神策门下的市民公园的保安,当向其问及城墙边如何停车,如何进入城墙,保安态度冷漠,表示不清楚情况。

如若能将公园与城墙合二为一,统一管理,共同打造,则是相得益彰,突出了城墙的历史文脉,内化了公园的休憩、观赏的功能。具体可作如下措施:一、统一管理,统一入口,即城墙与公园和谐统一,统一入口,内部互通;二、装修风格,以城墙为基调,即公园的打造兼顾城墙古朴的风格、灰色的主色调,通过公园里的绿意盎然来中和城墙的历史沉重感,通过公园的居民效应来拉近城墙与现代人的距离;三、公共设施,即共同拥有洗手间、休息的条椅,城墙的展示牌、史料牌,两者互相拥有,不独立,不垄断,才能构建和谐的一致性;四、优质服务、不分你我,即工作人员归同一部门管理,甚至可以引进高质量物业公司,在公园和城墙的软实力上下功夫,成为南京的一道亮丽风景线,包括工作人员的制服、用具都应有城墙的logo。

2.财政支持,政府重视,民间感知

由成功的城墙游开发案例来看,想要利用门票收入来营利是不明智的,也是不可取的。因此,建议政府发文对整段城墙完全免费开放或低价收费,通过互补性产品和支撑性产品的收入来扩大收益,增加客流量,通过外围产品来获得经济收益。

因此,通过旅游这一途径,倒逼政府对城墙进行保护和开发利用,可以为城墙的保护修缮提供必要的资金支持,带来社会关注度,增加人力、财力、物力的投入和改善城墙周围自然社会环境,传承城墙文化。

3.打造城墙形象,搭建推广平台,多维度宣传城墙

总体而言,南京城墙的宣传要面向国内外,实现全方位、多层次、宽领域展开。

第一,设计城墙logo,开发旅游纪念品;一方面,针对城墙的视觉形象和历史内涵,设计城墙的标志,赠送或者出售带有城墙logo的笔、本子、鼠标垫、环保袋等,让城墙标志频繁进入公众视野;另一方面,开发、推广旅游纪念品,承载对城墙的回忆,刺激游客二次消费。

第二,牵手城市标识。南京的文化可以分为三大块:六朝、明朝和民国。目前,南京旅游资讯网上的标志是红底,一龙一赑屃,赑屃代表六朝文化,红底与民国的国民运动紧密联系,南京又称"博爱之都",也是民国文化的体现,但是明城墙代表明文化未着力体现。可以借鉴常州"龙城"的来由,其实无中生有,却可以做到极致,南京本就有城墙,更应该发挥其特色。在大型的南京各大政府间、民间的交流会上打出明城墙的标志,突出南京的明文化底蕴。

图 1　南京城市标识创意图

第三，设立城墙日。可以将朱元璋建城、开始建城墙或者城墙建成的那一天定位"南京城墙日"，并为之推广，每年这一天举办以城墙为主题的大型纪念活动，并通过地方台、省台转播，让本地市民、外地游客感受到城墙的重要性、价值性和必游览性。

第四，借力南京博物院。在资金的支持下，利用南博院的馆室多、通道多，可以独辟一条通道设计成城墙的样式，打造一条"城墙"，利用南博院客流大的天然优势，让进馆的游客能在实体的城墙上走一走，感受明朝文化、城墙文化，刺激其出了南博院就去爬真正的城墙。

第五，植根门户网站。网络的辐射面最广，将城墙游作为南京特色游放置在南京旅游资讯网、江苏旅游资讯网上，使之成为门户网站的固定板块和重点栏目。可信度高，也是外地游客了解南京的第一手资源。

如下图所示，南京旅游网上有"畅游金陵"专栏，里面有"主题线路"这个部分，城墙游可以作为子栏目添加在里面。

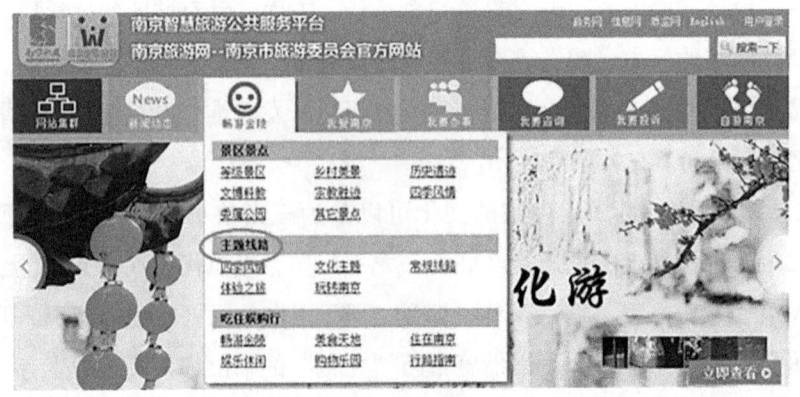

图 2　南京旅游网

第六,参与会展,走向世界。积极参加或承办世界各地、全国各地的旅游交易会,多让南京城墙出镜,走进世人的眼里。

第七,设计南京城墙网站。网站的主要项目包括城墙历史介绍、城墙现状、城墙美图、城墙活动日程和城墙节庆的安排。如苏州市节庆网站一样,城墙网站应在上一年就将下一年的活动安排挂在网站,配以简单的文字介绍和图片,以吸引潜在游客根据自己的喜好选择来城墙游览的时间。

(二)多管齐下,综合运营

在依托体育产业、文化产业和旅游产业的基础上,联手开发挖掘古城墙的经济潜力,能够取得良好的综合效益,从而形成南京特色的城墙文化旅游名片。

图3 南京城墙空间利用图

1.体育产业,公益为主,运动为辅;全民参与,青年优先

南京城墙墙体段数众多,顶上平台宽阔,开展体育活动尤为便利,这样既能引发全员参与,又能刺激民众积极参与。比如开展环城墙跑、环城墙竞走、环城墙自行车赛,进行户外拓展,抑或是在城墙举办寻宝活动等,都能充分利用城墙,将城墙带入人们的生活中。

图4 神策门段举办的活动

2. 文化产业，重在氛围；人物构景，时空穿越；智慧城墙，科技为先

文化产品主要靠文化提炼、氛围烘托、科技当先达成效果。一是提炼文化，主题明确。结合城墙承载的文化内涵，依据史实提炼文化主题——文化与历史的感悟，古今的穿梭行进。明朝城墙主要以防御外敌为主，主题明确，在此基础上设立的节目或者表演自然而然也多与战争场景有关，其特点是恢宏、紧张、代入感强，让游客能准确地感知到表演传递的信息，感受到大明江山得来不易。二是人物构景，烘托氛围。当所有演员身着战服、手持仿制兵器，穿越感不言而喻，彼时，游客可选择参与性体验——身着战服参与攻城表演或参与庆典。在表演结束后，依然是穿着明代服装的小商贩在城墙上摆摊叫卖，即使是没有演艺活动的拉动，也能营造出一番安居乐业的明朝生活场景，尤其城墙顶部相对周边环境较为独立，因此给游客的感觉就像是日日存在于游客身边般自然而然，毫不生硬。三是借助科技力量，打造智慧城墙。可在瓮城内设置云梯等道具，模拟两军对垒的攻城表演，在垛口设置仿古炮台；采用声、光、电等高科技手段表现恢宏场景，以无污染烟幕弹模拟战斗场面。响应当前智慧旅游的潮流。

3. 旅游产业，携手企业；创意产品，营销基础

城墙游的形式有多种，与旅行社合作的产品主要可以从以下两个方面入手：一、专门开发不同主题的城墙游。利用传统旅行社的同业销售渠道将城墙游推广到苏北、苏中，江苏省外，亦可利用电子商务旅行社的辐射面广的特点，与南京途牛公司合作，共建南京旅游企业和南京特色旅游产品，为城市争光，刺激客源。二、将城墙游纳入南京一日游中，成为固定的项目之一，推广成功后再将其纳入华东游的必览项目中，使之成为南京的特色和优势。

此外，在线路的深度上通过将风情民俗、云锦、南京白局、特色小吃等文化旅游产品与城墙旅游活动相结合进行产品组合，显得城墙的文化不单一而显厚重，历史更为悠久，显得城墙对南京影响的多维化。

（三）空间利用，合理打造

1. 内部利用

南京城墙内瓮城空间大，视野好，封闭独立，是开展活动的优良场所，但是利用率不高。目前而言，中华门瓮城使用率相对较高，有一个射箭场地，还有一个擂台；但是其他瓮城的使用率较低。瓮城可以与节庆、节事、会展、冷餐会、展览等活动联系。

图 5　中华门瓮城主题活动设计

（1）南京城墙瓮城的利用

其一，在传统节日方面，瓮城内可以开展上元不夜城灯会、中秋赏月、跨年钟鸣盛世、春节祈福南京等城墙主题传统节庆旅游活动，使城墙主题旅游月月有活动，季季有亮点，让外地游客无论何时前来南京，都能感受到城墙的魅力。

其二，在展览方面，瓮城内的墙体是展览巨幅书画作品的绝佳场地，瓮城内开设展览，承载量大，地址迂回曲折，与作品的艺术性相得益彰，古色古香的墙体与书画作品的融合可谓天衣无缝。

其三，与高档的奢侈品牌、旅行社高端产品部门合作，举行产品发布会。境佳则档次高，选择百年历史的城墙作为发布地，一方面显得举办单位历史文化厚重，有内涵，另一方面也让身处瓮城中的嘉宾感觉自己的地位与众不同，产生对企业品牌的认同，最终实现城墙在历史积淀中的认同感，提升城墙的档次和吸引力。

其四，墙体做背景，不破坏、不污染，效果高超。科技是当代社会各行各业争相运用的手段，在城墙墙体上可以运用3D科技多媒体，将明城墙的历史、文化、历史典故，甚至南京的概况、南京的历史等做成影片播放。3D效果的加入，使观赏更具刺激性、更符合时代潮流，古城墙与现代科技的融合，碰撞之下擦出魅力的火花。

其五，休憩补给购物融合打造，瓮城内繁华一片。进入城门别有洞天的瓮城内，不再是萧条一片，被历史所淡忘，而是繁华盛景，人头攒动。从游客角度而言，爬城墙是体力活，需要休息、补给，这时候恰当地出现小摊小贩符合游客需求，在满足温饱、补充体力之后，独特的城墙纪念品也是刺激游客感官、拉动旅游消费的重要载体。

其六，利用瓮城封闭独立、门门相隔的特点，可以进行迷宫、寻宝等游戏，在市场推广后,可在某个城墙段定点打造固定的游戏,使其成为该城墙段的特色。差异各城墙段的优势和特色,完善城墙的旅游资源和种类,增强城墙内部的趣味性和参与性,增强城墙的吸引力。

图6　中华门瓮城　　　　图7　瓮城展览　　　　图8　瓮城工艺品销售

（2）南京城墙藏兵洞的利用

南京城墙的藏兵洞数量多,规模大,可以有效利用。目前多为展览和纪念品的销售。其实藏兵洞还可以与旅游的"娱"元素结合,不同维度开发。其一,在藏兵洞内设明文化茶馆、设白局、配史料,既能感受浓重的历史氛围,又能体验到南京的当地文化,还能品茶休息,一举多得。其二,在藏兵洞内可开设剪纸、手工、纺织等传统南京民间工艺,让游客参与到南京的文化里来。

2. 空中利用

飞跃城墙,俯瞰南京。利用小型直升机和热气球打造"飞跃南京城墙,俯瞰千年古城"的高端休闲游产品。在保证安全的前提下,日间让游客乘坐热气球,感受南京城春天的绿意盎然,夏天生机勃勃,秋天的金黄满地,冬天的白雪皑皑;在夜间乘坐直升机,通过在城墙周围灯光的布置,营造美轮美奂的景色,给游客以巨大的震撼,也为南京夜游增添了有力的一笔,不仅造福于城墙本身,也能成为南京吸引力提升的重要方面。

3. 外围利用

城墙外围效应主要体现在城墙的外壁、城墙周边、城墙与城墙之间的差异。

城墙外壁的墙体上适当地运用环保材料添上绿色的"植物",灿烂的"太阳",和乐融融的"全家福",能弱化城墙的生硬,拉近其与人之间的关系。

城墙可作为周边旅游资源群的核心和主题,联合周边资源打造资源群,提升吸引力。目前南京较多的城墙利用形式是与公园搭配，比如石头城、东水关、神策门等，但是给人的感觉更多是城墙与公园未融合在一起，没有互动。一方面是因为进入城墙需要门票，而市民公园免费，因此阻碍了本地人进入城墙休闲活动的脚步。因此，免去城墙的门票，打通城墙与公园的联系，将人气引入城墙内，自然就会有吸引力。

南京城墙现状差异大，有的城墙段保存完美，保护得当；有的则已斑驳、残缺，断壁残垣多，各段之间空隙较大，不能连接起来。此时，应根据城墙差异分类打造与公园组合的产品，但其主题要紧扣"城墙"。古树城墙相互映衬，营造古朴、沧桑的环境氛围，各个景点设计简单朴实，不与城墙争辉。若城墙保存完整，则可以将其作为公园的表现主体，其他的景观构造尽量简单，突出城墙的主体地位；如若只剩残垣城墙，则要适当地修复，甚至局部重构，形成景观主体。比如神策门的城墙门，斑驳残缺，看上去却不失美感，因为让人有历史就在眼前的感觉，但是其保护不得当，展示形式也不够美。

图9　修复后的城墙门修复痕迹过重

（四）体验升级，完善细节

1. 打造参与体验式旅游

城墙可参观——初级旅游形式，城墙可攀爬——初级体验形式，如何上升成高级体验旅游形式，可以从以下途径着手。

其一，以城墙历史为背景，顶部为场地，设立明朝小街，重现明朝时盛景。在城墙上设置的小摊小贩运用木桌椅、小二穿着明朝汉服、小店铺的旗帜飘扬……既可以让游客休息，也可成为游客手机、相机镜头中特色的穿越景观，细节处的碗筷、菜单和餐车都要一应打上明朝的烙印，以仿古木质材料制作。但是要保证环保和卫生，不能影响城墙上的卫生和环境。

其二，在城墙上开展黄包车之类的人力车租赁——体验式的交通工具，花轿的搭乘——公共交通的变相形式，板车的托运——作为场景的一部分，从日常生活的细节打造真实的明朝盛景。需要强调的是人力车要能实现城墙多点租借、任一点可以还车的模式；营业结束后各营业点之间调配车辆。

其三，瓮城内的活动选取以参与体验为原则。中华门开设了体验式射箭比武，场地的设置以草地和木质结构为主，与整个城墙的古朴色调、城墙的防御作用融合得当。射箭比武的对面是擂台，不同时期举办不同的擂台赛，比如举石锁等，石锁的主题选取应景、应史。在此基础上，中华门其他的瓮城可以以补充体验为目的开发其他形式的产品。虽然中华门是众多城门中做得最为杰出的，但依然有可以提高的地方，比如可以根据不同的季节、不同的节庆设计不同的主题擂台，让中华门日日有比赛、月月有活动，何时来都是最佳时节，让游客没有失落感，在满足之余认可南京城墙，继而通过其描述向身边的亲朋好友宣传。

2. 完善基础设施

公共设施是城墙作为城市一部分必不可少的组成，而且要带有城墙特色。

图10 城墙上的交通形式

第一，城墙的可进入性。在城墙附近设立公交站点、出租车运营通道、旅游大巴停车场，方便大众游客进入城墙。在城墙外围根据景区等级配置旅游服务设施及停车场地，以便自驾游游客的停车，针对自驾游市场提升吸引力。城墙上的代步形式要多样。除了人力车、自行车，可增添适宜老人小孩的电瓶车，但其装饰和风格要与城墙一致。此外，针对情侣游、亲子游市场，还应推出双人自行车、亲子自行车，不错漏任何一类游客的需求。

第二，在城墙上每隔一段距离就要设立一些座椅和垃圾桶。座椅应是木质仿古材料制作，应城墙的时代背景；垃圾桶也应复古一些，跳脱传统铁质的垃圾桶，做成圆形、仿古颜色。

图 11　南京城墙多用的条椅

第三，在城墙脚下加强绿化带的建设，供游人停留、休息。

第四，在城墙的墙洞或者平台上开一些建筑风格复古的饭馆和咖啡厅，能让人们游玩之余有可以休息吃饭的地方。

第五，城墙主体客栈周边栖身。以城墙为主题的古代客栈，与城墙风格一致，又具特色，极具开发价值。其位置可以选择在城墙步行可达范围内，或者是更原始的藏兵洞中。宾馆式的仿古客栈设施、条件齐全，以舒适为主；藏兵洞中的客栈则是以体验为主，兼顾城墙环保，住宿条件方便，以可住和安全为主。

3. 注重细节设计

细节之处体现公共设施的主题和特色。首先应设计城墙的logo，在城墙相关的所有地方的一切设施上都印有这个logo，以凸显与城墙的关联，也便于管理。其次，建筑材料的选取上多为石头或者木料，映衬明朝的时代背景。比如路灯的设计，灯杆内部可以是铁质但是用特质的油漆刷出时代的味道，仿木的颜色，灯罩更是以圆形为主，包括每段城墙的管理处的临时房子也应与城墙的风格一致，而不应突兀。

图 12　管理处房屋与城墙格格不入　　　　图 13　仿古建筑新建痕迹过重

细节还表现在管理上，可大胆引入市场机制，公开招聘专业物业公司，对园林养护、卫生保洁、安全保卫、礼仪服务等项目委托管理，以达到优质管理、优质服务。

（五）展览推动，借力节庆

1. 开展常规展览，普及城墙知识

灵活利用城墙固有的空间，开展各种主题的常规性展览，层次差异，针对不同人群开设不同的展览，例如学术型——史料展，展览有关城墙的历史变迁、设计建造；趣味型——风俗展，介绍秦淮河的历史和有关的爱情故事；知识型——南京概况展，以城墙为背景介绍整个南京的建城史、特点、发展现状等，或是南京的非物质文化遗产的展览。常规性的展示让每一个来南京城墙游览的游客不会觉得来错了季节，临时展览更应契合时代潮流。

2. 追随现有节庆，打造大型舞台，流动表演

以城墙为载体，节日为主题，开展流动舞台表演，通俗而平易近人。比如春节的舞龙舞狮、正月十五的大型灯展活动、春季举办的风筝比赛、七夕节模拟的古代迎亲队伍、八月十五举办的中秋赏菊、赏月酒会等等。在此基础上，更深层次的可以添加互动体验环节，比如猜灯谜、在城墙上放露天电影，在夜晚给人一种多彩的感觉，并且也为城墙做了无形的宣传。

3. 创造新兴节庆，跟随时代潮流

现如今节日不仅是前人留下的，还可以是现代人的共同爱好引导媒体、企业创造出来的，比如美食节、购物节等。春暖花开可以举办旗袍节，应民国风，应南京史；夏末秋初，举办美食节，南京的盐水鸭、糕点、汤包在明朝的街景里，让游客吃出美味、吃出文化、吃出深度，更吃出南京的热情；深秋落叶萧瑟，可以举办赏枫赏杏节，结合摄影、写生，调动社会媒体举办摄影、写生大赛；隆冬瑞雪，掩藏了城市的凌乱，盖上一层纯白，栽种的梅花竞相开放，赏梅观雪，人间美事。那这一年四季的城墙都不会失落了，满是游人簇拥。

4. 牵手专业院校，建立校企实训基地

通过与院校摄影类、写生类专业合作，共建校企合作平台。其一，在学期末，利用城墙的空间，以学生作品进行最后的展示，可作为考试成绩的一部分，甚至拉动周边的居民、游客来投票。拉长了城墙的影响效应，慢慢一年一年地积累，扩大名声。其二，进一步的是，学生是智能手机使用率最高的群体，自拍、发微博、微信，也就对城墙进行了民间宣传，这种宣传比政府的宣传更有可信度，接受度更

高。其三,让不是南京本地的学生认识、了解城墙,也就将南京城墙带到了全国,甚至全世界,通过写意的摄影、绘画作品,更突显了城墙的美和历史积淀。

与中小学合作,打造春游、秋游基地。其途径,一是和中小学合作,将特定段的明城墙作为孩子学习历史、亲近自然的游览基地,固定打造展览馆、互动馆和模拟城墙建设馆;二是可以通过教师给学生布置周末的实训作业,以家长带领孩子做摄影、写生作业来实现城墙的推广,家长的新媒体传播途径是更为广博的传播渠道。

5. 打造实景演出,生动城墙文化

明城墙管理处可以邀请南京当地史学家、剧作家,根据城墙的历史典故,设计几段不同主题却均以城墙为发生地的故事,定期表演,形成集聚效应。

图 14 观景平台开阔

图 15 天然的观众席四周环绕

在节目的选取上,可以根据每段城墙不同的历史典故,舞台化历史故事,重现当年场景,突出体验式旅游的特色。一方面,在开阔的城墙平台上,比如中华门、通济门等段,每天固定时间让穿着明朝将军、战士铠甲的演员,在城墙重现战士征战的紧迫画面,每天分上午、下午两场,慢慢集聚人气,形成城墙拳头产品。另一方面,舞台化的表演依然是表演中的重头戏。舞台化的表演可以定时、有稳定数量的游客、规模化效应较明显。这样的表演要将游客当成观众,因此观众席极为重要,这一点则可以完美利用城墙的天然优势——瓮城的构造特点。神策门就是典型的例子,四周环绕的城墙可以作为观众席,中间的瓮城是极好的表演舞台,而且由于舞台在下方,观众席在上方,观众无死角,大大提高了舞台的观赏价值。比如在神策门,第一,可以利用其历史典故,重现清兵大胜郑成功的典故。1659 年,清军在此大败郑成功数万大军,史称"东南大震"的郑成功北伐凯歌由此烟消云散。清顺治皇帝为庆贺清军大胜,特下诏将神策门改名为"得胜门",通过该表演让游客了解到城墙名更迭的原因。第二，作为天然的舞台，这里可以与国际大牌合作，打造大型的T台秀，提高城墙的利用率，凸显了南京的特色。第三，在没有表演安排的时候，在城墙管理中心的统一管理和保护下，可以与一些企业签订协议——目的是为保证对城墙的保护，在此举办推介会、宣传会等。

6. 突出城墙段差异，力争点不能概面

不同城墙段打造不同主题，化整为零，同类而不同化。南京城墙由多段城墙构成，由于战争和破坏，不能完全连成整体，分成了数段，目前城墙各主体发展不均衡，名气不一样，在游客中的影响力也不可同日而语。为了提升目前名气较弱的城墙段的吸引力，引来更多的客源，在主题上要将其与名气较大的城墙段区分开来，创造其特有、独有的吸引力，以此来树立其与众不同的形象，以使其拥有在其他城墙段无法享受到的旅游体验。例如，解放门、挹江门、清凉门、中华门承载了城墙历史的演变，适合于开发城墙历史文化展；华严岗门至新民门城墙段，或和平门至太平门段有机地与周边的自然景观组合在一起，可以组合旅游资源打造生态旅游产品，丰富旅游元素；西水关至东水关城墙段串联了南京市博物馆、夫子庙、大报恩寺、老门东、鸡鸣寺等人文旅游资源，体现了南京多重文化，极适合开发文化旅游产品；除历史、生态、文化产品外，食、购、娱也是旅游资源中不可或缺的吸引力因子，因此在上述城墙段之外的部分，可以打造融合美食、游乐、民俗的体验、休闲式旅游资源，可选择解放门、武定门、集庆门、中华门等。

（六）点点成线，形成规模

1. 打造城墙专用交通线路

南京的城墙数量多，相对密集，但是点与点之间的交通并不便利，各自之间的影响力也并不相同。

串点成线，实现点与点之间的交通尤为重要。打造城墙游览专线，让游客可以乘坐任何一个站点可以下来的公交城墙游览专线，让游览便捷、安全，虽说这些城墙人流量不大，但交通便利这个特点能吸引一些写生、摄影的行家，加之交通的辅助，让他们更加愿意在不同时间、不同时令、不同角度展现城墙的美，尤其是在旅游淡季的时候，越发吸引需要安静的行家来创作，其画作、摄影作品随之能吸引更多潜在的游客。

在城墙旅游专线的设计上，主要目的是要兼顾热点与淡点，带动淡点的发展，提高淡点的名气，丰富淡点的旅游形式和内涵，最终使其也能成为独立吸引游客的热点。在专线的宣传上，与中山陵风景区、秦淮风光带、南京博物院等大型的外地游客多的地方设立宣传的亭子、发放宣传单、售卖旅游套票，以点带点，让明城墙一直印在外地游客的眼中、心中、回忆中。

2. 实现异类相聚

城墙应与周围的旅游资源共同打造，形成集聚效应，打造多样化的旅游资源，让游客来一次能观赏多处景点，而且点与点之间的交通要安全便捷，才能产生连带效应。

比如神策门与附近的玄武湖、鼓楼商业区等，通过内部交通的运转，让游客满足游、娱、购、食等多重旅游需求。

比如中华门城堡可以与老门东关联，一是可以建造类似云梯式的建筑，二是可以通过游行类表演，引导人流从中华门流向老门东，或者从老门东流向中华门。连接两个景点，形成规模效应，既保证游客的安全，又能以多种元素吸引潜在游客；不仅可以在城墙上游、娱、行，还可以在老门东食、住、购，极大地满足了游客的好奇心和游玩所需，充实了旅游行程，因此在同类城墙相比时，集聚了较多旅游元素的目的地则能吸引更多的游客。

3. 打造水陆两栖式旅游

城墙是坚毅，秦淮河水是柔情，坚毅与柔情的组合更显对比强烈，也更夺人眼球。秦淮河水连接了夫子庙旅游区与东水关，丰富了旅游的产品，同时利用画舫能够产生更多经济效益。因为城墙元素的加入，在画舫上不仅可以设立原本已有的音乐类的表演节目，也可以用南京传统曲艺——白局或者单口相声的形式讲解城墙的历史典故。特别是东水关，这个唯一的水陆并行的城关，在画舫来回两趟构成不同的表演形式，既能提高画舫的经济产出、丰富夫子庙旅游区的旅游形式，也能带动东水关一带的旅游客流量，提高夫子庙—东水关作为旅游集群的旅游吸引力。

随着人们对城墙价值认识的加深，正确认识古代城墙具有的潜在价值，有效地保护和合理利用古代城墙，将有利于展示南京的历史和现状，提高南京的知名度；有利于城墙周边环境的改善，有利于居民居住条件的改善，提高市民的生活质量和文化品位；有利于促进各地大旅游产业的迅猛发展，树立当地旅游品牌产品新形象；有利于为城市增加新的经济增长点等多重可预见的社会效益和经济效益；有利于拓展城墙潜在的文化价值，为我们进行爱国主义教育活动提供一处真实生动的场所。

基于游客满意度的南京明城墙旅游吸引力提升策略研究

【摘要】 南京明城墙是全世界现存最完整、最长的古代城墙,其悠久的历史、完整的现状、宏大的名声每年都吸引大量游客前往游览,但是通过本次调研发现游客满意度有提升的空间,本文针对现存的问题提出南京明城墙旅游吸引力提升策略。

【关键词】 南京明城墙;旅游吸引力;提升策略

南京城墙是已有624年历史的全国重点文物保护单位。"三山聚宝临通济,正阳朝阳定太平,神策金川近钟阜,仪凤定淮清石城。"明朝内城设置13个门,城墙蜿蜒盘桓35.3公里,是中国现存规模最大的城墙,也是世界第一大城垣。由于南京城墙的保存真原性好、规模大,历史文化价值、观赏价值、考古价值均很高,因此其一直都是南京热门的旅游景点之一。为了对南京城墙旅游景区进行游客满意度调查研究,本次调查主要从游客基本信息、游客出游方式、游客感知及消费倾向、游客对总体景观质量评价、游客对旅游环境评价、游客对旅游服务评价这六个主要方面展开统计和综合分析。共发放问卷500份,问卷回收率为100%。结果可见,大多数游客对城墙景区本身的吸引力、保护、宣传都很满意,但是对于互动性的活动项目希望进一步提升。

一、游客基本信息统计

本调研首先从旅游者来源、性别、学历、年龄、职业、月收入水平对游客信息进行统计。

调查结果显示,城墙景区游客虽然来自全国29个不同省份地区,但主要以来自江苏省、浙江省、安徽省、山东省的旅游者居多,其中江苏省游客占调查总人数过半。

游客性别结构基本均衡,其中男性占53.6%,略多。

从城墙景区旅游者受教育程度来看,本科或大专学历的游客占绝大多数,研生及以上学历的游客数量所占比例也不低,说明城墙景区的历史文化价值对该类游客有一定吸引力。

从年龄的结构可以看出,城墙景区旅游者的年龄主要集中在18~45岁这一年龄段,46~60岁和60岁以上的游客也较多,18岁以下的旅游者相对较少。因此在明城墙的旅游者中,中青年和中老年占主体。

从旅游者职业结构来看,城墙景区的旅游者主要以工薪阶层、大学生和退休人员这三个群体组成,其中业余时间较丰富的大学生群体是旅游客源的主体。从游客月收入水平的统计中可以看出,城墙景区旅游者的月收入2001~5000元间的旅游者最多,占42%,这与城墙景区游客职业统计的情况基本吻合。

二、游客出游方式统计

其次从游客出游方式进行统计,包含组成特征、游客出游方式、游览景点、游览时间四个方面。

从调查统计显示可以看出,城墙景区的游客主要以朋友结伴的组成方式为主,其次为三口(四口)小家庭。

从游客出游方式来看,大部分旅游者前往城墙景区采用自由行的方式,占总体的86.6%。通过旅行社报名游览的旅游者相对较少,仅占7.4%。

此次游览城墙景区的旅游者中游览过夫子庙的游客占总人数的46.8%,其次为玄武湖、中山陵和南京博物院,可以看出,南京的历史文化备受游客的青睐。

从旅游者游览时间来看,城墙的旅游者在单段城墙景区游览时间绝大部分在1~3小时之间,时间略短。

三、游客感知及消费倾向统计

游客感知及消费倾向统计主要包括游客对景区总体感受、景区吸引要素/聘请讲解情况、门票购买情况等方面,统计结果如下。

城墙景区的大部分游客对景区总体感受以满意为主,所占比例为81%,其中非常满意的占38.2%。

对于城墙景区的游客,城墙遗址是吸引他们的第一要素,其次为景区的休闲氛围、周边景点、传说典故。

游客认为城墙景区基础设施方面还有所欠缺,仍需进行添置,比如座椅、垃圾桶、景点说明牌、城墙历史文化展示区、厕所、道路导览牌、茶吧和咖啡吧这些基础设施。

游客表示希望景区可以多开展一些旅游活动，其中主要有文物展示、民俗表演、仿古表演、参与城砖制作等活动。游客在游览时更希望体验到景点所处时代的特色和当地民俗文化，表达了感观和精神层面的双重需求。

大部分游客都愿意重游城墙景区，将本景区推荐给亲朋好友的意愿性强度比较大。

从游客消费情况来看，游客在城墙景区产生消费的人数比较少，消费集中在饮料和用餐两个领域。游乐项目、纪念品、聘请讲解员三类消费均较少。除门票外，游客在城墙景区消费情况在100元以下的占总体94.8%，其中0~50元的游客占30.8%，51~100元的游客占18.6%。综合来看，一半以上的游客均在景区产生大小不同的消费，但消费金额普遍较低。

75.8%的游客在游览城墙景区的过程中没有获取任何途径的讲解服务。

四、游客对景区评价

（一）游客对景区旅游景观质量评价

根据调查统计显示，大部分游客对城墙景区的总体景观质量是比较满意的，占抽样调查总体的90.2%，仅0.6%的游客认为不太满意。总体来说，城墙景区的总体景观质量是能够得到绝大多数旅游者认可的。其中大部分游客对景区历史古迹本身的吸引力和历史古迹的保护程度非常肯定；对于景区的旅游活动、展览和参与性项目，约占半数的受访者持保留意见，需提高。

（二）游客对景区旅游环境评价

旅游者对城墙景区整体旅游品牌和形象的满意度评价率较高，可以看出城墙景区的旅游品牌和形象打造得比较好。大多数游客对景区综合环境卫生、景区交通的便利性、景区休息系统、景区公共厕所感到满意。

（三）游客对景区旅游服务评价

大部分游客对景区的咨询服务、景区文物和文化知识宣讲服务、景区周边环境和秩序、智慧旅游服务、手机信号覆盖服务、便民设施、讲解服务、旅游标识系统、旅游商品特色感到满意，但是对门票价格、景区网站和微信略欠满意，说明该方面还应该提升。

五、提升建议

总体而言南京城墙旅游资源品质好、国内知名度较高、环境保护良好。从国际化、高水准的标准来看，还可以从旅游景观建设、旅游环境建设、旅游服务建设、旅游基础设施建设四个方面进一步提升。

（一）旅游景观建设

（1）南京城墙总体景观质量较高，文物保护良好，但是目前各城墙段发展并不均衡。南京城墙的现存城门中，中华门以其规模大、保存完好、开发到位而成为城墙段中游客人数最多的点，而多数游客鲜少知道其他段城墙。说明南京城墙还需要进一步加强管理和完善开发。因此，目前需要做的是，第一，均衡发展各城墙段，着力开发目前欠缺整体规划的城墙段，同时使用最先进的科技手段和保护手段，使其跟上时代的步伐；第二，通过城墙产品的规划，引导客源。可以在人流量密集的闹市区、游人多的景区设立咨询服务中心，推广城墙景区。

（2）南京城墙本身的吸引力较大。城墙是冷兵器时代重要的防御手段，中国已有三千多年的城墙建筑史，目前现有大小不一的城墙 2000 多座，南京城墙堪称规模最大，最完整，因此其吸引力不容小觑。但一方面由于宣传力度还有待提升，另一方面是因为古迹虽美，但是展示方式也需优化，因此，传统的展览依然需要保留，作为静态文化的展示，但是更需要的是结合现代科技的 LED 屏幕展示、3D 激光秀展示、触摸屏自主阅读、电影播放等。在不同的城墙段利用不同的声、光、电动态方式来展示同样的静态材料，效果卓越，可以达到锦上添花的作用。

（3）总体而言，城墙景区历史古迹的保护工作完善，成果显著，尤其是游客较多的城墙段。但有些许城墙段保护程度各段不一样，有的部分完好，有的部分则已斑驳。建议：①完好的继续保持；②破败的修复，原则是"修旧如旧"，不能有现代建筑的痕迹，要依然保持城墙的古风古色。残缺处不要填补完整，要保持其历史的痕迹，如实地反映城墙的历史更迭。但是破败处的城墙及相关建筑的展示也要引起重视，不能让其暴露在风吹雨淋中，也不能为了保护而束之高阁，可以借鉴罗马古城、庞贝古城等古城遗迹展示的方式，既保护之又能让全社会观之。

（4）表演欠缺是南京城墙的总体问题。从形式上而言，可设常规性和临时性表演两大类。常规性表演与节庆，如春节、元宵节、端午节、中秋节等中国传统节日结合起来，每逢节日即上演，恢宏壮观；临时性表演可在淡季提升景区的活动内容，提高人气。从内容上而言，明朝历史背景的故事、传说都可以改编成故事在城墙上上演。

（5）南京城墙的各种展览，应该分为长期性和临时性两种，以丰富展览的内容和吸引力。目前南京的城墙多为长久性的城墙历史、文化展览，比如中华门段的城砖展览和历史展览，但是较为普通，展示柜式的展览已经不能满足人们对体验旅游的需求。

（6）南京城墙参与性节目目前还有待加强。仅用眼看已经满足不了当前的游客，城墙景区应继续发挥文化教育的优势，加强与学校、教育机构的联系，搭建历史学习的优良平台，将历史生动地展示在后人面前。利用学生参与历史故事的表演、历史专题研究汇报会等形式进行互动教育活动的开展。

（二）旅游环境建设

1. 景区旅游品牌和形象

旅游者对城墙景区整体旅游品牌和形象的满意度评价率较高，仅1.4%的游客不太满意，由此可知城墙景区的旅游品牌和形象打造得较好。但是城墙景区游客来自江苏的占调查总人数过半，一是说明南京城墙的宣传力度小。来的客人大多数只是去中华门、台城，很多客人甚至只知中华门不知南京城，南京城墙已经成为部分城墙段的代名词，二是说明南京城墙宣传欠缺全面、整体的形象塑造。因此，建议，从整体上塑造南京城墙形象、设计城墙标志，继而成就南京城墙的品牌，做到整体宣传城墙，不能用某一段城墙替代南京所有城墙。

城墙是南京历史中的重要部分，虽然游客青睐南京的历史文化，却忽略了南京城墙，说明宣传有待加强，也说明城墙的宣传没有融入南京的整体形象中，因此在城墙的宣传上，不仅要独立自主，更要有团体意识，将自身形象融入南京整体形象中，利用南京城市形象宣传的优势，打造出城墙的品牌。

2. 景区综合环境卫生

大部分游客对城墙景区的综合环境卫生比较满意，但游客中14.6%的人评价一般，说明城墙景区的综合环境卫生有待提升完善，加强环境整治。绿化到位、道路洁净、城墙平台上无垃圾，都应该是基本的环境卫生要求。更进一步的是，在环境中不失城墙特色的标志、告示牌，风格统一，不突兀。

3. 景区交通的便利性

84%的旅游者对城墙景区交通的便利性评价较满意，主要与旅游者自驾居多、直达景区的公共交通车辆较多有关联。但对景区交通便利性评价一般的游客依然有15%，主要是由于景区大部分在道路较为拥堵的市区路段。目前城墙景区交通不便利，多数城墙段没有公交车站，不便于自由行的散客到城墙旅游，因此各城墙段发展不均衡，致使客流量不平衡；大门设置不明显，找不到路上城墙；城墙段与段之间没有直接的联系，没有专线可以连通各城墙段，构不成整体。因此设立城墙专线公交、接驳车，都是可以使城墙景区交通更为便利的手段，尤其是近的城墙段之间，可以采用联票、通票的形式（包含交通），便利游客的选择。

4. 景区的休息系统

大部分游客对城墙景区的休息系统表示是比较满意的。但由于有部分景区属于开放式景区，没有收入，因此并没有很注重休息系统的建设。休息系统风格与城墙风格要吻合，集历史、古旧、文化于一体。目前大段城墙上没有休息座椅，设置得当、频率适中的休息系统是目前城墙亟待解决的问题。

5. 景区的休闲设施与氛围

缺少休闲设施与氛围，书吧、咖啡吧可以营造文化的参与感。书吧、咖啡吧既可以露天设在瓮城里，感受现代的阳光与百年的城墙，和风煦煦，文化如阳光般洒在身上，拉近城墙与人的关系；也可以融合城墙风格，设在藏兵洞中，感受的是非同一般的硬朗与历史的沉重。这样针对的人群不仅是中青年，也可以是少年儿童，可以将孩子们的假期充分利用起来，组织集体活动，大大提高书吧的利用率和社会影响力。

6. 对景区公共厕所的评价

据调查，游客对城墙景区公共厕所的评价比较满意的占大多数，达到74.8%。总体而言，景区的公共厕所还是令游客比较满意的。但也有部分城墙段的公共厕所现状令人担忧，一定程度上影响了景区的总体质感。

（三）旅游服务建设

1. 旅游咨询（中心）服务

城墙景区的旅游咨询服务较完善，但依旧有不足之处。增加咨询点和游客服务指南的派发，能有效引导游客前往城墙景区。

2. 景区文物、文化知识宣讲服务

城墙景区应顺应智慧旅游的时代背景，大量运用现代科技进行动态展示提升，通过触摸屏、感应游戏，视频播放等声、光、电形式让游客全感官地了解展示的内容，增加旅游产品的趣味性。

3. 景区周边环境和秩序

城墙由于面积大，周长长，因此涉及的周边环境多，大多数景区周边和秩序良好，但目前也存在一些问题，因此要加强交通管制、保持周边道路整洁、减少灰尘污染等。

4. 智慧服务

目前城墙的智慧服务方面较为薄弱，如要开发，可以从当前市面上较为火热的两个方面入手。一是开发景区自助导览服务。南京城墙段数多，文化内涵丰富，极其适合自助导览服务。因此开发相应的软件和APP。二是开发景区二维码，开发微信公众号进行推广。随处可见的二维码能扩大城墙的影响力和潜在客户群；微信公众号能提醒潜在游客关注城墙，推广节庆活动，吸引客源。此外，还应开发城墙景区自己的网站，可以借鉴做得较好的南京总统府、扬州瘦西湖景区的网站。

5. 手机信号覆盖服务

在手机信号覆盖服务方面，城墙景区基本可以满足游客的需求；在4G技术发展旺盛的今天，只有在偏僻的城墙段覆盖4G网络，才能更好地契合智慧旅游的步伐。

6. 便民设施

城墙景区需要加大便民设施的建设和增设。①在景区主要区域，例如景区门口、游客服务中心处设置广告牌进行告知和宣传景区内的便民设施。②进行设施设备的添置，主要有座椅、垃圾桶、景点说明牌、城墙历史文化展示区、厕所、道路导览牌、茶吧和咖啡吧这些基础设施。③电瓶车的采用可以加大经济收入，分流大量的客流，缓解景区旺季时的压力；自行车租赁，可以加长游客在景区停留的时间，体现体验旅游的特色，使游客能融入环境、融入历史，慢慢感悟明文化。④快捷餐厅的设置，设计风格与城墙风格一致，服务员穿着明朝服装，餐厅可以加大城墙的经济收益。⑤母婴室的设立与国际接轨，增强城墙的人文关怀，提高城墙的档次。

7. 景区讲解服务评价

要从根本上提升城墙的吸引力，就要从景区讲解员入手。在讲解队伍的构成上，要人工与智能相结合，在人流量稳定、集中、密集的城墙段主要采用人工讲解服务；在较为偏远、人流量相对少的城墙段，为节省人工成本，可以采用智能讲解器。

8. 对景区特色旅游商品的评价

目前城墙的吉祥物和特色旅游商品市场认知度并不高，因此城墙景区应从明文化入手，设计旅游商品时要添加更多当地文化和景区主题的特色，体现旅游商品的独特性。为最大化旅游商品的礼仪产出，应该分档次设计旅游产品，满足不同层次的游客需求。

9. 对景区门票价格的评价

城墙景区门票价格不太高，比较容易让游客接受，但仍需进一步通过市场调查，合理调整价格以及开展优惠活动。为进行市场推广，旺季不抬高价格，淡季进行促销，买一赠一或者买票送纪念品等。在市场推广的初期，在一些偏远的城墙段可以采用免费的方式提升人气，将城墙与周围的公园融为一体，让本地居民先享受免费的优惠，增强民间宣传，提升景区人气。

（四）景区基础设施建设

（1）城墙景区各段外围标识牌统一进行调整，标识牌应字体色彩统一，高度位置摆放合理，具有标识图形、中英文对照，去除不符合规范的旅游景点标识牌。

（2）景区内部应检查现有的标识牌内容，做到与实际情况相符，对于区域存在的多种样式标识牌应予以统一，最好是木材质，体现古朴的历史风貌，对于部分标识牌只有中英文两种语言或多种不同语言的应予以更换。

（3）信息化设施的建设，包括相应的软件和硬件。如：旅游大数据的采集、整合、分享系统；基于手机信号的游客动态监测系统；基于GPS的车船、管理人员的监管系统；基于传感技术和物联网技术的景区环境监管系统；外来车辆的自动导引与统计系统；语音导览与自动感应式讲解等。

（4）应该尽快对人流量较大的区域，如中华门、东水关的公共休息设施进行统计，增加坐凳休息设施的数量，座椅材质与造型符合城墙的风格。

（5）对于公共活动区域（古戏台），要保证旅游的公平性，商户不得占用公共资源。

总之，通过在景区品牌、旅游资源保护、旅游产品开发、景区基础设施四个方面系列举措的推进下，南京城墙景区游客满意度一定会持续稳定提升，成为各地游客来宁必去的景区，进一步提升城墙旅游的知名度、美誉度。

【参考文献】

[1] 朱丽. 南京城墙旅游吸引力提升策略研究 [J]. 旅游纵览, 2016.08: 34-38.

[2] 徐静. 开封古城墙旅游开发探析 [J]. 特区经济, 2015, 01: 138-139.

南京民宿发展现状
——以浦口永宁街道为例

【摘要】 近年来，民宿成为乡村旅游发展的重要途径和发展方向，以南京浦口永宁街道为例，从2016年开始，民宿在该街道生根发芽，表现出品牌化、规模化、多元化的特点。经过前期实地调研和问卷发放，对永宁街道民宿情况进行深入的走访与客观的分析，文章从建设情况、资本主体、经营情况、客群市场四个方面全面剖析永宁街道民宿发展的现状，总结其发展中的问题，为未来进一步研究的发展对策奠定基础。

【关键词】 民宿；发展现状；问题

一、建设情况

从建设情况而言，目前永宁街道民宿建设呈现分布不均，规模较小的特点。

永宁街道现有已建成民宿6户，其中大埝社区3户，侯冲、大桥、西葛社区各1户；现有客房78间，其中大埝社区33间，侯冲社区5间，大桥和西葛社区各20间；现有床位126张，其中大埝社区50张，侯冲社区6张，大桥社区30张，西葛社区40张。从民宿户数、客房数和床位数总量分布上看，目前大埝社区走在永宁街道民宿建设的前列。

已建成民宿户数方面，大埝社区占全永宁的一半；在已建成民宿客房数方面，大埝社区现有民宿客房33间，占全永宁的42%，平均每户拥有客房11间，尽管大桥和西葛社区现有已建成民宿各1户，但是均有客房20间，单户建设规模较大；在已建成民宿床位数方面，大埝社区现有民宿床位50张，占全永宁40%，西葛社区拥有40张，占全永宁32%，大桥社区拥有床位30张，占全永宁24%。由此可知，目前永宁的民宿规模平均在13间客房，大埝社区的民宿规模一般在11间，较平均水平低；大桥和西葛社区的民宿规模在20间，较平均水平高。从每间客房拥有的平均床位数看，永宁总体为1.61张，大埝社区为1.51张，大桥社区为1.5张，西葛社区为 2 张，说明西葛社区民宿多以标间为主，其他地区主要以单床间为主，可能是单人间，可能是大床房。尽管部分民宿房间达到 20 间，但是从整体规模上而言，永宁街道的民宿规模较小，没有呈现规模化发展，一定程度上限制了民宿经济的发展，对同乡村民没有产生吸引。

表 1　永宁街道民宿建设统计

村居名称	已建成民宿情况			正在建设情况		
	民宿户数（户）	客房数（间）	床位数（张）	民宿户数（户）	客房数（间）	床位数（张）
大埝社区	3	33	50	14	187	258
侯冲社区	1	5	6	1	8	10
大桥社区	1	20	30	0	0	0
西葛社区	1	20	40	0	0	0
镇街汇总	6	78	126	15	195	268

永宁街道现有正在建设的民宿 15 户，其中大埝社区 14 户，侯冲社区 1 户，大桥和西葛社区没有正在建设的民宿。从图 1 可以看出，永宁街道正在建设的客房有 195 间，其中大埝社区 187 间，侯冲社区 8 间，正在建设的床位有 268 张，其中大埝社区 258 张，侯冲社区 10 张。从民宿户数、客房数和床位数总量分布上看，下一阶段永宁民宿建设主要集中在大埝社区。正在建设的民宿平均规模为每户 13 间客房，大埝社区平均每户 13.4 间，侯冲社区平均每户 8 间。从每间客房拥有的平均床位数看，整个永宁为 1.37 张，大埝社区为 1.38 张，侯冲社区为 1.25 张。尽管起点几乎一致，但是从在建民宿方面看，大埝社区独占鳌头，侯冲社区也意识到民宿发展的重要性，但是大桥和西葛社区在民宿建设方面缺少热情，因此民宿发展不均衡。

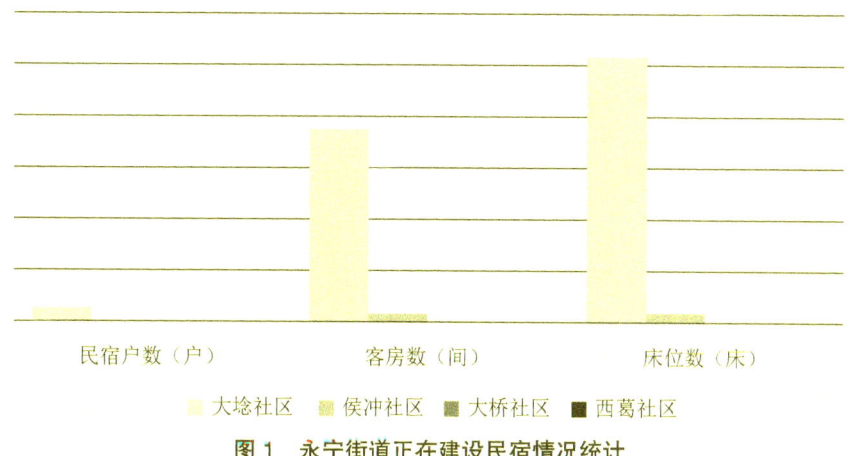

图 1　永宁街道正在建设民宿情况统计

二、资本主体

从资本主体而言,目前永宁街道民宿投资以本地农民个体为主,社会资本后继有力。永宁街道的农民参与民宿投资的热情很高,社会资本也在不断涌入,可以说街道内外都发现了永宁得天独厚的旅游资源带来的民宿发展优势。永宁街道民宿产业总投资额高达 9535 万元,从图 2 可以看出,其中农民个体投资额为 6120 万元,占总投资额的 64%,社会资本投资额为 3200 万元,占 34%。说明永宁街道民宿投资主体主要为当地农民,一方面说明当地农民经济基础雄厚,收入稳定;另一方面说明永宁街道农民有积极的投资热情,看好民宿产业,抓住创新创业好机遇。

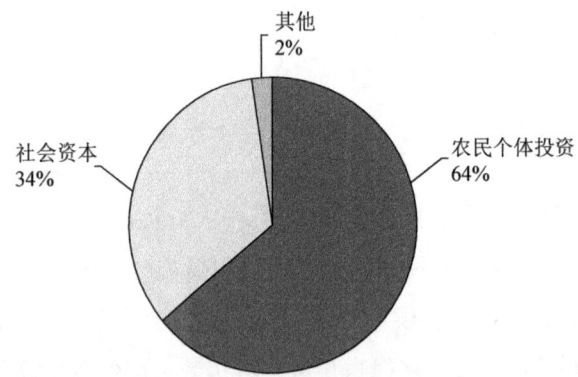

图 2 永宁街道民宿投资主体统计

在建民宿最多的大埝社区获得最多的投资,其中农民个体投资也最多。因此可以说,现阶段大埝很多农民看好了民宿发展的势头,而抓住了民宿发展的机遇也就获得了大量的社会资本投入。就能从图 3 可以看出,永宁街道民宿总体投资在大埝社区最多,达 8270 万元,占永宁街道总体投资额的 87%,比第二位大桥社区高出

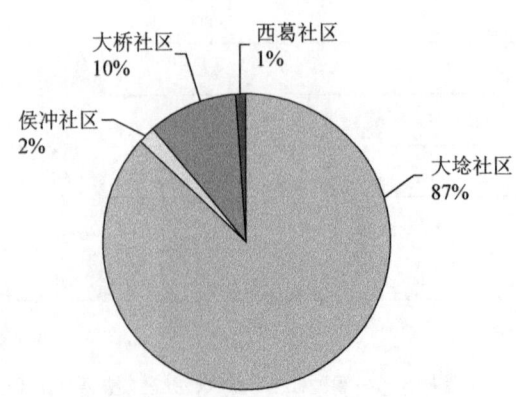

图 3 永宁街道民宿总体投资分布统计

7270万元，大桥社区获得投资1000万元，占永宁街道总体投资额的10%。而侯冲社区和西葛社区投资额分别是215万元和50万元，分别只占永宁街道民宿总体投资额的2%和1%。

从图4可以看出，永宁街道农民个体民宿投资集中在大埝社区，高达5057万元，占农民个体投资额的80%，说明大埝社区民宿建设推进到基层效果显著、深入到农民的心中。

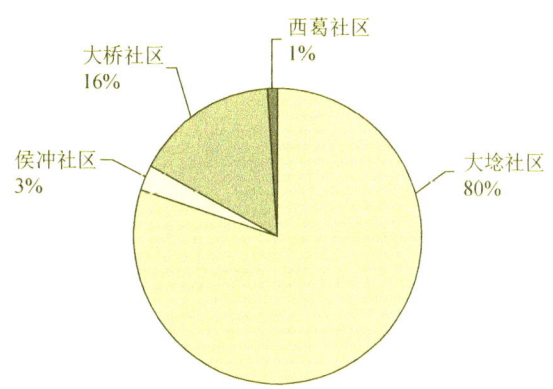

图4　永宁街道民宿农民个体投资分布统计

永宁街道民宿获得的社会资本3200万元均投资在大埝社区，一定程度上说明大埝社区招商引资工作成效高，也说明该社区所在地方政府对于民宿建设提供了便利的服务和优惠的条件。

三、经营情况

该部分的经营情况主要就民宿目前从业人员、客房价格、入住率、接待人次、营业收入、主题特色、周边旅游资源七个方面展开统计及分析。

（一）从业人员

从就业人员分布而言，从图5可以看出，永宁街道民宿产业主要以吸纳本地农民为劳动力，同时也可以增加本地就业机会，从长远而言有利于地方稳定和经济发展。目前民宿产业在永宁街道吸纳的劳动力达162人，目前永宁街道已建成和正在建设的民宿共计20户、273间客房，说明平均每家用人需求为8.1人，每间客房用人需求为0.59人。已建成的6家民宿吸纳劳动力62人，占据总劳动力的38%，平均每户用人需求为10.1人，共有客房78间，说明每间客房用人需求为0.79人；正在建设的14家吸纳劳动力100人，占总劳动力的62%，共有客房195间，按照目前现有的用人需求猜测，应该可以大约吸纳144至155名劳动力，因此，等正在建设的民宿完工，还可以吸纳一定数量的当地劳动力投入到民宿事业中。

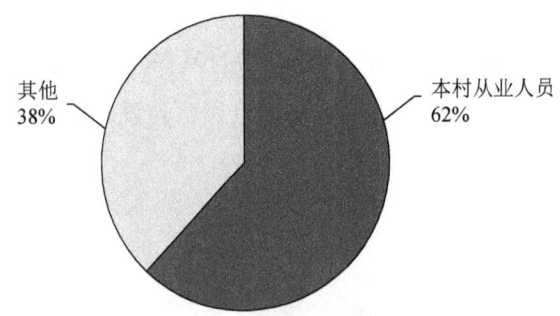

图5　永宁街道民宿从业人员统计

（二）客房价格、入住率及接待人次

从民宿价格而言，整体定价不高，淡旺季价格区分明显。从表2可以看出，永宁街道民宿整体价格较低，不超过200元。除了蝶梦山丘以外，其他民宿均采取了淡旺季价格区分，淡季最低的价格在100元，淡季最高价格在168元，淡季平均价格在131.1元；旺季最高的价格在200元，旺季最低价格在120元，旺季平均价格在171.6元；除了鹿源生态农庄淡旺季差价在100元，其他民宿淡旺季价格差别均不大。但是无论淡季还是旺季，蝶梦山丘的价格大大提升了平均价格水平，使得淡季平均价格在322.7元，旺季平均价格在356.3元。蝶梦山丘是社会资本投资，极具主题性，淡旺季价格均在1280元，价格较高，针对高端客源。根据表2的入住率看，其淡季入住率是30%，而永宁街道民宿淡季平均入住率为20%，其高出平均水平10%；其旺季入住率是50%，而永宁街道民宿旺季平均入住率为60%，拉低了平均水平10%，说明主题性民宿受季节性影响较小。

表2　永宁街道民宿价格和接待情况

序号	村居名称	民宿名称	民宿价格		入住率		接待人次
			淡季（元/天）	旺季（元/天）	淡季（%）	旺季（%）	
1	大埝社区	长春藤民宿	100	120	80	100	100
2	大埝社区	老山庄民宿	158	188	10	50	/
3	大埝社区	蝶梦山丘	1280	1280	30	50	135000
4	侯冲社区	三婶家民宿	100	200	15	80	4500

续表

序号	村居名称	民宿名称	民宿价格		入住率		接待人次
			淡季（元/天）	旺季（元/天）	淡季（%）	旺季（%）	
5	大桥社区	强蕾农园	130	150	25	70	425
6	西葛社区	鹿源生态农庄	168	200	10	55	3100
镇街汇总			322.7	356.3	20	60	143 125

从入住率看，永宁街道民宿入住率不高，说明其宣传不够、基础设施暂时不能满足游客需求。永宁街道民宿的淡季入住率在10%到80%不等，大多数都在50%以下，只有一家淡季入住率达到80%，淡季平均入住率为20%。旺季时只有个别民宿在旺季实现了100%的入住率，其他民宿旺入住率在50%到80%不等，旺季平均入住率为60%。

从接待人次看，有体验项目和与景区关联的民宿接待人次较多。三姊家民宿和鹿源生态农庄遥遥领先，分别接待了4500人次和3100人次。三姊家民宿2016年3月开业，主要围绕乡村旅游，开展餐饮、采摘、垂钓、土特产销售、旅游等业务，利用线上APP、微信、行业平台和线下公司推广，主要接待江浙沪团队客人，在上海有分公司，因此其客源稳定且量大。鹿源生态农庄2015年开业，主要开展餐饮、休闲垂钓、蔬菜采摘、棋牌室、KTV、健身房等服务，农庄内还有梅花鹿、孔雀供观赏，主要利用网络、口碑宣传，主要接待江苏省南京市及其周边的团队客人，以及安徽省滁州市乌衣镇的散客。

（三）营业收入

从营业收入而言，民宿经济已成一定规模，但住宿不占消费最高比例。从表3、图6可以看出，永宁街道已建成民宿的经营者营业总收入达723万元，净收入246万元，净收入占营业总收入的比例为34%。在营业总收入中餐饮占51%，比例最高，远远超过了住宿业收入的比重。从表3可以看出，现已经营的民宿都提供餐饮服务。民宿产业中的住宿只占到了24.1%，说明永宁街道民宿价格不高，档次一般。此外，农业体验等娱乐项目占到营业总收入的8.3%，农产品销售占到营业总收入的16.6%。

表3 永宁街道民宿收入情况

序号	村居名称	民宿名称	经营者营业总收入（万元）	其中（万元）				经营者年净收入（万元）
				餐饮	住宿	农家体验等娱乐项目	农产品销售	
1	大埝社区	蝶梦山丘	40	1	35	0	5	−10
2	大埝社区	长春藤民宿	2	0.5	1	0.3	0.2	1
3	大埝社区	老山庄民宿	25	5	15	0	5	20
4	侯冲社区	三婶家民宿	40	32	3		5	20
5	大桥社区	强蕾农园	400	200	100	60	40	180
6	西葛社区	鹿源生态农庄	215	130	20	0	65	35
	镇街汇总		723	368.5	174	60.3	120.2	246

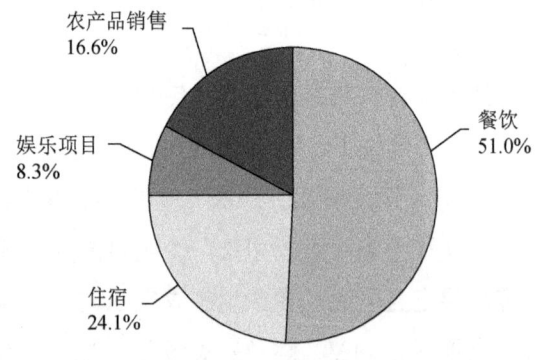

图6 永宁街道民宿收入统计

（四）主题特色

永宁街道民宿建设重视特色建设，强调文化基础。除了强蕾农庄没有明确的主题特色，其他都有自己的主题特色，比如三婶家民宿是怀旧主题，鹿源生态农庄是以梅花鹿和孔雀园为主题，其他的主题一般多为自然乡土、爱情浪漫、家庭亲子类。

（五）周边旅游资源

旅游资源成为永宁街道民宿的重要载体。永宁街道民宿在周边5公里内均有旅游资源，因此可以说永宁街道建设的民宿是依托周边旅游资源而建设的，可以说旅游资源是吸引游客前往永宁的最重要的因素，而永宁民宿给予了游客留宿的可能，一定程度上还超出了游客的期望，满足了其对文化和民俗的要求。

四、客群市场

客群市场较窄，地缘优势较明显。经过前期的调研和访谈得知，永宁街道已建成的民宿多数通过微信、网站，比如西祠胡同，以及口碑宣传，还有一部分上门客。此外，20家民宿中仅有5家加入了南京民宿线上平台。

主要的客群市场是南京市内及周边城市、安徽滁州的团队和散客。

五、结语

结合现场调研及座谈走访，永宁街道民宿发展过程中存在以下主要问题：

（1）产品结构单一，特色彰显不够突出；

（2）资源整合度低，民宿体验活动较少；

（3）永宁地域性文化缺失，挖掘力度不足；

（4）同质化倾向严重，缺乏个性化创意；

（5）民宿经营者经验不足，"家"文化缺失；

（6）宣传力度不够，乡村民宿旅游品牌魅力不足；

（7）民宿从业者缺乏系统培训，服务意识有待提高；

（8）永宁民宿基础设施需进一步配套，舒适度有待提升。

【参考文献】

[1] 蒋佳倩，李艳.国内外旅游"民宿"研究综述[J].旅游研究，2014（04）：16-22.

[2] 侯凤娅.江南古镇周庄民宿业的发展策略研究[D].东南大学，2015.

[3] 陈沫，齐岩波，刘海霞.台湾民宿产业发展及对大陆民宿的经验借鉴[J].旅游纵览（下半月），2014（10）：274-276.

[4] 吴玮.台湾民宿业发展现状及数字化营销策略研究[J].泉州师范学院学报，2015（03）：100-105.

[5] 葛姝，赖红波.台湾民宿业品牌网络推广及对上海的借鉴[J].设计，2015（20）：142-144.

黄河经济带旅游经济差异时空格局演化及其成因分析

【摘要】以黄河经济带9省2市为研究单位，以2002—2015年入境旅游收入和国内旅游收入为侧度指标，采用泰尔指数、标准差、基尼系数、赫芬达尔系数、首位度以及局部空间自相关等计算方法，在ArcGIS软件的支持下，从时空角度分析了研究区域旅游经济差异及其演变特征。结果表明：黄河经济带旅游经济的总体布局没有发生较大的变化，绝对旅游经济差异在逐年扩大，相对差距在缩小，从空间发展格局来看，国内旅游收入核心集聚区和低度集聚区都在扩大，高度集聚区和中度集聚区都在缩小，而入境旅游收入核心集聚区在缩小，低度集聚区、高度集聚区和中度集聚区却均在扩大。最后指出产生这样时空演化特征的主要因素是旅游资源、区位条件、经济发展水平、政治环境以及国际形势多变、世界经济不景气、食品卫生、地区环境恶化和地区关系紧张等。

【关键词】黄河经济带；区域经济差异；时空特征

"十三五"旅游业发展规划提出要打造10条国家精品旅游带，其中包括黄河华夏文明旅游带。中国华夏文明的发源地—黄河经济带，是我国历史遗迹最多，非物质文化遗产集聚和中国古都分布最集中的地区，本文综合考虑黄河流域自然范围、黄河变迁、黄河历史作用以及黄河流域经济共同体等因素，从经济学视角出发，确定黄河经济带的范围，其行政区划范围包括青海省、宁夏回族自治区、甘肃省、陕西省、山西省、内蒙古自治区、河南省、河北省、山东省、北京市、天津市等11个省、市、自治区，面积330万平方公里。人口和生产总值都占全国30%和35%以上，经济总量占全国28.76%。黄河沿线旅游资源优势度高，资源禀赋丰富，文化底蕴深厚，区域位置优越，这些都给黄河经济带区域内各地发展旅游经济奠定了良好的基础。作为国家一带一路战略的内陆腹地提供强有力的支撑，曾被誉为"装点中国经济体魄的金腰带"。

查阅相关资料，对黄河经济带旅游经济差异及旅游合作的整体研究的文章不多，黄河经济带旅游经济空间差异分析以及变异是怎样也没有见到此类文章，这些专家只是从一个城市或一个小的黄河段谈旅游经济的发展与区域合作，主要研究的内容有霍明远等[1]撰文指出黄河经济带的建设是21世纪中国国民经济建设北移西进的必由之路，而搞好黄河经济带可持续发展战略研究与关键技术的研制，则是搞好黄河经济带建设的必然选择，郭琰[2]谈了郑州沿黄河旅游的开发思路，曹新向[3]以开封为例谈了开封黄河段旅游开发设想，沙爱霞[4]撰写论文研究了西安—兰州—银川泛三角区跨区域旅游合作开发，李维秀等[5]秦晋豫黄河金三角区域旅游合作构想，薛宝琪等[6]黄河沿线旅游资源开发整合研究——对建设大黄河旅游走廊的构想，苏建军[7]晋豫陕黄河金山角区域旅协作建设构想，张慧霞等[8]晋、陕、豫黄河金三角地区区域旅游合作研究，曹新向等[9]黄河流域省际旅游合作与互动，罗芳等[10]中部崛起视角下豫南鄂北区域经济一体化可行性研究，赵媛[11]晋、陕、豫黄河金三角旅游协同一体化研究，陈丽芳等[12]晋陕豫金三角区域旅游联合开发研究。

但是，将黄河经济带作为总体，从国内旅游收入和入境旅游收入差异进行专门的分析和研究目前还没有，鉴于此，本文以黄河经济带9省2市2002—2015年14年数据为研究对象，研究黄河经济带旅游收入差异与空间格局演化特征，以期为黄河经济带区域实行旅游一体化战略发展提供参考。

一、研究方法与数据来源

（一）研究方法

现在专家研究主要侧重于区域经济差异的测度、空间特性、趋同性（收敛性）形成机制等方面[13-17]，本文在前人研究的基础上以黄河经济带11个省、市、自治区的入境旅游收入和国内旅游收入以及省市人口数量为考量，结合魏后凯[18]，刘慧[19]，侯景新，尹卫红[20]等区域经济空间不平衡的研究方法，借鉴姜海宁[21]，方忠权[22]等中国旅游经济差异的空间特征分析，综合运用泰尔指数、标准差、基尼系数、赫芬达尔系数、首位度以及局部空间自相关等计算方法对黄河经济带区域旅游经济差异状况进行分析。其计算公式分别如下：

标准差

$$\sigma = \sqrt{\frac{1}{N}\sum_{i=1}^{N}(x_i - \mu)^2}$$

基尼系数：本文用于反映各省旅游收入的相对差距，计算公式采用麦克米莱现代经济学大辞典中的简化公式[23]。计算公式：

$$G = 1 - \frac{1}{n}\left(2\sum_{i=1}^{n-1} w_i + 1\right)$$

赫芬达尔系数：本文用于反映各省份旅游收入的离散度指标。计算公式：

$$HHI = \sum_{i=1}^{N}(X_i/X)^2 = \sum_{i=1}^{N} S_i^2$$

首位度：本文用于反映省际旅游收入分布的集中度，定量研究我们所需的11个省旅游收入差异的时间演变规律。

泰尔指数：是用来衡量个人间或地区间收入差距的指标。

（1）地带内省际旅游经济差异程度泰尔指数

$$T_{wr} = \sum_j \frac{Y_{ij}}{Y_i} \ln \frac{Y_{ij}/Y_i}{N_{ij}/N_i}$$

（2）地带间旅游经济差异程度泰尔指数 I_{br}

$$T_{br} = \sum_i \frac{Y_i}{Y} \ln \frac{Y_i/Y}{N_i/N}$$

（3）将总差异分解为地带内（T_{wr}）和地带间（T_{br}）差异之和

局部空间自相关：即局部 Moran 指数，其计算方法如下：

$$I_i = \frac{n(x_i - \bar{x})\sum_i W_{ij}(x_j - \bar{x})^2}{\sum_i (x_i - \bar{x})^2} = Z_i \sum_j W_{ij} Z_j$$

局部 Moran 指数 I_i 检验的标准化统计量计算公式

$$Z = \frac{I - E(I)}{\sqrt{VAR(I)}}$$

（二）数据来源

考虑数据的真实性、连续性、可获得性的几个方面的因素，黄河经济带11个省、市、自治区、直辖市的入境、国内旅游收入、人口总数等数据来源于各省（市）统计局、国家统计局各地调查总队发布的国民经济和社会发展统计公报，在时间上，选取2002年至2015年连续14年的数据，同时通过空间统计模型选取

2002、2008、2015 三个时间的截面数据，并对数据进行去量纲和归一化处理，处理时应用 ArcGIS 软件和 SPSS 软件中的部分相关模块，以此分析 11 个省、市、自治区、直辖市的旅游经济的空间演化轨迹。

二、黄河经济带国内旅游经济与入境旅游经济的空间差异分析

（一）国内旅游经济空间差异

1. 国内旅游经济总体差异分析

将黄河经济带 11 个省市 2002—2015 年的国内旅游收入代入上述标准差、基尼系数、赫芬达尔系数及首位度公式计算得出结果表 1。从表 1 结果看标准差从 2002 年的 287.459622 增加到 2015 年 1929.63221，增长了 6.71 倍，说明黄河经济带 9 省 2 市国内旅游收入的变动程度在加大，区域稳定性在减小，绝对差距在逐年扩大。基尼系数变化范围是 0.464185—0.258976，整体呈震荡下降趋势，反映国内旅游收入空间分布的差异不大，表明黄河经济带地区的各省市积极的努力创造内需，在国内旅游方面做出了很多的工作，从而使国内旅游收入相对差异逐年缩小，说明黄河经济带地区的各省市国内旅游收入的空间布局在发生变化。赫芬达尔系数整体都比较小并呈逐年下降趋势，最大的是 2002 年的 0.183888342，最小是 2015 年的 0.1360，表明黄河经济带地区的各省市国内旅游收入占地区总收入的份额有差距；但不是很大，并且显示随时间推移，差距在缩小，竞争在激烈，竞争的态势也在加剧。从赫芬达尔系数变化幅度来看，说明黄河经济带地区的各省市国内旅游空间布局日趋稳定。首位度变化在 2002 年至 2015 年期间处于震荡变动，以 2008 年为谷值呈现对称趋势，即前七年整体呈现下降趋势直到 2008 年的最低值，后七年呈现上升趋势，首位省市研究期（2002—2015）前六年是北京，山东后来居上，而且后八年一直居于首位，说明山东的国内旅游在经济带 9 省 2 市中做得相对较好，国内旅游的竞争力十分强大。

表1 2002—2015 黄河经济带国内旅游收入差异及变动

年份	标准差	基尼系数	赫芬达尔系数	首位度	首位省份
2002	287.459622	0.464185	0.183888342	0.053731323	北京
2003	234.609933	0.436751	0.175315776	0.034559198	北京
2004	360.054782	0.44161	0.178760566	0.044905765	北京
2005	420.995311	0.419421	0.164524448	0.041277756	北京
2006	496.574539	0.395666	0.159575007	0.04004956	北京

续表

年份	标准差	基尼系数	赫芬达尔系数	首位度	首位省份
2007	605.156538	0.383969	0.157045077	0.039647599	北京
2008	702.570966	0.383582	0.156161795	0.035543228	山东
2009	827.523847	0.360299	0.152213252	0.039416623	山东
2010	978.07386	0.350012	0.14998559	0.041534181	山东
2011	1174.31767	0.328479	0.146648781	0.042808992	山东
2012	1389.96178	0.308052	0.14215317	0.04707175	山东
2013	1571.44465	0.28479	0.137204246	0.050238914	山东
2014	1746.53366	0.275253	0.132534373	0.053066452	山东
2015	1929.63221	0.258976	0.128772642	0.057923894	山东

2. 国内旅游收入空间自相关时空演化特征分析

为了更好地实现每个省、市域旅游经济的发展变化，清晰地通过可视化手段更能直观地看出省、市域旅游经济空间格局演化的特征。本文选取 2002、2008、2015 年 3 个年份的省、市域国内旅游收入、入境旅游收入的截面数据作为衡量指标，应用 ArcGIS 软件得到 Local Moran's I 系数，采用自然裂点分级模式的方法，将每个年份省、市区域按 LocalMoran's I 指数的大小从高到低依次分成集聚核心区、高度集聚区、中度集聚区和低度集聚区四种类型，通过计算处理得出图 1、图 2、图 3、图 4，以便更为清楚地看出黄河经济带区域旅游经济发展自相关时空变化特征和演化规律。

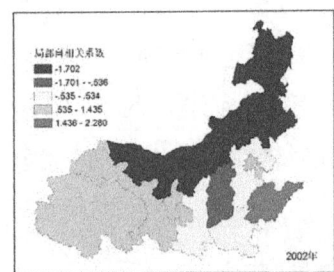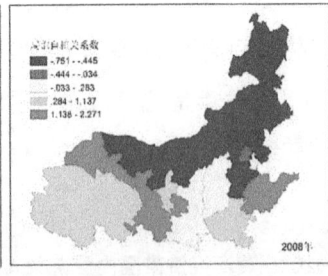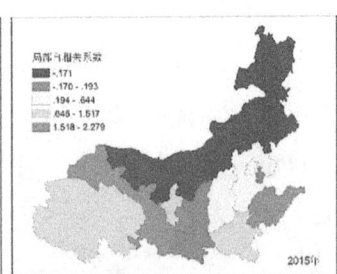

图 1　国内旅游收入要素的异质性格局（2002、2008、2015）

从图 2 可以看出黄河经济带国内旅游收入空间格局的演化过程，从 2002 年到 2015 年的 12 年间分三个截面可看出旅游经济空间布局的演化过程，中间在扩大，西部在缩小，东北部保持不变。集聚核心区由 2002 年的山东逐渐在扩大，2008 年新增了甘肃，2015 年依然是山东和甘肃。高度集聚区呈现分散分布态势，由 2002

年的青海、宁夏和天津发展到 2015 年新增了河南，甘肃一跃而上进入到核心集聚区，因此 2015 年高度聚居区包括了青海、宁夏和河南。中度集聚区呈现减少趋势，具体体现在 2002 年集中在河北、北京、山西、陕西、河南，到 2015 年仅有北京、河北和山西。低度集聚区也在扩大，具体表现在 2002 年只有内蒙古一省区，2015年发展到陕西、河北、天津和北京两省两市。

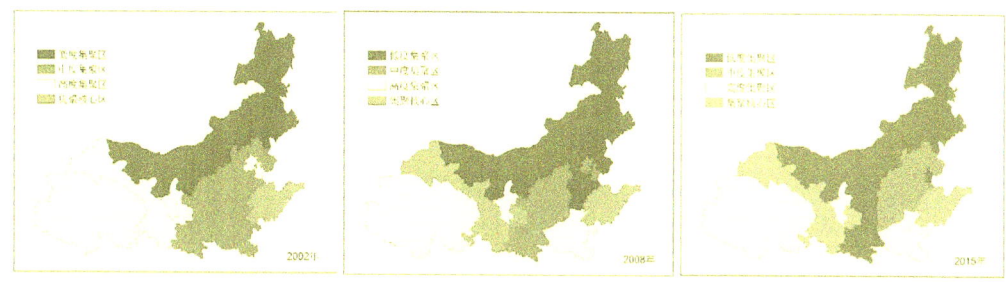

图2　国内旅游收入发展格局集聚态势（2002、2008、2015）

3. 区域内部各省市国内旅游经济差异分析

黄河经济带国内旅游收入差异与贡献率计算结果见表2。从表2可看出，黄河经济带地区，无论是地带内、地带间还是省际国内旅游收入差异，总体呈大幅下降趋势，地带内差异下降的速度比地带间差异下降的速度要快，地带内差异明显大于地带间，也反映出它是省际差异产生的主要原因。东部地区内部差异较大，下降幅度最大，中部地区、西部地区内部差异较小，下降幅度也较小，可见黄河经济带内三大地区的国内旅游收入之间的差异在不断地收缩，中部地区在地带内差异中始终占主要地位。总体而言，黄河经济带地区地带内对总差异的贡献率整体处于小幅上涨趋势，从 2002 年 64.15% 上升到 2015 年 69.85%，2003 年因为非典型肺炎的关系波动较大，最高达到 94.30%；因此，地带间对总体差异的贡献率呈现小幅下降趋势，由 2002 年 35.85% 下降到 2015 年 30.15%，相对稳定。

表2　2002-2015 黄河经济带国内旅游区域经济发展差异

年份	省际差异（总差异）	西部地区差异	中部地区差异	东部地区差异	地带内		地带间	
					地带内差异	地带内对总差异贡献率	地带间差异	地带间对总差异贡献率
2002	0.492284923	0.0353	0.003068	0.27742	0.3158	0.641475281	0.1765	0.358524719
2003	0.325620852	0.0423	0.001426	0.26435	0.3080	0.946034716	0.0176	0.053965284
2004	0.428206782	0.0123	0.001598	0.26116	0.275075028	0.642388303	0.1531	0.357611697
2005	0.359773941	0.018	0.000264	0.236	0.254219814	0.706609861	0.1056	0.293390139

续表

年份	省际差异（总差异）	西部地区差异	中部地区差异	东部地区差异	地带内		地带间	
					地带内差异	地带内对总差异贡献率	地带间差异	地带间对总差异贡献率
2006	0.324336535	0.0221	0.000949	0.21792	0.240976689	0.742983484	0.0834	0.257016516
2007	0.289117764	0.0158	0.002186	0.2022	0.220151622	0.761460032	0.069	0.238539968
2008	0.264033293	0.008	0.003173	0.19408	0.205250748	0.777366921	0.0588	0.222633079
2009	0.226932077	0.0049	0.002571	0.17116	0.178619515	0.787105627	0.0483	0.212894373
2010	0.190778975	0.0031	0.001403	0.14328	0.14778162	0.774622152	0.043	0.225377848
2011	0.130183321	0.0015	0.003762	0.08483	0.090114687	0.692213769	0.0401	0.307786231
2012	0.112051765	0.0015	0.007023	0.07104	0.079565972	0.71008227	0.0325	0.28991773
2013	0.099797627	0.002	0.011077	0.0607	0.073825981	0.739756882	0.026	0.260243118
2014	0.082464156	0.0039	0.010342	0.04857	0.062839106	0.7620172	0.0196	0.2379828
2015	0.066925364	0.0056	0.018663	0.02247	0.0467471	0.698494968	0.0202	0.301505032

（二）入境旅游经济差异分析

1. 入境旅游经济总体差异

黄河经济带11个省市2002-2015年入境旅游收入数据代入上述标准差、基尼系数、赫芬达尔系数及首位度公式计算得出表3结果。从表3分析可以看出，标准差从2002年的8.9429增加到2015年15.5348，14年间增长了1.74倍，说明黄河经济带11省（市）入境旅游收入也呈现不稳定的程度，其绝对差距在逐年加大，其中2011的差距最大1.80倍，但与国内旅游收入相比，入境旅游收入绝对差距较小，增加幅度不大。基尼系数的变化幅度不大，基本介于0.4958~0.6718，但区域内总体布局变化较大，从表4可见，中部入境旅游收入对地带内贡献率变化不大，东西部格局变化很大，东部地区从2002年入境收入对地带内贡献率最高，从高达77.93%降到2015年的43.85%。与之相比的西部呈现大幅上涨趋势，从2002年对地带内贡献率最低的5.91%，也是东中西地区中贡献率最低的，上涨到2015年36.57%，与东部的入境旅游收入差异越来越小。赫芬达尔系数在0.1913~0.4285之间，与国内旅游收入相比系数较大，反映黄河经济带内入境旅游收入差距较大。首位度的数据随时间的推移变化状况呈逐渐下降趋势，反映黄河经济带各省市入境旅游收入分布首位度2008年前十分明显，十分集中，2008年后分布越来越均匀，但是自2002年至2015年首位城市都是北京，体现了北京的旅游入境收入比例之高，说明北京旅游资源对境外客源的吸引力极大，北京在黄河经济带中入境旅游收入的地位可见一斑。

表3 2002-2015黄河经济带入境旅游收入差异及变动

年份	标准差	基尼系数	赫芬达尔系数	首位度（第三）	首位省份
2002	8.94292296	0.671829	0.428475	3.507904	北京
2003	5.49948016	0.644586	0.396007	3.043677	北京
2004	9.11086147	0.658018	0.39195	3.046524	北京
2005	10.359213	0.638775	0.354606	2.623835	北京
2006	11.5544791	0.631403	0.339208	2.440441	北京
2007	13.1468897	0.619774	0.313975	2.169324	北京
2008	12.8192535	0.619593	0.29106	0.604196	北京
2009	12.7085656	0.595463	0.259182	0.651103	北京
2010	14.7791477	0.592836	0.253282	0.658713	北京
2011	16.0655757	0.57526	0.236554	0.646209	北京
2012	15.7626181	0.550774	0.208899	0.623845	北京
2013	14.8984038	0.525992	0.191272	0.541588	北京
2014	15.0964645	0.495765	0.201562	0.55726	北京
2015	15.5348135	0.53413	0.196031	0.547784	北京

2. 入境旅游收入空间自相关时空特征分析

从图3局部Local Moran's I来看，可以发现2002年、2008年、2015年，Local Moran's I系数与国内旅游收入要素有相同的特征，局部较大的区域出现显著地变化，2002年Local Moran's I系数相对较大（0.436~0.745）的只集中分布在青海、甘肃、宁夏。2008年Local Moran's I系数增长明显，其系数较大（0.409~0.757，0.758~1.055）的区域明显增大，集中分布在青海、宁夏、甘肃、山东、天津，其中具有更高显著水平的（0.758~1.055）则是宁夏，山东。而到2015年Local Moran's I系数较大的区域变化不大，新增了北京，具有更高显著性水平的地区扩大宁夏、山东和天津。

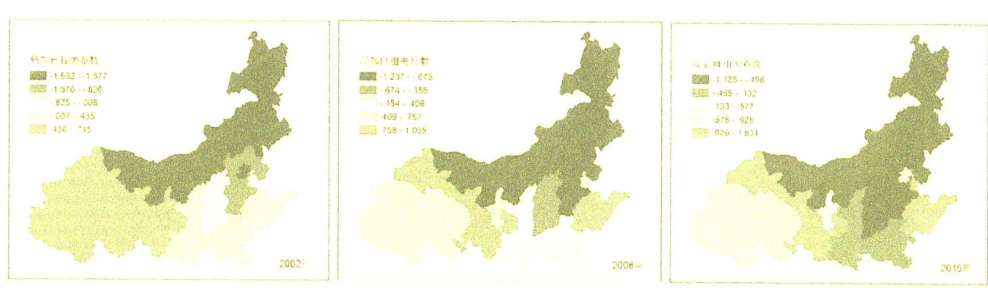

图3 入境旅游收入要素的异质性格局（2002、2008、2015）

从图4可以看出黄河经济带旅游入境收入空间格局的演化过程，四大类型的集聚区范围都有所变化，范围在变化的同时，各省市自身的特质变化也很大。集聚核心区范围一直在缩小，由2002年的青海、甘肃、宁夏、陕西、河南、山东发展到2008年减少了河南、陕西，再到2015年只剩甘肃、山东，新增了天津。高度集聚区范围在扩大。2002年高度集聚区只有山西和天津，到2008年高度集聚区发展成为陕西、河南和天津，2015年扩大至青海、宁夏和北京。中度集聚区范围相较而言也在扩大。2002年，中度集聚区只有河北一省，2008年变更为山西一省，2015年扩大至陕西、河南两省。低度集聚区范围明显在扩大。2002年只有内蒙古和北京一省区一市，2008年新增了河北一省，2015年北京一跃成为高度集聚区，新增了山西。纵观十四年的变化，河北、陕西、河南集聚情况下降明显，天津增长明显。

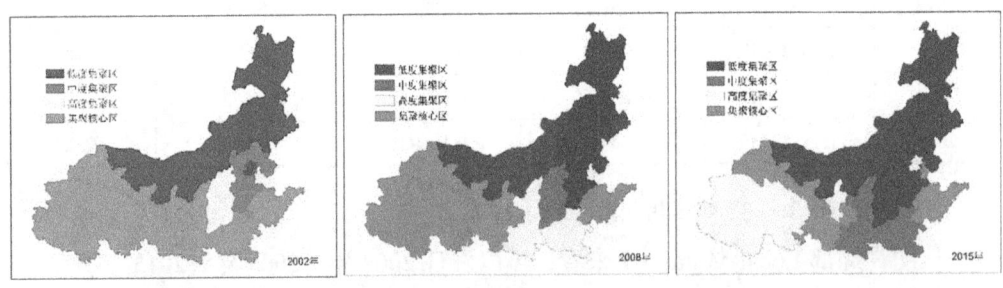

图4 入境旅游收入要素格局集聚态势（2002、2008、2015）

3. 区域内部各省市入境旅游经济差异分析

将相关数据代入泰尔指数公式计算得出结果如表4，黄河经济带入境旅游收入差异无论地带内、地带间还是省际差异变化幅度都不大，尤其是地带间的差异绝对值本身相对地带内差异就很小，经过14年的发展，更加小。地带内差异是地带间差异数倍，从2002年的十倍发展至2015年的将近30倍，是省际差异的主要来源。黄河经济带地带内差异对总差异贡献率表现在89.71%~97.12%之间保持稳定，最低的是2003年89.71%，是黄河经济带入境旅游差异的主要贡献者，与之相对应的是，地带间差异贡献率小，最高是2003年9.32%。可见，黄河经济带总体差异主要来自区域内各省市发展的不平衡。

表4 2002-2015 黄河经济带入境旅游区域经济发展差异

年份	省际差异（总差异）	西部地区 差异	中部地区 差异	东部地区 差异	地带内 地带内差异	地带内 对总差异贡献率	地带间 地带间差异	地带间 对总差异贡献率
2002	0.91471	0.049523	0.135385	0.653154	0.838062	0.916202	0.076651	0.083798
2003	0.90530	0.012505	0.19145	0.608142	0.812097	0.897052	0.093199	0.102948
2004	0.82209	0.036609	0.147694	0.603191	0.787495	0.957914	0.034599	0.042086
2005	0.75945	0.037648	0.116384	0.568367	0.722398	0.951214	0.03705	0.048786
2006	0.73243	0.038394	0.12459	0.532489	0.695473	0.949537	0.036961	0.050463
2007	0.69739	0.040041	0.133389	0.487332	0.660762	0.947482	0.036625	0.052518
2008	0.67463	0.055963	0.115824	0.470051	0.641838	0.951386	0.032797	0.048614
2009	0.68063	0.140172	0.102115	0.40689	0.649177	0.953787	0.031454	0.046213
2010	0.65638	0.148231	0.099376	0.379098	0.626705	0.954786	0.029678	0.045214
2011	0.67890	0.170811	0.125344	0.348739	0.644895	0.949917	0.034001	0.050083
2012	0.60981	0.136278	0.134553	0.306863	0.577694	0.947342	0.032111	0.052658
2013	0.55624	0.088642	0.135205	0.302746	0.526593	0.946703	0.029646	0.053297
2014	0.68745	0.229661	0.127644	0.310344	0.667649	0.971203	0.019796	0.028797
2015	0.68015	0.23967	0.128349	0.287394	0.655412	0.963632	0.024735	0.036368

三、黄河经济带旅游经济差异因素分析

黄河经济带旅游经济差异的影响因素是多种多样的，是综合多变和共同作用的结果。而旅游资源、区位条件、经济发展水平、政治与环境因素起到主导作用。黄河经济带旅游资源总丰度排在前十名的有山西、甘肃、陕西、江西等[24]，这些地区旅游资源种类多、数量大、丰度高，能吸引众多的境内外游客到此旅游。但交通通达性差、地形复杂，一定程度上制约着旅游业的发展。黄河经济带东部地区经济发达，旅游基础投入较大，旅游环境较好以及服务质量和服务满意度都较高，这也是吸引游客的一个重要方面。另外国际形势多变、世界经济不景气、食品卫生、地区环境恶化和地区关系紧张等是产生的直接因素。

四、结论与建议

研究黄河经济带区域经济差异的时空演变规律，有助于国家的战略发展，同时也有利于黄河经济带东、中、西地区的协调稳定的发展。本文以2002-2015年区域内11各省、市、自治区的GDP、人均GDP为基础数据，采用标准差、基尼系数、

赫分达尔系数、首位度、局部空间相关性等统计方法，通过空间统计模型对黄河经济带区域经济进行定量研究，借助ArcGIS软件的技术支撑，可视化地分析黄河经济带区域经济发展的空间差异及其演化特征，较全面地反映黄河经济带旅游经济差异总体布局的基本规律：总体布局没有发生较大的变化，但相对差距在逐步缩小。

第一，通过标准差、基尼系数计算分析国内旅游收入和入境旅游收入都呈现出绝对差距在逐年扩大，相对差距在逐年缩小。入境旅游收入与国内旅游收入相比绝对差距较小，相对差距变化不大。反映国内旅游收入经济带内各省市都在积极的创造内需，加大投入，提高服务质量，吸引游客消费。

第二，通过对赫芬达尔系数分析国内旅游收入和入境旅游收入整体数据都较小而且呈下降趋势，下降的幅度也不大，国内旅游收入各省市竞争激烈态势也在加剧，但空间格局没有发生较大的变化，入境旅游收入竞争虽然也激烈但空间格局没有发生显著变化。因此总体反映出黄河经济带各省市旅游空间布局相对稳定。

第三，首位度数据处于震荡变化下降趋势，入境旅游收入研究期（2002-2015）北京始终处于首位，相对国内旅游来说，北京只有前六年处于首位，后八年山东强劲而上，始终处于首位，反映山东国内旅游的竞争力十分强大。

第四，本文通过空间统计模型选取2002、2008、2015三个时间的截面数据对黄河经济带9省2市的旅游收入进行定量分析，并利用AreGIS软件技术，进一步可视化地反映了黄河经济带旅游经济差异的空间分布特征。从空间发展格局分析国内旅游收入核心集聚区和低度集聚区都在扩大，高度集聚区和中度集聚区都在缩小，而入境旅游收入核心集聚区在缩小，低度集聚区、高度集聚区和中度集聚区却均在扩大。

因此，针对上述结论，应积极探索和寻找缩小黄河经济带内部东、中、西区域旅游发展差异的措施和对策，建议从以下几方面实施：①对黄河经济带区域实施整体的旅游发展规划。将黄河经济带发展作为我国"十三五"规划的重要内容，加快推进黄河经济带规划编制，明确黄河经济带在国家"十三五"发展的定位和作用，从国家层面加快推进黄河经济带发展的政策、路径和措施。②发挥黄河经济带中部地带重点发展省区或城市的比较优势，优先有序推动中部地带较快发展形成经济带上多个重要的增长极。积极抓住黄河经济带各城市的各自优势，做大做强，集点成面。③挖掘黄河经济带西部旅游资源的特色性，结合特殊的自然条件、独特的文化吸引，打造黄河西部旅游品牌，构建交通要道、引进专门旅游人才、夯实旅游基础设施，提升黄河西部旅游影响力，均衡黄河经济带各地区的经济发展，最终提升黄河经济带的整体旅游收入。

【参考文献】

[1] 霍明远,成升魁,黄兆良.黄河经济带可持续发展战略与关键技术[J]资源科学,1999,21(2),6-11.

[2] 郭琰.郑州沿黄河旅游的开发思路[J].中州大学学报,2003,20(3):32-34.

[3] 曹新向.开封黄河段旅游开发设想[J].国土资源与研究,2003(3):52-54.

[4] 沙爱霞.西安—兰州—银川泛三角区跨区域旅游合作开发研究[D].宁夏大学,2005.

[5] 李维秀,徐克帅.秦晋豫黄河金三角区域旅游合作构想[J].内蒙古科技与经济,2006,20:26-27.

[6] 薛宝琪,范红艳.黄河沿线旅游资源开发整合研究——对建设大黄河旅游走廊的构想[J].河南大学学报(自然科学版),2007,37(5):496-501.

[7] 苏建军.晋陕豫黄河金三角区域旅游协作建设构想[J].技术经济与管理研究,2008(1):123-124.

[8] 张慧霞,刘斯文.晋陕豫黄河金三角地区区域旅游合作研究[J].山西财经大学学报.2006,28(2):44-48.

[9] 曹新向,苗长虹.黄河流域省际旅游合作与互动[J].商业研究,2009,391(11):167-169.

[10] 罗芳,高卷.中部崛起视角下豫南鄂北区域经济一体化可行性研究.[J]科技进步与对策 2014,31(16):51-54

[11] 赵媛.晋陕豫黄河金三角旅游协同一体化研究[J].江苏商论,2016,06.

[12] 陈丽芳,韩军青.晋陕豫金三角区域旅游联合开发研究[J].山西农业大学学报(社会科学版),2016,15(3):195-199.

[13] 李兰明.长江经济带空间结构:学术纷争及其讨论[J].兰州商学院学报,2011,10(5) 44-53.

[14] Sokal R R, Oden N L.Spatial autocorrelation in biology, 1.Methodology[J]. Biol J Linn Soc, 1978, 10(2):199-228.

[15] Sokal R R, Oden N L. Spatial autocorrelation in biology, 2.Some biology implications and four applications of evolutionary and ecological interest[J].Biol J Linn Soc, 1978(10):29-38.

[16] Wulder M, Boots B. Local spatial autocorrelation characteristics of remotely sensed imagery assessed with the Gaits statistic[J].InternationalJournal of Remote Sensing, 1998, 19(11):

2223-2231.

[17] Tiefelsdorf M. Modeling spatial process: the identification and analysis of spatial relationships in regreesion residuals by means of Moran's I [M]. Berlin: Spriger, 2000.

[18] 魏后凯. 现代区域经济学 [M]. 北京: 经济管理出版社, 2006: 421-427.

[19] 刘慧. 区域差异测度方法与评价 [J]. 地理研究, 2006, 25（4）: 710-718.

[20] 侯景新, 尹卫红. 区域经济分析方法 [M]. 北京: 商务印书馆, 2004.

[21] 姜海宁, 陆玉麒, 吕国庆等. 江苏省入境旅游经济的区域差异研究 [J]. 旅游学刊, 2009, 24（1）: 23-28.

[22] 方忠权, 王章郡. 广东省旅游收入时空差异变动分析 [J]. 经济地理 2010, 10: 1746-1751.

[23] 唐留雄. 中国国际旅游业地域非均衡增长研究 [J]. 经济问题, 2003, （11）: 69-71.

[24] 王凯. 中国主要旅游资源赋存的省际差异分析 [J]. 地理学与国土研究, 1999, 8: 69-74.

The Future of China's Economy: A Lesson from the East Asian Miracle

Introduction

From 1965 to 1990, east Asia has a remarkable record of high and sustained economic growth, especially the rapid growth of the eight highperforming Asian economies (HPAEs)--Japan; the "Four Tigers"—Hong Kong, the Republic of Korea, Singapore, and Taiwan, China; and the three newly industrialising economies (NIEs) of Southeast Asia, Indonesia, Malaysia, and Thailand (World Bank, 1993). Since 1960, the HPAEs has grown over twice as fast as the rest of East Asia and nearly three times as Latin America and South Asia. The HPAEs' rapid and sustained growth, combined with successful sharing of the fruits of growth--distributions of income, is considered by World Bank as a miracle with their own development model (World Bank, 1993).

From the perspective of historic forces and structural economic processes, this paper is to analyse the key features and commonalities in the aspects of the rapid and sustained growth and the policies made for the economic success in East Asian transformation, such as levels of income, structure of production, and development strategies and policies (Naya, 2002), which set them apart from the other developing economies and then draw out the shared reasons and recommend some policies to the development of China, particularly for the purpose of sustained development and poverty reduction, through the aspects of government intervention, growth with equity focused on agricultural sector, export-led industrialization with factual support from specific countries.

1 Key features among HPAEs

Although the eight economies differ from each other in the way of natural resources, culture, political institutions and the degree of government interventions in the economy, etc., they share some commonalities in some aspects, especially the postwar experience set them apart from other economies—the rapid economic growth with income inequality declined (World Bank, 2003). Moreover, the export-led industrialization, government intervention and growth with equity, on which this sections focus, also characterize this economic miracle (World Bank, 2003).

1.1 Export-led industrialization

The export-led growth hypothesis (ELGH, which was suggested initially by Kindelberger in 1962.) highlights that export expansion is one of the main determinants of growth (Medina-Smith, 2001). According to its advocates, exports are considered as an "engine of growth". The concept of export-led growth is consisted of export orientation, export promotion policies, gaining of market shares, comparative and competitive advantages (Gunnarsson, 2008).

One of the striking features of the HPAEs is their extraordinary export performance (World Bank, 2003). According to the World Bank report, the share of the eight economies in world exports increased from 8 percent in 1965 to 18 percent in 1990, which means their increasing openness to the international market (World Bank, 2003). With the government encouraging, export development was attributed to favorable macroeconomic environment and suitable microeconomic incentives (World Bank, 2003).

Korea well illustrates the export push in the economic growth during the miracle period (Harvie and Lee, 2003). Due to the smallness of the domestic market, poor natural resource endowment and abundant relatively cheap labour with a high educational level (Harvie and Lee, 2003), Korean economy was more of forced growth to be export-oriented rather than resulting from natural development (Song, 1990) ; to be exact, its growth was attributed to importing raw material and intermediating goods for processing and exporting with added value (World Bank, 2003). Exports were only US$55 million in 1962 but increased to US$ 61.4 billion in 1989 (Harvie and Lee, 2003), which together with the export of the other three Tigers accounted for 6.7 percent of the whole world export and 33.9 percent of the developing-economy exports in 1990 (World Bank, 2003). With the export first policy implemented, the economic structure was transformed, resulting in the share of the agricultural sector in GDP decreasing from 39.9 percent to 10.8 percent between 1960 to 1987 and the manufacturing sector raising from 12.1 percent to 31.6

percent by 1987, which was hugely exceeded the overall average 23 percent in developed economies (Harvie and Lee, 2003).

1.2 The role of the state

State interventionist economic policy is characterized by selective measures, state ownership, protection, such as tariffs, and support to specific sectors or distributions (Gunnarsson, 2008). Governmental intervention in economy is also part of the East Asian model (World Bank, 1993), whose feature is that the nation seek to promote economic development by using government agencies to identify which industry can best foster growth and allowing the agencies to intervene in the market to encourage these industries with adjusted strategies (Powell, 2005). One early account of state development planning is Johnson's (1982) book on the development in Japan and then Amsden's (1989) book on Korea and Evan's (1995) study on state technology promotions. Stiglitz (1996 and 2001) has also related some East Asian economic success to industrial policies. In the book *Governing the Market,* Wade (1990) points out the market governing fostered the East Asian miracles.

The state involvement at least applies to Japan, Korea, and Taiwan (World Bank, 1993). Japanese government intentionally fostered several weak industries to develop in the first fifteen years after World War II through protective tariffs and financial incentives to encourage advanced technology (World Bank, 1993). Taiwan applied the public investment into large-scale manufacturing enterprises in order to help the small and medium-scale exporting firms (World Bank, 1993). Korean policies change illustrates the government intervention well (Harvie and Lee, 2003). Based on the smallness of Korean domestic market, import substitution, which required large amount of capita, was not a feasible option, in addition with the poor natural resources and decreasing foreign aid, Korean government first switched its economic way to an export oriented development strategy from 1962-63 (Ranis, 1971 and 1989). With the imbalance in different sectors and widened gap between export and domestic business, the Korean government then changed the strategy to the heavy and chemical industry (Harvie and Lee, 2003).

1.3 Growth with equity—agricultural sector

Agriculture plays a role in industry and the national economy as a whole; it supplies food production, earns foreign currency through exports, transfers capital and labour to industry and offers market for manufactured goods (Gunnarsson, 2008). Attention to the agricultural development was notable in the economic growth in the Asian miracle. In East and Southeast Asia, from 1965 to 1988, both agricultural output and productivity growth grew faster than any other regions (World Bank, 1993). The agricultural success was attributed to the land reform, such as in Korea and Taiwan, agricultural extension services, relatively food infrastructure and heavy investment in rural areas, such as in Indonesia (World Bank, 1993).

East Asian governments, such as in Taiwan, supported their agricultural research and services substantially, especially in irrigation and other rural infrastructure (World Bank, 1993). 45 percent of the growing in agricultural productivity in Taiwan during the 1950s was attributed to the governmental programmes (World Bank, 1993). The public investment into rural areas in the HPAEs accounted for a large scale (World Bank, 1993).

Rural–urban disparities in access to services, 1978–90

(100= rural–urban parity)

Economy	Water	Sanitation
HPAEs		
Korea, Rp. of	54	101
Thailand	126	102
Indonesia	168	113
Other Asia	64.6	38.6
Latin America	58	46.5
Sub–Saharan Africa	43	30

The table above shows the comparison of rural and urban public investment, and illustrates that the public investment in water and sanitation facilitates between rural and urban in HPAEs, especially in Korea, Thailand and Indonesia was more balanced than that in other developing regions (World Bank, 1993).

2 Relevant recommendations to China

China, a member of East Asia, has got into the international world after the opening-up and reform in 1978 and has achieved a lot since then. From a report from the Chinese central government website, the total volume of imports and exports has grown dramatically from $20.6 Billion in 1978 to $2173.7 Billion in 2007 (Gov. 2008). However, the New York Times's picture of China is one of growing income inequality, of vast regions 'left behind, ' of 'many who remain dissatisfied', of new millionaires who arouse resentment, of endless the corruption, the pollution, the repression. This report does point out some problems that remains in China's economic development, such as the imbalance of industrial structures, some recommendations are followed below.

2.1 Export-led industry

As mentioned above, Korean government set its take off path through export-industry, and China also chose this way after opening-up in 1978, and in the past three decades, China's export has been fully implemented as focusing on U. S., Japan, European Union and Hong Kong, China, and spreading all over the world (CE, 2005). However, Korea didn't go on with this policy without change; in fact, in 1970, the government changed the previous policy on export to focusing on heavy and chemical industry oriented export because of the imbalance between light and heavy industry sectors caused by the previous strategy (Harvie and Lee, 2003). As in a samer process, China inevitably has a similar problem—the imbalance of the sectors (CE, 2008).

According to a report from Commerce Department in 2005, the structural problem lies in exporting is that proprietary intellectual property rights and domestic brands are of a very low ratio, which entitles weak competitiveness; that there are products in export of high pollution, high requirements of goods and energy; that mechanical and electrical products are of a low percentage; etc (CE, 2008). Based on these problems, the focus of the China's export strategy is ought to shifted from high-polluted and high-cost products to high-tech and mechanical and electrical products and to supervise the exported goods to avoid market dispute. Moreover, it is important to have brand-consciousness in the international market, but actually as George J. Gilbboy said, the mainland China is still technically backward and has no first rank enterprises (George, 2004). As a result, technical innovation is a good way to exploit new market and targeting on high-tech products rather than mere labour-intensive goods (CE, 2008).

2.2 The role of the state

The state played an important role in the East Asia miracle, according to the policy change and macroeconomic management in Korea and Taiwan, China (Harvie and Lee,

2003). China is a special country in the world from the perspective of political system—China is a socialism country and has only one party in office, what is always the Western world criticizing in the sense of freedom of the people and the market.

However, this government intervention does do some help for such a big country like China, such as poverty reduction, narrowing regional inequality, diminishing marginalized poor regions, supporting the poor and the disabled, etc (Yang, 2007). To what extent the government is supposed to intervene in economy is a question. From the perspective of macroeconomy, the government should act as a director, who works on equally and reasonably distribution in order to balance the development of different industries and also to reduce the inequity in income and social welfare (Yang, 2007).

2.3 More support to the agricultural sector

Since China adopted the heavy-industry oriented structure in the Maoist era and later in the liberalization period, Chinese government adopted urban-centered reform, the rural-urban divide has been widened—the ration of urabn to rural income was 1.51 in 1984 and raised to 3.33 in 2006 (Carter, Zhong and Cai, 1996). The agricultural sector has lagged behind and has hindered the national economy as a whole. National statistical service reports, the rural population has accounted for 56% of the whole population in China by the end of 2006; however, agriculture only accounted for less than 15% of the total GDP (Fang, 2007).

According to the experience from Korea, Japan and Taiwan, China, there are some feasible ways to foster agricultural development. First, the government is supposed to invest more in rural infrastructure, such as irrigation, education, electricity, road, bridge, etc., in order to level up the foundation of agricultural development and narrow the initial gap between rural and urban areas (Huang, Yang, Xu, Rozelle, Scott and Li, 2007). And more investment are given in agricultural technology to apply new technology into practice. Second, as China entered WTO in 2001, competition of agricultural goods in the international market is severe. As a result, the quality of Chinese domestic agricultural products are in need to be supervised in order to strengthen the competitiveness of the agricultural export enterprises (Ching and Ching, 2003). Third, the input in agriculture and the growth of GDP is to be balanced to ensure the increase financial support of agriculture (Huang, Yang, Xu, Rozelle, Scott and Li, 2007).

3 Conclusion

East Asian miracle has proved several feasible ways for economic development from the empirical studies, such as the export-led industry, appropriates state-involvement in economy and the importance attached on agriculture. Lying in East Asia, China is surrounded by the Four Tigers in the East Asian miracle, and follows them as another rising miracle in East Asia (World Bank, 1993). And in the process of China's economic growing up, China have a lot to learn from the world's developed economies and avoid evitable problems and take environment-friendly way, construct a harmonious society, such as balance of industrial structure, poverty reduction, narrowing the rural-urban divide and diminishing the number of poor regions, balance the focus on industry and agriculture through the governmental intervention (Yang, 2007).

References

Amsden A. Asia's Next Giant: South Korea and Late Industrialization. New York, NY: Oxford University Press,1989.

Carter C A., Funing Zhong , Fang Cai. China's Ongoing Agricultural Reform. San Francisco, The 1990 Institute, 1996.

Ching C , Ching H Y. China's WTO Accession and Its Impacts. World Scientific Publishing Co. Pte. Ltd, 2003

Evans P. Embedded Autonomy. Princeton, NJ: Princeton University Press, 1995.

Fang Cai. Rural Income Gap and Critical Point of Institutional Change. Economic Change, 2007, 40.

George J G. The Myth Behind China's Miracle. Foreign Affairs, 2004, 83:16, 33.

Gunnarsson C. Industrialization of East Asia-Is there a model? Asian studies, Lund University, 2008.

Harvie C, Lee H H. Export led industrialization and growth-Korea's Economic Miracle 1962-89. University of Wollongong, 2003.

Huang Likun, Jun Yang; Xu Zhigang, Rozelle, Scott and Li Ninghui. Agricultural trade liberalization and poverty in China. China Economic Review, 2007, 18.

Johnson C. MITI and the Japanese Miracle: The Growth of Industrial Policy, 1925-1975. Stanford, CA: Stanford University Press, 1982.

Knight, John, Song, Lina. The Rural-Urban Divide: Economic Disparities and Interaction in China.

Oxford, New York, Oxford University Press, 1999.

Medina-Smith E J. Is the Export-led Growth Hypothesis Valid for Developing Countries? Policy Issues in International Trade and Commodities Study, 2001, 7.

Naya S F. The Asian Development Experience: Overcoming Crises and Adjusting to Change. Asian Development Bank, 2002.

Powell B. State Development Planning: Did it Create an East Asian Miracle? The Review of Austrian Economics, 2005.

Ranis G. The IL CORK conference on the Role of the Industrial Sector in Korea's Transition to Economic Maturity, August22-29, Seoul, 1971.

Ranis G. The political economy of development policy change: a comparison study of Taiwan and Korea, Korea Development Institute, Working Paper No. 8916, Seoul, 1989.

Song B. N. The Rise of the Korean Economy. Oxford University Press, Hong Kong, 1990.

Stiglitz J. Some Lessons from the East Asian Miracle. The World Bank Research Observer, 1996, 1.

Stiglitz J. From Miracle to Crisis to Recovery: Lessons from Four Decades of East Asian Experience. In: Stiglitz, J. and Yusuf, S. (Ed.) Rethinking the East Asian Miracle. New York, NY: Oxford University Press, 2001.

Wade R. Governing the Market. Princeton, NJ: Princeton University Press, 1990.

World Bank. East Asian Miracle. Oxford University Press. Yang, D. L. 1993.

信息化时代对旅行社的影响

"互联网+"时代旅行社门店转型模式研究

【摘要】"互联网+"迅猛发展的时代,线上极度被重视的时候,旅行社行业逆流而上,以途牛、同程、携程为首的电商巨头,纷纷在各省市的二三线城市开设门店。门店贴近客源、服务至上、刺激销售的特点被极尽体现。但是在"互联网+"的影响下,转型后的旅行社门店不再单纯作为销售终端而存在,其内涵和形式不断被颠覆,其存在的形式被体验店、服务中心、俱乐部等取代,体现了"互联网+"对旅行社门店核心要素的提炼和重视。

【关键词】"互联网+";旅行社门店;转型;模式

一、"互联网+"时代线上旅行社纷纷落地

途牛 2015 年第四季度交易规模高达为 34.0 亿元人民币,市场份额增至 26.2%,位居线上旅行社行业第一。作为在线旅行社领航者的途牛一只手不断拓展线上业务,另一只手从 2014 年开始伸向了传统旅行社的专属领域——旅行社门店。

数量上突飞猛进,2014 年途牛在全国设立的区域服务中心从年初的 15 家增长到年底的 50 家,"大区域"战略急速推进,布局迅猛。2015 年途牛继续发力线下,在国内 146 个城市设立 160 家区域服务中心,同时还在国外开设了 10 多个服务中心。

区域上深度挖掘,除了数量上的急速增加,途牛还通过系统性的三步走的区域深入化更展现了途牛全覆盖的纵向立体式战略目标。第一步,途牛在北上广三大一线城市建立产品中心,不仅立足于满足本地客户需求,同时做好本地服务、本地营销、本地采购,将门店作为本地化的根基;第二步,途牛重点发力二三线城市的扩展,深度挖掘华东区域服务网络,编织起途牛华东区高密度线下服务网络;第三步,途牛在 2015 年完成国内一、二、三线核心城市布网,2016 年将区域扩张的重

心向四五线城市延伸，重视服务的局部深挖。

围绕区域拓展，途牛不断加大投入，加速O2O战略落地。无论在区域服务中心的数量上，还是覆盖国内城市的深度和广度上，途牛均创造了业内领先的途牛速度，超越了其他OTA落地的进度，在行业中稳坐冠军宝座，引发了多家OTA同业学习和跟进。通过这三步走，途牛最终形成以南京总部为基石，以"北上广"为中枢，以160家区域服务中心为触点的线上线下全覆盖式服务网络，未来大幅提升的客户服务水平可想而知。

境内外共同发展，途牛的服务中心不仅在国内遍地开花，也接上了境外的地气。在巴厘岛、曼谷、普吉岛、马尔代夫，途牛均设立了服务中心，解决游客在境外可能遇到的问题，小到候机没有地方待、手机充电、当地中文地图没有地方找，大到证件丢失、人身财产安全受到威胁等。

途牛的区域服务中心最主要的功能是与当地供应商合作，开展市场活动，以及让旅游者体验线上购买、线下签约的安心感，因此不具备线下销售功能，有别于普通门店。这样能有效解决组团社对地接社监管不够及时的问题，组团社将服务中心开到了目的地，能有效减少地接社挂羊头卖狗肉或者强迫游客消费等问题，第一时间帮助游客解决问题。

除了途牛，其他电子商务旅游网站都在着眼渗透线下市场，抓住与可以零距离接触的环节。比如携程在北京银河SOHO中间开设了旅游体验店，主要用于携程品牌展示、线上产品的线下服务以及旅游体验，门店里销售的产品种类和线上一样丰富，像是淘宝店落地，开了实体店一样，让游客体会到跟线上一样的采购便捷。OTA门店的销售和营利并不是唯一的目的，其主要目的在于服务线上，更加接地气，让游客将看不到摸不着的不安全感打消。因此，联结线上与线下才是OTA发展线下门店的最终目的。

2015年驴妈妈有64家子公司落地，实体店数量不少于2000家，驴妈妈主要目的是做好体验店的管理，把服务落地。驴妈妈人民广场体验店面积50平方米左右，除了多媒体展示外，还陈设了邮轮的微缩景观，让客人有实地实景之感。不仅提升了消费者品牌体验，还有丰富的旅游产品展示、便捷的网上流程演示，让消费者能更好地享受驴妈妈贴心周到的服务，充分感受其品牌魅力。

同程在华南、华东、华北、华西、华中、东北成立六大区域运营中心，2015年底，其线下门店总数达到100个，覆盖了全国各地100个城市，形成了"百城百店"的格局。同程网构了建一个从线上到线下、从出发地到目的地的全面的O2O业务体系和销售渠道，从而让服务覆盖到旅游咨询、销售、消费、售后的每一个环节。但是同程旅游的大规模落地计划并未刻意区分一线城市和二三线城市，为的是全面吸收各级城市的客源，同步覆盖客源地和目的地。同程门店全部按照体验店的模式运营，兼具销售、咨询、服务以及品牌形象展示等功能。

线上旅行社转战线下，多维度的扩展门店规模和数量刻画了当前旅行社市场线上线下一体化、缺一不可的局势。线下旅行社不能错失电子商务对旅行社行业的刺激，而线下门店既是传统旅行社不能失去的传统优势，也是线上旅行社不能错失的重要发展方向。而当前的旅行社门店不再是简单地为了销售而存在。线上将其缺失的服务落地在了门店上，颠覆了传统旅行社门店的功能和价值，因此旅行社门店面临着转型和升级，以更适应线上线下一体化的发展趋势，提升自身竞争力。

二、旅行社实体门店的作用

在电子商务旅行社发展的风生水起的今天，OTA纷纷转战线下，开设线下门店，说明门店有其独特的价值和作用。

（一）宣传品牌

旅行社门店是企业进行品牌和文化宣传的载体。立足企业文化，旅行社门店是一个让游客更为直观地了解企业文化和产品特色的窗口，大到门店的装修、颜色的搭配，小到物件的来源和摆放，都是企业文化的体现。

在凯撒画廊式的体验店里，大型LED视频墙的设置，为旅游影像艺术提供了良好的展示平台；丰富的旅游衍生品、旅游纪念品展示区，为旅游爱好者呈现了风景之外的乐趣；优质的艺术画廊，为体验店里的客人带来了更多的文化享受、创造了更加贴近的文化氛围。人性化设计的休息与洽谈区，让客人愿意在此停留慢慢咨询，提高成交的可能性。这一切体现的正是凯撒人性化的企业文化。

（二）定位市场

门店针对的客户群主要为高端、中老年人市场、中西部地区。

首先，高端市场人群重视服务，面对面、一对一的连续性服务受到他们的青睐，门店在高端客户群的层面比较有优势。

其次，中老年人是电子商务市场的短板。他们熟练使用网络有一定困难。携程一夜占领了成都市场上的众多旅行社门店，与传统旅行社门店和其他落地的OTA争取大爷大妈。根据同程数据显示，其会员平均年龄在40岁以下，中老年人较年轻人而言不是经常运用网站和APP，根据驴妈妈2016年女性用户报告，60岁以上的用户只占1%，36岁至60岁的用户也只占22%。另一方面，中老年人一般都以跟团游的方式出行。以自由行和单个游玩项目为主的OTA以往是很难收到老年客的。根据马蜂窝2014—2015年自由行用户报告，50岁以上自由行的客人只占到整个自由行市场的16%。与线上针对年轻化消费群体不同，主打团队游的线下门店则为中老年人提供了社交平台，老年人来报名不仅可了解到产品信息，还能与驴友交流，扩大旅游的圈子。中老年对国际线路、国内精品纯玩线路等有较大需求，恰恰是旅行社利润的重要来源。

第三，在中西部地区，由于经济条件的有限以及市民对于出境游产品的认知程度，用户还未完全形成在网络上预订的意识，因此旅行社传统门店必不可少。

以上三个市场均为线下门店可以发挥自身渠道优势的方向。

（三）刺激销售

作为实体店时常被走过的潜在客户关注到，刺激消费。从门口路过的人很有可能通过店里的宣传、展示、介绍和旅游目的地文化知识普及，萌生旅游的意愿，成为新客户，这一类"潜在客户"；很多到他乡旅游的自由行客人，到了当地后突然发现由于语言和交通的不便，想报一个一日游，因此在机场、高铁站等适时存在的旅行社门店刺激这类客人成为一日游或周边游的客户。

事实证明，途牛旗下开设在二三线城市的区域服务中心已成为途牛经济收益高速增长的重要驱动力，其带来的明显拉动作用也已初见端倪。仅2015年第三季度，这些服务中心成交量的总和对途牛总交易额的贡献就超过了50%。

（四）落地服务

落地服务即面对面对客人服务，这是线下门店与线上最大也是最重要的区别。实体门店一方面办理正常的旅行社业务，比如报名、签合同、收取材料、收取退税单等，为目标性明确的客人服务；另一发面，实体门店起到对不明确目标客人的个性化推荐，更能满足客人潜在心理需求提供面对面的服务。面对面的交流通过破除网络信息不对称的劣势，满足客人对安全的心理需求，获得客人的信任。

同程开设驿站的目的是利用贴近目的地资源的优势，为游客解决旅游过程中的痛点，如手机充电、没有Wi-Fi、找不到短时休息的场所等。

同样，途牛的境外服务中心更加体现了面对面服务的接地气，提供资料、用具和服务。从宣传角度，境外服务中心配有服务人员及当地的宣传手册；从品牌维护的角度，目的地服务人员可以为游客提供各类咨询、投诉处理，迅速排除游客不满意因素，做到环环相扣，让游客满意；对于突发事件，目的地服务人员也能更好地保障自助游游客人身、财产安全；从目的地资源掌控的角度，服务中心的建立有利于途牛与当地供应商保持密切沟通与合作，一方面获取更多优势资源，获得与同行组团社竞争的根本优势；另一方面有效监管地接社的能力和资质。

落地的服务才是真正的竞争力。

三、旅行社门店转型模式分析

在 OTA 转战线下门店的时候，"旅行社门店"这种传统的称谓已经很少见了，而更多的听到的是"体验店""服务中心"等。说明 OTA 利用了传统旅行社门店的躯壳，却重写了实体店的内涵。下面我们就将目前市面上常见的门店转型的方向进行总结。

（一）门店转型的方向

1. 服务中心：打造人文关怀

途牛区域服务中心和"同程驿站"是同程主要为游客提供休息、咨询等服务，解决游客在旅途中经常面临的一些现实问题。突出人性化、细节化服务是以上两类门店的优势和发展趋势。

2. 体验中心：直观刺激销售

旅行社实体体验店就是网站上图片、视频的实体氛围营造，让旅游者更加真切地用感官感受，而不仅仅是看和想。实体体验店主要用来旅行社品牌展示、产品展示及销售、旅游攻略分享及衍生品的销售，最终刺激潜在客户成为既成客户。

众信是典型的将柜台式售卖功能变一站式体验服务的优秀企业，即打破传统的旅行社门店所承载的咨询服务以及旅游产品售卖功能。在众信旅游体验店中，围绕目的地特色鲜明的装潢布置是其最重要的体现，其次体验店与传统零售店最大的不同就在于为顾客提供售前售后全方位一站式体验服务。众信联合 clubmed 推出的"出境旅游主题馆"推出了中国台湾馆、泰国馆、澳洲馆等 6 个亚太主题馆，馆内既展示各个国家、地区的优美风光、风俗民情，还有丰富的土特产。这也是上海首家由旅行社与各国旅游供应商合作创新推出的旅游展示平台。工作人员引导潜在客户对目的地产生浓厚的兴趣，并最终签约。

3. 交流平台：捆绑稳定客户

由众信旅游创新推出的集合旅行、生活、分享的概念咖啡店"U Coffee 悠咖啡"，在传统旅行社体验店的基础上增加了休闲、交流、聚会等功能，是全国首家旅行社行业跨界发展的沟通平台。作为一家具有旅行社门店功能的实体店，游客可以店内咨询、购买、体验旅游产品；作为一家升级的咖啡店，"U Coffee 悠咖啡"利用旅行社的天然优势为顾客提供着口味不同的咖啡及各地特色饮品，吸引游客去当地品牌；通过店内的 LED 大屏幕，游客可以边喝咖啡边观赏世界美景，更可以和自己的朋友或者团友讨论和规划线路；而店内贴心设置的"货币兑换处"，免去了烦琐的程序，可更快捷地满足消费者货币兑换需求。"U Coffee 悠咖啡"集销售、体验、休闲、交友、货币兑换等多种实用和次生功能为一体，兼具传统旅行社门店的产品咨询和销售以及旅游体验店的目的地体验功能，同时也为旅游爱好者提供了休闲和互相交流的平台，通过这个平台牢牢捆绑驴友及朋友或者团友，使其成为忠诚稳定的客户。

此外，中青旅也在考虑将门店变身成主题俱乐部，增强与客户之间的黏度。中青旅给自己的定位是，未来旅行社线下服务人员服务工作的重点是团体客户，即通过将一些单位建立了客户档案，对客户进行档案式管理、分类管理，通过对其爱好、习惯和方式的了解，将其转变成稳定的大客户。当同一个团体再次出游时，只用打一声招呼，中青旅即可安排好，不用再重复强调各种事项，这就是俱乐部的雏形。门店还可以打造一些主题俱乐部，或者直接变成俱乐部，比如说，我们推"体育旅游"产品的时候，做 NBA、马拉松、环法自行车赛等，喜欢参与的是特定人群，为了满足他们不同的需求，我们就需要有一个场所，给这样的特定人群提供分享机会。现在的门店也许会是俱乐部"聚会"的场所。

（二）门店转型的内涵

不管以后旅行社门店转型还是走向后方，我们可以发现其转型的方向是有规律可循的。首先最关键的是，旅游的本质是一种特殊的交换生活经历，是人与人之间、人与自然之间、人与文化之间的沟通与交流，把自己置换到异域去体验。不管现在有多高端的虚拟技术，在线游览技术，都不能让游客真正体验到只有目的地才有的氛围和情感，抓住了这一点才明白只有体验才能真正让游客决定购买。因此如何给予游客更加真实和可靠的体验和刺激，是旅行社实体门店和未来的体验店转型的方向和目的，只停留在销售层面的门店是转型失败的门店。这正是线下门店可以通过服务传递给旅游者的文化精神。因此，无论新兴门店如何转型，其核心就是抓住人性化服务。其内涵是，通过突出服务、体验的功能，淡化了销售本身的目的，弱化了销售功能，但提高了销售的效率。

（三）新型门店的装修特点

新型门店的直观区别在于其装修风格与传统的门店有一定的差异，更加体现其体验、服务的初衷。

1. 明确的主题性

装修风格、色彩的搭配、目的地元素的注入都是主题性的载体。比如舜天海外旅行社的台湾馆，以台湾地图为图案的地毯，桌上的挂件、台灯都来自于台湾，让潜在客户零距离接触台湾文化。

2. 舒适的洽谈区

沙发、靠垫、高品质电脑屏幕，让潜在客户与专属的销售进行私密的沟通，保证了服务质量。其中最要保证的就是客户，尤其是高端客户的隐私性。

3. 惬意的体验区

一比一的邮轮馆让潜在客户真实了解即将要去的目的地，产生好感并促使签约成功。仿真的邮轮体验馆，能让游客真实感受到什么叫"海上的五星级宾馆"，什么是具有文化和主题的邮轮，刺激销售。

4. 关键的签约区

虽然新型门店弱化了销售的功能，但是不能失去销售的功能，因此在洽谈、体验后不能缺少的是传统的签约区，以完成销售过程。从流程的完整性上延续游客在咨询、体验时的感受，签约区不能过于商业，应与旅行社门店的风格保持一致。

因此，顾客在新型门店中将得到多元化的全方位感受。更具针对性的专业旅游咨询服务、目的地体验互动和高科技办公理念的引入都将使游客得到舒适、轻松、时尚的居家式贴心服务。

四、结语

在"互联网+"的时代，大数据、网络的便捷、通信的无距离给人们带来的优势依然不能满足面对面服务、当面咨询的需求。内心的需要和安全感的建立能够赢得更多的客户。

线下门店本身就是对品牌的宣传，能够重现和更加直观地强调企业文化，让客户真切感受并为之宣传；线下门店的专属性能够填补线上旅行社不能完全满足的老年市场、高端市场和未习惯网络定制游的中西部市场；线下门店的落地性决定了其对周边市场的视觉和营销刺激，门店周边的商户、居民甚至过路客都有可能成为门店潜在的消费者，无形之中提高旅行社整体的经济收益；最后，门店最重要的一点在于其落地形式和服务本质的结合，能够个性化服务游客，让游客感受到安全和踏实，这一点线上渠道无法取代。

在此基础上形成的服务中心、体验店、交流店都是扩大了实体门店优势，争取更多的市场利益而存在的，因此虽然"互联网+"发展急速，门店依然可以逆流扩展，体现了旅行社行业营销渠道的无限可能。

【参考文献】

[1] 胡志毅，邓伟，韦杰.都市区旅行社空间布局特征与销售等级差异——以重庆旅游百事通为例［J］.旅游学刊，2014（08）：89-97.

[2] 杨艳.基于服务接触理论的旅行社门市营销策略探析［J］.市场周刊（理论研究），2015（11）：48-49.

[3] 杨昕.论国际旅行社连锁门店在校园中的运营管理［J］.旅游纵览（下半月），2017（03）：71-72.

旅行社跨界营销现象研究

【摘要】 旅行社跨界的例子近年来屡见不鲜，很多成功的案例让我们看到跨界对旅行社行业发展的刺激和经济收益提高的帮助。因为跨界的创新性和多元性，使得旅行社发展拥有无限可能。文章从旅行社跨界营销现象入手，分析旅行社跨界营销的定义、基础、作用，深入挖掘旅行社跨界营销对象选择的依据，最后列举目前较为成功的旅行社跨界营销案例。

【关键词】 旅行社；跨界营销

途牛牵手蒙牛打出"真果粒带你趣旅游"口号，来自不同行业的两头牛携手一举拿下中国传播行业最高荣誉——蒲公英奖，事实证明这次合作的成果性。在这次合作中，途牛携手蒙牛，打造"趣旅游"品牌，针对蒙牛的年轻消费群体宣传旅游产品。"趣旅游"是途牛特别为蒙牛真果粒客户定制的旅行线路，每一箱蒙牛真果粒中都有旅游奖卡。在这次跨界合作中，途牛作为一家在线旅游公司，创意性地联合乳制品行业巨头蒙牛，借助蒙牛的营销渠道，投放广告、获取受众，获得了大量的订单。

一、认识跨界

（一）跨界的概念

"跨界"一词的英文对应词为"Crossover"，这是近年来在营销界反复被提及的一个热门词汇，原意是指不同行业之间的合作。跨界营销是指基于潜在消费者共性的生活态度和审美方式，落在具体的不同类型的产品上，而这些产品不仅仅是一个而是一类或者几类，而这些原本看似不相干的元素因为总结和提炼而相互融合和渗透，使得跨界合作的品牌都能够得到最大化的营销。

（二）旅行社跨界营销的基础

旅游比较容易跨界，是因为旅游具有天生的开放性。旅游是一个有包容力的行业，和社会的各个层面都互有交集，几乎任何一个行业都存在与旅游合作的可能性。而旅游的服务属性，让旅游企业更愿意站在客户的视角考虑问题，只要有益于提升客户体验的，都有潜力进行跨界的尝试。

旅行社作为服务行业，本身具备了丰富的接待与服务经验，旅游是一个注重分享的产品，旅游的定义和六要素更是决定了旅行社作为媒介可以实施跨界，旅行社毫无疑问能为跨界对象提供更多的服务支持。时至今日，跨界营销顺理成章地成为作为媒介的旅行社行业营销的延伸，更有利于合作双赢。

（三）旅行社跨界营销的作用

1. 共享资源，双赢效应

跨界营销首要考虑的就是"门当户对"。

同程"一元门票"是旅行社行业跨界的经典案例。同程创新利用包园模式对园内资源进行重组，同程负责园内所有活动的安排和调度。近年来，门票贵已经成为国内旅游业最受诟病的现实问题之一，日趋渐长的景区门票已经让游客有些吃不消。针对游客的需求无法满足的痛点，同程将景区带入1元门票时代，游客的数量大幅提高，景区将由传统的"门票经济"转向"产业综合经济"，这一小小的动作改变了景区经营的惯性理念。景区不再单纯依赖门票收入，轻视服务，而是转变为通过提升服务水平赢得游客的认可，刺激游客多重消费，这样既能保持游客的数量又能保持游客的消费量，还能获得更加正面的评价，提升景区内涵。因此，这样的跨界合作的结果是双赢，景区何乐而不为。

2. 提升品牌，深化内涵

中青旅与公益合作释放"旅游业的善意"。2012年中青旅与红丹丹助盲机构跨界合作，发起了国内第一个盲人旅行团"听海"；2013年，中青旅与真爱梦想基金会跨界合作，发起了面向乡村教师的"梦想旅行团"；2014年，中青旅与西藏共青团跨界合作，发起了"西藏大学生教育实践活动营"。中青旅创新与公益的跨界，释放了旅游业的善意。这些合作从慈善的角度出发，不追求短期的经济利益，但是却大大提升了中青旅的品牌内涵，提高了市场认可度，从长远看，助力长远销售。

3. 精准定位，节省成本

在微利时代背景下，企业可以通过分析用户需求和痛点，联手可以满足消费者需求的品牌或者企业，从跨界对象的不同产品了解同一个目标客户群的共性特征和需求，从而满足其精神需求，也就是说品牌只有避免单独作战，寻求非行业内的跨界对象，才能打破传统的营销思维模式，发挥不同类别品牌的互补效应，实施跨界营销，这样可以节省精准定位带来的精力、物力、财力的压力。

无锡凯撒与奔驰4S店深度合作。推出欧洲高端自驾游，参团的游客可以享受在德国驾驶在国内还未上市的奔驰高端新车，满足了高端自驾游客对汽车的高要求。在凯撒报团的客人可以免费试驾奔驰高级轿车；购买奔驰的客人可以享受在凯撒报团打折的优惠活动。

此次凯撒旅行社缩小了欧洲高端自驾游的目标客户群，直接利用4S店精准定位市场，节省了宣传成本，却提高了成团效率。因此，跨界营销的作用之一就是反向利用合作对象精准定位目标市场，有的放矢，节省企业宣传和促销成本，实现利益最大化。

二、跨界营销对象选择的原则

当前旅行社的产品与实体产品一样已作为很多行业的附加产品或者增值产品，但是常在负面新闻中见到，较为突出的是保险行业和保健品行业赠送的免费游，而这些并不能算是跨界。跨界营销是基于跨界的品牌共性与目标消费群体特征构成和谐统一的联系，这就涉及旅行社产品的细分、定位，那旅行社应该怎么选择跨界合作的对象呢？接下来我们探讨一下旅行社选择跨界合作对象的原则。

（一）消费群体一致——双方拥有相近的用户基础

每个品牌不管是刻意还是无意，都是有一定的消费群是与品牌内涵和定位相一致的，有目标的营销即是每个品牌都在准确地定位目标消费群体的特征。

两个品牌合作，最优的结果即是在充分利用本身优势的同时，能够将自己的人气带给合作的跨界品牌，同时将对方的潜在消费群为我所用，这样才能实现双赢，产生品牌叠加效应。

比如锦江之星联合长安汽车开展跨界营销，一方面，从浅层次营销而言，锦江之星所有店面和房间都放了长安欧诺汽车的宣传材料，同时锦江之星官方网站上还有大篇幅的广告宣传；另一方面，从深入营销和刺激销售的角度入手，入住锦江之星的客人和登录锦江之星官方网站并点击活动页面成功注册的人，回答有关问题后均有机会抽奖赢取长安欧诺汽车。这样才是真正落实和深化了跨界营销。

再如日本交通公社的门市旗舰店在卖婚纱，究其原因，原来他们有一类主力产品是婚礼旅游。他们的婚礼旅游是量身定制的，以夏威夷和欧洲城堡婚礼产品最为畅销。一般来说，婚礼旅游线路产品都包含婚纱摄影，为了达到拍摄效果，店员会游说客人连婚纱一起买了。于是在我们看到的旅游门市里，挂起了各色精美的婚纱礼服，乍一看以为进了服装店。这起案例中旅行社与婚纱店面对同一客户群——新婚夫妇。

再以与房产企业合作为例，销售别墅洋房级别的可以携手主营高端的欧美，甚至极地旅游的旅行社；坐拥门面房的户主可以采用欧洲产品彰显其代表身份；而学区房的销售可以联手修学旅游，迎合市场需求。

（二）品牌效应叠加——双方能为用户提供更大的价值

品牌效应叠加就是说两个品牌将各自已经稳定的客户群和品牌内涵互相转移到跨界品牌身上，从而丰富品牌的内涵，提升各自在消费者心目中的形象，继续扩大其本身的消费群，即为我们所说的 1+1＞2 的效果。

旅行社现多与银行的合作，比如中山青旅近期与兴业银行携手，推出 10 月出境游产品，只要刷兴业银行信用卡报名，最高可获得 2000 元 /2 人的优惠。刷银行卡或银行信用卡消费的形式，市民已普遍能够接受，因此刷卡参团报名出游，既能提前消费享受又能获得直接减价或获得赠品等，让市民获得了更大的优惠，所以接受程度很高，跨界合作成效明显。

（三）品牌非竞争性——双方因行业差异而不存在竞争

由于跨界品牌通常不在同一行业，因此不存在竞争关系，所以合作关系更容易建立，也容易取得更好的效果。比如，世爵汽车联合普拉达联合打造汽车，三星联合阿玛尼出品手机，可口可乐联合魔兽世界做联合推广。这些看似毫不相关的产品通过跨界营销获得品牌内涵的提升和客户群的增大，不是削弱了对方的利益，而是拓宽了销售渠道。

2014 年 4 月中旬，艺龙旅行网与同程网战略合作，同仇敌忾应对携程；但是处于同一行业，使双方之间只能暂时相安；当 4 月末，携程战略投资同程，为了获得更大的利益，5 月末，艺龙即与同程宣告分手，同程网向艺龙支付 3000 万人民币的补偿金。在同行业没有永远的朋友，因此只有跨界才能培养出永恒不相斥的友谊和利益，互惠互利，不抢同一口饭吃。

三、旅行社跨界营销经典案例

（一）凯撒旅游：打造艺术旅游，跨界健康管理

近年来，凯撒旅游实现多次跨界合作，例如携手中央美院艺术导师以及意大利双年展的艺术机构推出环球艺术之旅，堪称旅游与艺术文化的首次跨界深度合作。

随着国人对海外医疗的重视与日俱增，凯撒旅游开启的跨界合作涉足高端医疗旅游领域，推出了"美国纽约长老会健康体检""日本东京癌症早筛健康检查"等

个性化健康管理类产品，提供健康体检类型医疗服务以及深入的旅游观光体验。

（二）众信旅游：金融超商佳缘，惠及上万客户

众信旅游跨界合作的主要领域是以银行为主的金融行业，在与金融行业的跨界合作中，从旅游贷款到惠民补贴，再到旅游相关增值服务都是众信服务的特色。众信旅游还与 7-Eleven 跨界携手；与世纪佳缘共同研发"巴厘岛单身派对"主题旅游产品。

（三）民生旅游：携手民生电商，提供专属服务

继民生银行信用商城"任性节"后，民生旅游与民生电商再次联合开展"立减1000"活动。民生旅游还建立了专属服务体系，为民生持卡人提供专属服务，从而进一步提升游客旅游体验。

（四）中国国旅：跨界游学产品，联手电视媒体

中国国际旅行社携手中央电视台热播节目《中国汉字听写大会》，在全国推出中国汉字听写主题夏令营——"学好中国字"系列产品，深化了国旅的品牌内涵。

而这并不是旅游行业与综艺节目跨界合作的偶然。此前，港中旅就曾借助《爸爸去哪儿》节目的热播，推出了以《爸爸去哪儿》为主题的亲子互动旅游产品，取得了较为客观的销售业绩。

（五）众信旅游：牵手凡客诚品，网选街拍达人

旅行与时尚街拍本就密不可分。众信旅游与凡客诚品的携手，充分挖掘年轻人爱时尚、爱自拍的特征，从旅行和时尚两个角度赢得年轻人的市场。

四、结语

跨界营销作为一种营销方式，其本质是对传统营销的一种创新，目的是通过创新跨界合作中解决传统营销中存在的问题，突破现存营销渠道的瓶颈，实现跨界双方的共赢，或是品牌内涵的提升或是产品销量的增加。通过创新跨界理念，更新每一次跨界对象，即时跨界行业一样，但是与不同企业跨界也能擦出不一样的火花，因此跨界的潜力巨大。同时，颠覆传统营销思维，创新拓展营销渠道，深入挖掘消费者的特征，从侧面入手，大胆借鉴跨界对象所在行业的营销思维和目标客户，为我所用，反之将本品牌已固化的忠诚客户群转向跨界对象，实现多赢。

【参考文献】

[1] 游哥. 旅行社也要有跨界思维 [J]. 中国旅游报，2016（1）.

［2］杨玉."互联网+"时代的跨界营销研究［D］.黑龙江大学，2018，06.

［3］刘方舟，夏齐韩.浅析跨界营销对品牌形象的塑造作用［J］.新闻研究导刊，2018，04.

［4］宋晓涵.跨界营销如何"1+1＞2"？［J］.成功营销，2017，10.

［5］贺爽爽.跨界营销：互补与协同"双管齐下"［J］.经营与管理，2017，09.

［6］王唤明.跨界营销微利时代下的营销之道［J］.中国畜牧业，2012.

［7］苏华.跨界营销，联盟制胜［J］.经营管理者，2010.

［8］李玮娜.浅析房地产体验营销的现状及发展趋势［J］.商场现代化，2009.

［9］伯建新.跨界营销的应用及原则［J］.中国牧业通讯，2008.

［10］翟光勇.中国网络视频行业竞争态势与发展战略研究［J］.学术界，2011.

［11］陈丽.跨界营销三原则［J］.企业家信息，2011.

基于钻石模型的体验经济下旅行社产品创新研究

【摘要】细读江苏省旅行社星评标准后，不难发现旅游市场旅行社产品创新的要求迫在眉睫，而旅行社产品与体验经济有何关系，即为本文所探讨的问题。本文将结合体验经济的特点，根据江苏省旅游市场现状，通过钻石模型建立旅行社产品创新的体系，提出服务是旅行社产品创新的入手点，根据产品的不同阶段提出创新的建议。

【关键词】旅行社产品；创新；体验经济

一、体验经济时代江苏省旅行社产品的现状

目前江苏省旅行社产品出现了同质化、低端化、低利润和市场乱的一些问题，亟须通过旅行社产品的创新进行改变。

（1）同质化——旅行社产品可谓没有创新，没有区别，打开不同旅行社的网站，同一旅游目的地的产品几乎完全一样，唯一的区别就是价格上的些微差别。究其原因，一是因为知识产权保护目前在旅游行业的缺失、产品抄袭、复制现象严重，各家旅行社都不愿意自己花成本开发的新线路被其他旅行社无偿模仿去，因此旅行社产品百家独蕊现象屡见不鲜；二是因为组团旅行社受地接旅行社的限制，地接旅行社垄断了目的地的资源和大交通，因此组团社只能被动采用地接社的建议价二次销售地接社现成的产品。客户打开不同家旅行社的网站唯一比较的就是价格，产品本身都类似或者完全一样，价越低越容易占领市场，旅行社品牌的内涵就越难以得到体现，其发展就更单一、同质。

（2）低端化——总体上看江苏目前的旅行社产品不能满足高端客户的需求，表现在：传统观光的多，深层体验的少；适应大众游客需求的多，满足个性高端需要的少；雷同的商品多，个性的商品少；整体包价的多，分散单项的少；主题缺失的多，主题鲜明的少；低水平二次销售的多，深挖文化独家的少。之所以如此，是因为开发旅游产品时，旅行社忽视了游客多层次需求，没有重视游客深层次需要。

（3）低利润——正是因为同质化，旅行社产品都一样，没有从本质和内容上有区别，导致客户在选择时只看价格，不用比较线路的内容，久而久之旅行社产品的竞争变成了价格的竞争，于是低价竞争成为旅行社争取市场的主要途径，低价也就导致了旅行社产品的低利润化。2013年度，江苏旅行社营业总收入223.02亿元，营业成本206.54亿元，营业利润2.75亿元。2014年旅行社营业总收入持续增长为248.73亿元，但营业利润下降为2.54亿元，比2013年降低了0.21亿元。2014年度江苏省旅行社的毛利润为8.74亿元，也比2013年降低了0.92亿元，毛利率仅为3.86%，比2013年下降了0.83%。据相关统计，一般电商企业如苏宁的毛利率为15.4%，一般餐饮业的毛利率则高达40%。相比之下，目前旅行社的毛利率偏低。江苏旅行社在营业收入平稳增长的同时，企业创造的利润正在不断下降，企业利率降低使得旅行社成为微利企业。

（4）市场乱——一味的低价竞争导致了旅行社价格竞争无所不用其极，零成本的零负团费现象由此而生，全团的成本和压力全都承担在导游身上，引发了旅游市场多起负面新闻，比如导游因游客不购物而穷凶极恶地扇游客耳光、威胁游客，游客不满意成为低价竞争的代价，游客都以"以后再也不跟团了"作为对旅行社最致命的否定。

综上，旅游市场把竞争的焦点放在了外在的价格上，而忽略了对旅游产品内涵的重视，本文旨在从旅游产品内涵提升的角度为旅行社的竞争提出建议。因此旅行社产品亟待创新。产品创新的落脚点在于旅行社的本质——服务型媒介。在线上线下旅行社竞争得如火如荼的今天，线下旅行社的优势日渐清晰，其服务的特质将是维系线下旅行社在竞争中屹立不倒的关键因素，因此本文也将从服务入手，探讨旅行社产品创新。

二、体验经济时代旅行社产品创新的必要性

体验的主体是游客，旅行社产品的消费主体也是游客，因此要研讨旅行社产品创新的必要性，就非常有必要分析体验经济时代游客的需求特征。

（1）设计参与化。以前的跟团游，是产品先于需求，旅行社先设计产品，再销售，不应游客的需求变化而变化；现在是需求决定产品，因此出现了订制产品，客户经理根据游客的诉求为其设计产品，游客可以根据自己的偏好调整线路中的任何因素，做到该产品完全量身定制，一半为旅行社设计，一半为游客自身设计。

（2）需求多样化。信息化、网络化为人们提供了大量有关旅游目的地的信息，

攻略型网站为游客提供了便捷地旅游线路和注意事项，这些途径都为游客提供了大量有效的信息，打破了非网络时代的信息不对称性，游客有了更多对目的地的了解，于是就出现了更多的需求，更加个性化、更加情感化的需求，这就对旅行社传统的打包产品产生了威胁，旅行社陷入了困境，如何在困境中求生存，旅行社产品创新就是突破口。

（3）服务高端化。旅行社产品的高端不仅仅体现在产品六要素的构成上，更重要的是凝练在六要素的物质基础上的服务提升。我们不难发现现在例如凯撒和众信都着力推精品小团，成团率高，口碑好，是因为现在的旅游市场已从二十年前的泛泛观光游发展到了一地深度游，高价不是游客出行的拦路虎，相反，低品质、相似度高的观光大众团才是阻碍旅行社发展的原因。现今的高端团不仅体现在目的地本身、大交通方式和酒店的选择上，更是体现在专属服务上，专职的客户经理、经验丰富的领队、目的地细节服务——转换插头的准备、中文服务等。

三、体验性经济时代旅行社产品的内涵

（一）体验与体验经济

所谓体验（Experience），是指人们用一种从本质上很个人的方式来度过一段时间或者用很具有自己个性特征的方式对待一个选择，并从中获得个性的重现和满足，表现在其过程中呈现出的一系列可记忆事件；它可分为娱乐（Entertainment）、教育（Educational）、遁世（Escapist）、审美（Esthetic）四种类型。由于一项服务被赋予个性化之后，变得唯一而值得记忆，所以一项顾客定制化的服务可以说就是一种体验。如果客户愿意为这类体验付费，那么体验本身也就可以看成经济上给予的等价交换。所以，体验经济被界定为"以商品为道具、以服务为舞台、以提供体验作为主要经济提供品的经济形态"。"体验经济"一词的正式提出应追溯到在1999年约瑟夫·派恩二世与詹姆斯·吉尔摩合作的《体验经济》一书，他们认为，从经济提供品的演进过程来看，人类社会基本上是沿着提供农矿产品—工业品—服务—体验的方向发展的。相应地，人类社会的经济发展可以划分为农业经济、工业经济、服务经济和正在迈进的体验经济四个时代。

体验经济实际上是一种复归经济，突出了客户主体的中心地位，体验经济以人为本，注重个性化、提高参与度、明确主题性、增强体验性、强调文化性。

（二）旅游与体验经济

旅游活动是旅游者的经历，更是一种体验过程。国内有学者指出："从商业的角

度来说,旅游是旅游者从经销商或者经营者那里购买一种体验或者经历的过程,旅游业属于彻头彻尾的体验业"(钟国庆:2004)。旅游不仅仅是经济,但其内涵却符合所有体验经济的特征。吴文智、庄志民(2003)认为"旅游业:体验经济的大舞台。"很好地描述了体验经济和旅游业的这种关系。

首先,从旅游的本质来看,体验是旅游的核心属性之一。旅游是在时空的跨越中,从与自己常在的文化环境存在差异的文化环境体验中,获得审美和愉悦等精神享受的活动,所以,旅游的本质就是在差异化文化环境体验中的精神享受。

其次,从体验的内容来看,旅游是体验的大舞台。体验是一种自身参与的经历,它既是游客参与后的身心享受,也是离开后难以忘怀的回忆。无论是娱乐、教育还是审美,它们都与旅游的本质是一致的,在旅游的大舞台上将得到充分的展示。

体验经济时代,人们更加注重旅游的体验以及体验过后的回忆。在电商的影响下,旅游消费者可以便捷地了解到目的地的资源和文化,不愿再被动地接受旅行社的安排,而将更加需要把自己的需求添加到旅行社产品的设计与生产中;旅游者在旅游消费过程中对于情感的需求也更加明显,旅游者更加追求个性化、情感化的产品。

(三)体验经济时代旅行社产品的内涵

"一项服务的顾客定制化,就使它成为一种体验。"这句话将旅行社产品的精华刻画在了服务的环节上。游客的需求是定制化的,那可以从售前咨询、签单服务、要素组合等六个方面分解和落地服务。而这恰恰与旅行社的本质一致。

旅行社是我国旅游市场上旅游产品供给的主体和旅游资源串接的媒介,它的存在,畅通了酒店、景点、饭店、购物、大小交通等企业、部门及行业的旅游上下游资源供给渠道。可以说,旅行社就是一种媒介,媒介最重要的特色就是服务,最核心的竞争力也是服务,服务是其创造的唯一价值。旅行社的产品不是无中生有,而是通过旅行社的串接形成一个整体,而如何组合就体现了游客的需求,也体现了旅行社服务的能力,因此本文将从服务创新的角度根据服务的不同阶段创新旅行社的产品。

四、体验经济时代旅行社产品的创新

(一)钻石模型与旅行社产品创新

1. 钻石模型

美国哈佛商学院著名的战略管理学家迈克尔·波特于1990年提出的钻石模型又

称为波特菱形理论、钻石理论及国家竞争优势理论，用于分析一个国家如何形成整体优势，从而在国际上具有较强竞争力。加拿大学者 Tmi Padmore 和 Harvey Gibson 对钻石模型进行了改进，提出基于区域范围的分析产业集群竞争力的模型 GEM，构建了影响产业集群竞争力的六大要素。旅行社产品创新地提出正是产品创新与产业链发展相一致的需求，构建与旅行社产品发展相一致的产品创新体系，可以满足旅行社产业链对产品的需求。产业集聚能够带来产业的综合竞争力，同样产品创新体系的构建也能够带来产品的综合竞争力，关键是如何分解产品创新的因子，哪些是影响产品创新的关键要素，因此本文以钻石模型为基础，提出以三大驱动力，即：市场需求驱动力、行业竞争驱动力、资源结构驱动力为旅行社产品创新钻石驱动力，三大驱动力驱动钻石不断旋转，围绕六大内容的建设最终实现钻石的闪耀光芒，即，创新旅行社产品以提高其竞争优势。

2.基于钻石理论的旅行社产品创新

以构建影响力、实现创新力、提高竞争力为指导原则，以市场、结构、资源为三大主要驱动力，在销售前、服务中、销售后的全程渗透下，重点创新销售前咨询、销售中签单、服务中要素、服务中细节、销售后回访、销售后融合六大钻石内容，最终生产以体验性服务为核心竞争力的创新性旅行社产品。

旅行社产品创新钻石框架中，三大驱动力分别为市场的需求——即潜在游客的需求、行业竞争——即同行旅行社的竞争、资源结构——即旅游上下游资源的重组。其中市场的需求体现在客户需求的个性化、体验化、差异化；行业的竞争体现在旅行社产品的同质化、低利润、市场乱；资源的结构体现在电商影响下，旅游上下游资源的重组，旅行社与各行各业的跨界合作，为其产品潜力的挖掘提供了资源基础。创新的旅行社产品即"专属的售前咨询、安心的签单服务、个性的要素组合、贴心的细节辅助、周到的售后回访、升华的后续融合"，市场、结构、资源三大驱动力是驱动旅行社产品创新的推动力，利用销售前、服务中、销售后等阶段实现六大钻石内容的实现，从而提高旅行社产品的核心竞争力。

（二）旅行社的产品创新的原则

注重个性化、提高参与度、明确主题性、增强体验性、强调文化性是旅行社产品创新的基本原则。

（三）旅行社产品的创新

本文主要从设计、生产到售后三个环节提出旅行社产品创新的方法，主要强调旅行社产品创新的本质是对服务的再升级。

1. 专属的销前咨询——提高成交可能

连续性是专属售前咨询的最主要特征。很多在电商咨询产品的人有这样的痛点,第一次咨询时一个客服接待,等到过几天再来咨询的时候换了一个客服,还要把第一次的问题和个人需求再复述一遍,极大地影响了咨询者的心情,降低了成交的可能性。事实上,售前咨询是初次体现旅行社服务质量的环节,一对一的服务能够让游客觉得自己被重视,满足了自我实现的心理需求,同时也树立了旅行社的品牌、保证了旅行社的口碑。由于是一对一服务,便于客服追单,极大地提高成交率,实现旅行社产品的价值。

那专属咨询与旅行社产品的创新有什么联系呢?客户咨询的过程就是诉求的过程,客服可以通过游客的咨询了解其心理特征、兴趣爱好、家庭结构、性格气质,便于客服对其进行产品的量身定制。看似简单的环节,其实是创新的关键,也是最终旅行社产品设计的基础。在咨询过后,立即设计出游客心仪的产品,通过电话或者微信等联系,既表达了旅行社的诚意和实力,也再次强化了游客的需求。

2. 安心的签单服务——基本心理需求

安全性是安心签单环节的重要特征。很多旅行社往往下大功夫跟游客介绍产品,却忽略了这个环节,而这个环节却是保证游客最基本的心理需求——安全。签单时向游客明确说明价格的组成、非包价部分,刷卡还是付现,是否可以开发票,开票的细项可以怎么列,目的地注意事项和当地的风俗民情,都不可轻视。南京某旅行社的客服王某正是因为不清楚发票细项可不可以开交通费,而错失了十人德国南部深度十五日游的大单,对方觉得客服对业务不熟悉,培训不到位,对他们不重视。尽管经过前后长达半个月的确认和行程调整,售前最终环节的一点点模糊导致了成交流产。

对于电商而言,这一项更是降低成交率的环节。途牛曾经只能通过汇款或者去前台付款,很多客人选择途牛是因为在线下单很方便,而上门付款又变得繁杂,而汇款又觉得不安全;当今火热的微信、支付宝也是在一定程度上不能满足人们对于金融安全的需求,尤其是中老年客人。

因此从旅行社产品创新的角度而言,服务的创新不在于无中生有,而在于重视别人不重视的细节。

3. 个性的要素组合——产品满意指标

个性化是体验经济的最重要的特征。线路价值实现的最重要的环节就是实现自己的价值,实现价值的地方叫作市场,而市场是由一个个顾客组成的,突出顾客个体，弱化市场整体，体现了个性化服务的需求，企业与顾客之间主要靠服务在维系。同样的旅行社产品，因为游客的性别、年龄、阅历、学历的不同而产生不同的体验效果。产品要素的组合是旅行社产品不同于其他产品最明显的区别。而半自由行是该问题解决的一种方法，自己选择合适的大交通和酒店，目的地、行程完全自己决定。但是在语言不通或者安全系数较低的国家，这样的方式对于游客而言就不可行了，那如何实现呢？这里要创新的就是旅行社产品设计的理念——改打包产品为自由组合产品，即旅行社产品超市。在这个超市里有六个大柜台——食、住、行、游、购、娱，里面有不同价格、不同层次的各种选择，游客可以任意在任何柜台选择组合成自己专属的产品。当游客选择了济州岛4日游，却不能选择行程中的酒店时，总是一种缺憾，也会觉得该旅行社实力不行，而解决该类痛点的关键在于旅行社能够与目的地资源供应商建立良好的合作关系，打破地接社只提供打包产品的限制。游客能够根据自己的喜好和经济实力选择相应的要素，极大地提高了游客的满意度。

从旅行社产品创新的角度而言，要素组合的创新是其关键，也是游客对旅行社是否满意的最直接的指标。

4. 贴心的境外服务辅助——品牌提升关键

所谓服务辅助即为游客解决在境外的生活细节问题。在途牛发展得如火如荼的今天，线下网络的打造标明了接地气的服务对挽留游客的重要性。途牛在巴厘岛、马尔代夫、普吉岛等十个岛屿建立了区域服务中心，为海外华人游客提供充电服务、电源转换器、货币兑换、中文导游服务等，对途牛低价扭曲旅行社市场的负面形象来说是关键的转型，提升了途牛的品牌内涵。

从旅行社产品创新的角度而言，旅途中的服务是产品的一部分，而这一部分不是所有旅行社都能做到，也是目前旅行社可以挖掘的巨大潜力。特别是境外的服务对身在海外的游客而言极为重要。熟悉的语言带来的不仅是言语的提示，更是心理上的宽慰和信任的积淀，很多游客更是因为途牛在这些地方有区域服务中心而选择了途牛。

5. 周到的售后回访——扩大回头客源

颠覆传统售后回访的形式。回头客是一个企业80%的利润来源，因此发展回头客对旅行社而言极为重要。售后回访不仅仅是电话形式的一两句官方的问候，更可以约游客在体验店或者咖啡店进行交流，让游客直抒胸臆。很多时候游客抱怨了、投诉了，却留下了，为什么？因为旅行社重视他们的感受，让他们有机会表达内心,他们觉得被重视,觉得虽然受了委屈,但是有人在乎。旅行社的这一举动让游客看到了改进的可能,也让他们期待下一次的旅游活动会更好。

从旅行社产品创新的角度而言,售后服务方式的创新也是其一部分。售后能为旅行社带来后续经济效益,为旅行社带来回头客。

6. 升华的后续融合——维系高端客户

高端客户的升华才能让其成为旅行社的终身生命力。高端客户给旅行社带来的不仅是经济价值的实现、高利润的来源,更是旅行社品牌树立的重要指标。如何让高端客户实现自我,旅行社可以邀请体验过的游客为即将成团的游客开宣讲会或者体验会,是让高端客户身份、地位的自豪感得到满足的有效方法。高端客户一般而言会很乐意介绍自己的旅游经历,同时这些游客毫无疑问会成为该旅行社的忠诚客户,因为其被重视、其价值在一次次的宣讲中得到体现,这些客人会愿意参加更多高端的产品。

从旅行社产品创新的角度而言,这一环节目前市面上鲜有旅行社在进行,因此是旅行社目前维系高端客户的有效途径。

五、结语

旅行社产品的创新不能为了产品创新而只看到产品,因为旅行社的产品本身就是一种组合,其创新无非是要素的创新,但是旅行社服务的可能就无限了。本文从分析目前江苏省旅行社产品的现状入手,总结目前游客的需求,发现游客的需求存在于产品设计、生产和售后的三个环节,而这个三个环节都有创新的可能和具体实践方法。强调服务是旅行社发展的趋势和突破途径。

【参考文献】

[1]涂玮,方法林,丁洁.基于钻石模型的旅游休闲服务与管理专业群构想——以南京旅游职业学院为例.科技视界,2015(11).

[2]李学江,杜岩.体验经济给我国旅游商品开发的启示.现代商业,2006(01).

[3]谢雨萍.体验经济视角中的旅行社产品创新研究.特区经济,2008(04).

[4]杨海寰,李晓辉.基于"体验经济"理念的旅游发展战略研究.云南师范大学学报(自然科学版),2005(05).

[5]李琳桂,朱艳佳.论体验经济时代旅行社产品的设计与创新.海南师范学院学报(社会科学版),2006(07).

[6] 吴文智,庄志民.体验经济时代下旅游产品的设计与创新——以古村落旅游产品体验化开发为例.旅游学刊,2003(11).

[7] 张梅.体验经济时代旅行社产品的创新.漳州师范学院学报(哲学社会科学版),2006(12).

[8] 皮平凡.体验经济时代的旅游产品开发探索.学术交流,2005(02).

[9] 章尚正,钱晓慧.体验经济时代的旅游趋向与旅游开发.宿州学院学报,2008(02).

[10] 王娜.体验经济下对旅游产品内涵的再认识.市场论坛,2005(12).

"互联网+"时代基于游客需求的旅行社产品创新研究

【摘要】"互联网+"时代带来的海量信息使得游客需求碎片化，目的地信息愈加透明，各种营销渠道充斥在生活的方方面面，对传统打包旅游产品产生了挑战，不仅是价格上的激烈竞争，更是营销渠道的拓宽和产品本身的创新，因此本文从游客需求的碎片化角度入手，分析了目的地信息透明后对旅行社产品带来的挑战，建议从设计理念、合作领域、营销渠道和产品本身入手，创新旅游产品，打破传统打包旅游产品的模式，化整为零，基于游客需求的角度，提供具有主题性的单项旅游产品、组合旅游产品。

【关键词】"互联网+"；游客需求；旅行社产品；创新

一、引言

"互联网+"时代让游客随时随地可以了解旅游信息，对目的地的了解也更加深入；各种网络预订渠道相互竞争，导致价格透明；长居目的地的华人抓住目的地交通、导游和语言三方面优势开展目的地旅游。可以说"互联网+"时代游客的选择越来越多，他们可以以自我需求为中心，打破传统跟团产品，根据实际需求选择单项产品或者组合产品，这就给传统的旅游产品带来了挑战，需要旅行社以游客需求为基础，量身定制产品。

二、"互联网+"时代对游客的影响

（一）需求碎片化

"互联网+"时代，由于对信息获取十分便捷，因此游客的需求更加个性化，于是产生了需求碎片化的趋势。多数人在上班下班路上或是乘坐地铁、公交车时，甚至在等地铁和公交的间隙，都会拿出手机，扫一扫新闻，玩一玩游戏，刷一刷淘宝。当假期将至，他们也会看一看别人的旅游攻略，查看目的地信息，搜索各渠道价格，无形中内心里就会做出一定的决定。

所以，"互联网+"时代，想要抓住潜在游客的兴趣，甚至让他们心甘情愿花钱，就必须要了解其碎片化和便捷化的阅读习惯。由此我们可以借鉴自由行相对成熟的欧美市场，欧美旅行社多提供零包价、小包价产品，跟团游产品少见，源于欧美人士的消费习惯，他们不再愿意被团队线路安排牵着鼻子走，多为放松休闲旅游。此外，由于英语为世界第一官方语言，很多国家的翻译随处可见，不影响自由行。因此，纵观欧美旅游市场即可想见中国未来的旅游市场，也是突破整体产品形式，而是以服务制胜。

反观中国旅游市场，目前中国游客在世界旅游舞台上也越来越享受同样的待遇，中文标识随处可见，境外自驾或者专车都由华人服务。自由行已经不再是难题，人们追求个性化、深度化的旅游需求，比如年轻人特别钟爱"说走就走的旅行"，也许他们那个城市只是想去在微博上被种草的某家文艺小店逛一逛，而不打算长待；又或者商务人士出差经过一个城市，想快速了解一个标志性景点；还有的人不想去标志性景点，而是想找个当地人带他去感受一下当地人在节假日休闲的好地方。

因此，总体而言，从需求角度，打包产品已经不能再适应目前市场。

（二）信息透明化

因为有前人记载，所以后人有了方向。越来越多的手机客户端从用户体验和需求出发，打造人性化和便捷化的服务，旅游行业更不例外，从国外的猫途鹰到国内的穷游网、马蜂窝，目的地情况的介绍越来越好，也越来越深入；从原本的以用户看为主的呈现到以游客亲身经历写下、拍下和感悟出的目的地，适合不同阶段的游客，方便游客旅行前收集旅行资料，高效制订旅行计划；旅途中，顺利完成旅行计划的同时，又惊喜地发现了更多好玩内容，轻松记录旅途足迹，将自己的成果随时随地再与他人分享；旅行后，简单方便地整理旅行照片，写出自己独特的游记，与好友分享旅途中的见闻、传递自己的旅行经验。而客户端从宏观角度利用旅行中的数据组织出他们建议的旅游路线，供不同类型的游客选择。因此从用户角度，旅游体验和出游类型让未来用户选择适合自己的攻略去阅读，再基于客户端的建议，简简单单生成自己喜欢的旅游路线，独一无二，也不浪费一分一秒。因此，这就是信息透明化的优势。

（三）选择多样化

因为信息的透明，游客对目的地了解更多，关于目的地的评论和真实的图片、视频更多，因此，打破了传统旅行社对于游客的信息不对称性，因此游客的选择就更加多，自由行和半自由行也日趋渐长。

选择的多样性，对于游客而言，主要在于购买渠道的选择多和目的地交通的选择多。

1. 渠道多样化

客户端的纷纷上线，使得游客随时随地可以搜索目的地信息，了解产品价格，因此渠道的多样化，便捷了价格对比和购买过程，颠覆了传统的门店垄断销售，破除了地域性，弱化了地区差异，增强了价格透明，最终丰富了游客购买的选择。

不仅散客选择多，连旅行社本身也丰富了目的地直采比例。例如日韩、东南亚地区还有港澳台，以及全球迪士尼乐园、环球影城等，大型旅行社都是利用自身的渠道优势直接采购。热门目的地增加直采，可以提高采购效率上的考虑，增强竞争力。

2. 出行多样化

自由行这个词当今时代不再陌生，它打破了包价的约束，打破了行程的固定，让游客随心所欲，自己把控价格和路线。而在目的地，没有随团车辆也难不倒游客，皇包车等客户端通过满足游客对目的地交通的细分化需求，实现了目的地非标准化旅游线路设计。可以说，从传统的跟团游，到摆脱跟团的束缚，又能在有人引导下的畅行无阻的双重需求下，目的地交通的兴起开创了中文包车游的市场。因此，游客在目的地的出行选择种类繁多，既可以考虑跟团，又可以在经济能力所及下乘坐交通工具，还可以租车，甚至包车。

三、"互联网+"时代对产品的影响

（一）理念的创新

打破传统旅游产品首先需要的是设计理念的创新。网络的存在，打破了信息不对称性，导致了游客需求的分散和个性化，如果时间、精力、政策允许，游客可以自我实现旅游，旅游景点、景区的官网预订功能使部分游客可以完全脱离对旅行社的依赖。但是这样耗费精力和时间的计划安排，让旅行社的定制旅游有了生存的空间。旅行社不能再用固化产品满足潜在游客，只有打破传统固化的打包产品，满足游客提出的诉求，颠覆以往旅行社先设计产品后销售的形式，才能留住客人。也就说，"互联网+"时代，游客在对目的地了解了之后先产生了需求，随后提出诉求，最后才有了产品。

随着80后、90后的成长，出境游市场的年轻人日益增加，可以说他们几乎是拿着护照自己出去玩，从订票、订酒店、目的地租车、美食，他们几乎全部在网上搞定。因此对旅行社产品带来极大挑战，因此需要旅行社把传统整体旅游产品打得足够"碎"，尤其增强对目的地资源的把控能力，能从细节上满足年轻化游客的碎片化需求，比如目的地半日游、一日游、一顿当地美食、导游服务、租车服务或者"司兼导"。打破原有产品格局，从每个要素选取符合目标客户群特征的产品然后重新组合。

因此，"互联网+"时代旅游产品最核心的改变是由传统的打包产品变为单项产品超市，游客根据自己的需求和消费能力自由组合旅游六要素，由此形成诉求，旅行社根据其诉求组合成个人定制产品，其自由化程度高、个性化强、满意度高。总体而言，设计"互联网+"时代的旅游产品时要化整为零。

（二）领域的创新

旅游产品本身就是组合后打包的综合体，涉及多个领域，实际上就是跨界的合作。跨界合作是当前旅行社开拓市场的重要途径，是旅行社行业合理利用大数据获得潜在游客的偏好，设计针对性产品的有利平台。

"互联网+"时代为游客随时随地提供大量可参考的信息，打破了地域限制，破除了行业枷锁，弱化了距离影响。同时大数据为企业掌握了游客的偏好，为更好地吸引和服务游客提供了数据基础。旅游与金融、4S店、商场、母婴产品、房地产公司的合作已不鲜见，这是从侧重营销角度的合作。而从旅游产品本身的角度而言，旅行社越来越多与目的地、交通部门、文化部门等合作，深度挖掘旅游产品的内涵。比如与乳业公司合作赴农场进行参观游览和挤奶的体验；与汽车4S店合作参观汽车组装工厂，体验应急情况的处理；与葡萄酒种植场合作，体验采葡萄，参与葡萄酒酿制的一些环节。同样是赴日旅游，可以针对人群选择动漫类型的主题乐园为主的游览，滑雪赏雪的体验；同样是赴俄罗斯旅游，可以是传统的观光游，可以是高端打猎之旅，还可以与政府、法院合作，深入了解其司法体系。以此为例，可以看出旅游产品的跨界合作是基于游客需求的，是市场细分后主题性愈加明确的过程。

（三）渠道的创新

"互联网+"时代网络销售的渠道可谓五彩纷呈，旅游产品要根据不同目标群体设计不同渠道的营销策略。基于产品类型的划分，其营销渠道也要随着产品的受众而有所区别。目前旅行社的营销渠道包括传统门店销售、线上平台合作、广告，还有针对自媒体，如微信、微博的营销。

传统门店销售在老年人市场依然处于优势。老年人对网络不熟悉，喜欢面对面咨询，时间充裕，喜欢与人交流，使得传统门店在一定程度上无可替代。

但是以90后为主的学生群体和以80后为主的白领群体和亲子游市场，在营销渠道上要充分利用"互联网+"时代的便利，打通咨询渠道、便捷支付方式，成了"互联网+"时代网络营销的两只手。针对90后对微博的热爱，可充分利用微博公众号进行宣传和销售，或者与明星合作，利用其官微进行营销。针对80后白领圈，采用发圈集赞等方式，打入其朋友圈，用游客现身说法的方式扩大客源。针对80后亲子圈，与母婴机构、早教企业合作，设计买赠活动等，增加曝光量；还可以借助家长力量进入学校家长群，有针对性地组织集体亲子活动等，深入对目标群体的了解。

（四）主题的创新

旅游产品的文化性体现在其主题上，只有深化主题性，才能与潜在游客产生精神上的共鸣，最终抓住细分人群。而一个主题事实上就是一个群体共性的兴趣或年龄特征。

从年龄结构和家庭生命周期，可以分为三个群体。比如学生群体一般会多人或集体出行，出行多采用整体包车的方式，比较注重行程的互动性和参与性，如烧烤、采摘、游船、极限运动、真人探险等等。他们乐于尝试高度自由的旅行方式，期待不确定因素在旅游中产生的刺激和以此带来的惊喜。同时，他们也非常热衷新潮的体验式旅行，比如搭乘星空巴士去观测流星，搭乘雪山音乐节巴士去雪山之巅欣赏一场跨年交响乐音乐会，登山顶集体观日出，总之，他们敢于尝鲜，因此小众景点也是这类群体的兴趣所在。

而年轻白领群体则更倾向于人数较少的结伴出游，出行方式也多以性价比较高且相对舒适的公共交通工具，偏爱颇具地方特色的美食，而新兴的住宿方式，如民宿，则是这个群体比较关注的内容。这类人群倾向于有品位的旅游产品，将其主题落在特色餐饮娱乐、舒适住宿及配套上。

同样是白领，当出行的旅伴变成了家人时，就形成了另外一个主题——亲子游。亲子游群体将幼儿的舒适感放在首位，特别是在交通方式的连贯性和住宿的卫生和舒适上考虑得更多。一般而言，舒适度较高的酒店住宿是这个群体的偏好，如果目的地有著名的亲子酒店，设施齐全，口碑良好，那一定一房难求。而有时亲子酒店本身可能就成了目的地，这就要求酒店能在提供设施的同时，提供固态化的亲子活动，并且与时令节气相匹配，比如端午包粽子、中秋做月饼、春节写对联等，让孩子在玩中学习，同时能留下一些纪念，例如陶艺成品等。在这类产品上旅行社要发挥其中间商的优势，为游客组织和安排。

如果从文化主题而言，可以细分为更多市场。如现今受学校和家长欢迎的研学团，博物馆发烧友喜欢的博物馆深度游，还有青年白领热爱的海岛懒游，无不体现了基于年龄细分的基础上再根据兴趣二次细分的结果，可以说人群越窄，市场越大，产品越受欢迎，因为其深度、广度达到了文化层次的追求。因此，丰富旅行产品最重要的就是满足各类人群需求。

四、结语

综上而言，"互联网+"时代，随着信息的愈加透明，游客对目的地的了解更多，成就了很多目的地交通单项产品、民宿产品和类一日游产品，而与其竞争，不如反向利用信息透明的优势，强强合作，在整体打包产品中穿插一日游产品或者化整体产品为包车配导游的自由行产品。形式上的变化顺应的是不变的游客需求，形式上的变化也是为了更好地满足游客的需求，以达成完美的旅游体验。

【参考文献】

［1］朱丽.旅行社跨界营销现象研究［J］.现代营销（下旬刊），2018（09）.

［2］朱丽.基于钻石模型的体验经济下旅行社产品创新研究［J］.全国商情，2016（07）.

［3］詹兆宗.旅行社基于互联网的产品策略研究［J］.旅游学刊，2005（02）.

［4］刘雁琪.试论基于游客需求的旅行社产品开发创新［J］.中国报业，2012（04）.

［5］宋子千.基于要素细分的旅行社产品创新探讨［J］.桂林旅游高等专科学校学报，2005（05）.

［6］杜林华.旅行社产品创新研究［J］.现代商贸工业，2012（08）.

［7］龙雨萍.体验经济时代旅行社产品的设计与创新研究［J］.商场现代化，2009（04）.

［8］丁金胜.优质旅游视角下旅游消费品质研究［J］.商业经济研究，2019（01）.

第二篇
旅行社与职业教育

校企合作下的旅行社职业教育

基于行业发展的江苏省旅游高职教师教学胜任力新要求

【摘要】本文首先对江苏省旅游行业发展现状进行分析,以行业发展引导对旅游高职院校教师教学胜任力要求的思考;其次,对江苏省旅游高职院校教师胜任力的现状进行剖析,找出存在的问题并分析其原因。最后,在前两者的基础上,明确行业发展对江苏省旅游高职院校教师教学胜任力提出的新要求,结合教师胜任力目前存在的问题,提出新要求和解决问题的对策和方法。

【关键词】旅游高职;教学胜任力;要求

一、江苏省旅游行业发展现状

江苏省旅游业坚持以质量效益为中心,以游客需求为导向,以提升游客满意度为宗旨,坚持改革创新,积极适应经济发展新常态,牢固树立科学旅游观,紧紧围绕打造"畅游江苏"品牌总目标,大力推动旅游业"八个强化""八个升级",以扎实开展"旅游公共服务提升年"为抓手,全力推进"顺畅、舒畅、欢畅"游江苏,打造江苏旅游发展升级版,为迈上新台阶、建设新江苏做出更大贡献。目前江苏省旅游行业发展稳定,利用前沿科技,积极拓展新的发展方向,针对新兴业态出台新政支持新产业发展,其主要可归纳四个特点:国际化、科技化、大众化及专业化。

(一)走向世界——江苏旅游业发展的国际化

江苏国民出国门旅游的同时,外国游客也不断进入江苏旅游,实现江苏旅游业发展的双向国际化。目前,江苏国民出境旅游势头高涨,亚洲短线及欧美洲的长线都有持续上涨的趋势;同时江苏省政府也主导旅游资源整合,着力打造国际旅游资源,升级旅游设备,培养外语人才,赴海外参加旅游推介会,吸引大量国际游客入境旅游。

（二）智慧旅游——江苏旅游业发展的科技化

江苏省积极响应国家提出的发展智慧旅游的号召，因此智慧旅游启动较早，发展也较快。2014年全省在线旅游市场规模达2700多亿，较上年的增长幅度超过17%。江苏目前着力扩大"畅游江苏卡"的发行与消费，实现旅游全要素的刷卡无障碍；智游网络也将为游客带来多语种的自助服务、Wi-Fi大面积覆盖、随手可扫二维码等全新感受。

（三）民生工程——江苏旅游业发展的大众化

民系旅游，旅游在民。发展旅游的关键就是实现旅游的大众化，即大部分民众参与到旅游事业中来，既可以成为旅游主体，也可以成为从事旅游行业的从业者。此外，江苏省旅游业从全国大局出发，发挥自身余热，惠及旅游落后地区，为全国旅游的大众化贡献力量。

（四）细分市场——江苏旅游业发展的个性化

江苏省在固有的成熟旅游资源和设施的基础上，不断推陈出新，挖掘旅游蓝海，做国内旅游市场的风向标。

随着江苏省旅游业发展"八大主要任务、百项重点工作"的提出，从政府到企业将着力推动旅游业的全面发展，强化改革创新，推进产业结构升级；强化公共服务，推进配套功能升级；强化开放意识，推进融合发展升级；强化依法兴旅，推进旅游品质升级；强化载（主）体建设，推进内生动力升级；强化品牌经营，推进旅游消费升级；强化旅游富民，推进乡村旅游升级；强化队伍保障，推进工作效能升级。鼓励民众走出国门欣赏国外旅游资源，提高人民素质，展现江苏人民高文化、高水平、高包容的特点；积极参与国际旅游推介会，高度重视国际旅游奖项的评比，树立江苏省旅游的国际品牌；打通海陆空国际交通线路，提出优惠政策吸引外国游客入境旅游。全面将科技运用在旅游业，实现景区、交通、消费的智慧化，便捷旅游活动。实现全民参与旅游，全面共建旅游。寻找旅游业发展的缝隙，抓住旅游蓝海，引领全国旅游行业发展的新方向。

二、江苏省旅游高职教师教学胜任力的现状

（一）角色转变难以完成，教学能力明显不足

江苏省旅游高职院校教师多为"青年教师"，是指年龄在35岁以下从事旅游院校教学和教学管理工作的教师。青年教师是高职院校教师的重要组成部分和未来的潜在力量，其直接影响了高职院教学质量和学院未来的发展，但根据我们对江苏省

高职旅游类专业教师的调查，教师的教学能力是不容乐观的。毕竟绝大部分旅游高职院校青年教师刚走出学校或研究机构，没有教学实践经验，更没有参与过工程实践项目、企业经营管理项目和教学实践训练。从高校毕业生到高职院校青年教师的角色转变中，缺乏有效的链接机制，要想在课堂上把学科知识转化为教育知识传授给学生变成技能素质是一项很难完成的任务。而随着信息化时代的到来，作为培养高层次专门人才的高职院校，提高教师的行业实践能力和教学实践能力颇为重要。行业实践经验和教学实践经验的缺失，直接导致青年教师难以真正实现高职人才教育的目标。在教学上，往往照本宣科，难以将理论知识与实践联系起来，无法让学生掌握行业前沿操作能力和知识。因此，积累行业实践经验、提高专业教学实践能力是青年教师教学能力培养的重要途径。高职院校青年教师的教育知识结构与职业教育对教师的需要还不相适应。作为高职院校青年教师所需要的表达能力、课堂管理能力、教育学、心理学的知识素养、学生情况的把握、个人实践经验与能力都还远远不够。

（二）执教素质缺乏训练，师资培训效果甚微

高职旅游类院校青年教师的执教素质包括了思想素质、专业水平、敬业精神三个方面的内容。青年教师在这三个方面，同样存在一定的缺陷。

（三）能力考核机制不当，青年教师重"研"轻"教"

无论是高职院校本身或者青年教师本人，对于科研的热衷是显而易见的。高职院校的能力考核评级往往主要是依据科研工作的开展情况，虽然在考核标准中纳入了其他的考虑因素，如学生评教、教师互评、督导评教等，以此了解青年教师的师德师风、教育教学及在学科竞赛中的表现。但这三方面的结果，最终只是体现在教学简报中的简单排名，让青年教师知道自身所处的位置而已。对于表现优异的青年教师，没有相应的奖励机制；对于表现落后的，没有有效的手段去帮助他们改进。这种实效不大的考核机制，以及高职院校希望通过科研成果迅速提升学校声誉的倾向更使得青年教师把绝大部分的热情投入到了科研工作中，青年教师认为个人晋升最有力的支撑是科研成绩，想当专业带头人也好，想当青年骨干教师也罢，最终最有发言权的还是科研成果。对于他们来说"科研"是个人发展的"事业"，而"教学"则只是"工作任务"。所以教育教学的"工作任务"，完成即好，至于所教学生知识的掌握、技能的运用情况反而被轻视。青年教师的重"研"轻"教"，使得教师与学生之间的隔阂越来越深，不利于青年教师教学能力的发展，不利于旅游高职院校培养技能型专门人才。

三、江苏旅游行业发展对旅游高职教师教学胜任力提出的新要求

（一）培养学生涉外旅游服务的能力

（1）学生涉外旅游服务能力可以分解为四个方面的能力：①具有广阔的国际视野——对旅游管理专业的学生而言特指让其具备国际眼光或者国际视角，具有包容心和接纳心，拥有宽广的知识面，能够从其他文化、民族出发，为游客提供量身定制的服务。②通晓国际旅游业基本规则和惯例——学习国际性法律法规，了解目的地国家或地区的基本惯例，熟悉旅游商务知识，特别是保险知识、出入境知识。③熟悉、尊重有关国家和地区的文化——文化是人与人交往中丰富的调剂品也是矛盾产生的最根本原因，全世界各族的文化都是平等和值得尊重的，因此在旅游交易产生之前，对目的地文化的了解、理解和尊重是从事国际旅游服务的基本素质。④具有较强的跨文化沟通能力和应变能力——在跨文化交际中如何处理人与人之间相处时思维方式、处事方式的不同，实际就是跨文化交际能力的体现，冷静的心态、活络的思维、周到的服务都是跨文化能力的直接体现。

（2）学生涉外旅游服务能力的培养可以从"请进来、走出去、搭平台、谋发展"四个发面入手。①请进来：涉外旅游针对的服务对象通常来自于海外，因此可以与海外著名的旅游管理学院合作，将海外旅游管理服务的教学和经验引进课堂，让学生接触最真实、最直观的涉外旅游服务的实践环境，形成涉外旅游服务的思维，掌握涉外旅游服务的知识体系。这样的方式是比较经济，也比较常见的，主要以外教和双语的课程形式存在。②走出去：理论知识是服务的基本和储备管理能力的根基，走出国门去海外企业实习，在完全海外的环境中工作、服务，可以让学生在实践中感悟理论知识和总结经验教训。这样的学生回国后通常具备较完善的语言和思维能力，成为行业中潜力巨大的管理阶层。因此，"走出去"短期而言可以锻炼学生的能力，培养学生的思维能力，完善学生的处变能力；对学生长期的职业生涯而言，可以缩短学生晋升的时间和过程。这样的方式一般以海外研修和实习的形式存在。③搭平台：学校层面与海外旅游企业合作创建校企合作的班级，将"引进来"和"走出去"结合起来，成本低廉、效果持续，能够成就一系列对教学、课程、评价体系的改革；长期而言，对学校的品牌、学生的素质、企业的信任都是有百利而无一害的。这样的形式一般是合作办学，理论学习在国内的学校，课堂上均以外语为教学工具；实践学习在海外的学校和企业，这样比较有过渡性，学生的接受程度也较高。④谋发展：旅游教育管理部门应该制订涉外旅游人才培养的规

划和计划，为旅游高职院校提供与海外学校、企业深入合作交流的机会。院校本身应该根据企业对涉外旅游服务人才的要求制定出人才培养规格，在此基础上构建课程体系和课程标准，从每一门课、每一个实践项目的制定上朝着共同的目标努力。

（3）学生涉外旅游服务能力的培养对教师教学胜任力也提出了新要求：①理论知识：第一，语言能力。要求专业教师自身具有高等级英语证书以及英语口语证书，能做到与海外游客交流，为游客解决问题。第二，知识储备与更新。要求专业教师不断更新知识，拓宽知识面，提高其理论水平。专业教师要密切关注旅游业发展态势，要通过各种媒介获得最前沿的相关专业信息，将有效的和有用的知识信息和技能不断地贯穿于教学当中，及时补充、更新反映新时代、新特点、新观念、新方法的教学内容知识和技能，让学生及时了解自己所学专业和学科的最新发展动态。第三，跨文化交际知识。涉外旅游最重要的是服务的人群与我们处在不同的文化中，因此在教学过程中，教师应该时刻提醒学生文化的差异、如何避免在文化差异中产生矛盾以及如何运用客源文化服务目标游客。②实践能力：第一，获得行业资格证书。要求专业教师获得相关的职业资格证书并不断提升资格证书等级，以证促教。第二，提高行业实践能力。为提高教师实践教学能力，可以通过让专业教师定期到涉外旅游企业实习、挂职锻炼；与企业合作做管理、培训、销售等方案研发，成为校企合作桥梁等方式实现。在此基础上再对学生进行专业指导，更具实践价值，更能加强知识"渗透"。③教学方法：涉外旅游服务的特点要求专业教师要结合高职涉外旅游专业学生的特点针对性地改革教学方法，改变传统课堂教学中教师一言堂的教学方法，积极运用案例分析法、情景创设法、课堂讨论法和多媒体教学手段，引导学生对旅游现象和旅游案例进行积极的思考和讨论，锻炼学生对事物由表及里的逻辑思维能力，逐步培养和激发学生的学习兴趣，让学生变成课堂的主体，提高他们学习的积极性，锻炼和提高口头表达能力。在逻辑思维训练成熟的基础上，采用情景教学模式，让学生用学习的语言扮演剧情里的人物，以此提高其应对突发事件的能力。

（二）培养学生出入境旅游产品操作的能力

（1）学生出入境旅游产品操作的能力可以从三个维度来理解：①具有设计产品的能力——要求学生能根据目前市场的需求，在同样的资源与市场要素的条件下，通过市场细分，设计针对性的旅游产品，产生多种多样可能的结果。在此过程中，要做到定位准确、核心吸引力凸显、游玩方式适应游客需求和投入产出合理。

②具有组织产品的能力——即计调的协调能力，对外代表旅行社同旅游服务供应商建立广泛的协作网络，签订采购协议，保证提供游客所需的各种服务，并协同处理有关计划变更和突发事件；对内做好联络和统计工作，为旅行社业务决策和计划管理提供信息服务。计调人员是旅游活动的幕后操纵者，是旅行社完成地接、落实发团计划的总调度、总指挥、总设计，具有较强的专业性、自主性和灵活性，而不是一个简单重复的技术性劳动。③具有产品报价的能力——一个好的计调人员必须要做到成本控制与团队运作效果相兼顾，也就是说，必须在保证团队有良好运作效果的前提下，在不同行程中编制出一条能把成本控制到最低的线路。在旅游旺季，计调人员要凭借自己的能力争取到十分紧张的客房、餐位等，这对旅行社来说，相当重要。

（2）学生出入境旅游产品操作能力的培养可以从四个方面进行：①培养市场洞察能力：拥有敏锐的市场洞察力。②培养产品剖析能力：熟悉常规的旅游产品，应对定制化产品的市场需求。③培养团队合作能力：团队合作的交流能力，体现计调的协调能力。④谈判销售能力：具有谈判和销售的能力。

（3）学生出入境旅游产品操作能力的培养对教师也提出了新要求：①专业知识——为学生提供出入境旅游的知识储备。在为学生储备出入境的知识时，要将学生当成情境中的领队或者导游；身临其境，学生才能掌握知识。出入境证件知识：护照的申请和作用，中国主要出境目的地的签证手续和相关服务。出入境边防知识：登机手续、可带上飞机的物品和只能托运的物品。旅游有关目的地/客源地的概况：有关目的地生活知识，比如电源插座、电压等，目的地民俗，以便在涉外旅游服务中，为出入境游客提供更为贴心的服务。②实践经验——为学生提供出入境旅游的"实战演练"。第一，实践经验可以通过多层途径获得。因为不能让学生真正去带出入境的团积累经验，因此教师自身的经验和毕业生的实践经验是课堂重要的教学资源。教师应利用节假日自己出去带团累计一线经验，同时与实习生、毕业生保持联系，获得一线工作的学生带团的经验，将其作为课堂教学的内容，让学生真正感受到出入境产品。其次，教学方法的选择可以让学生"感同身受"。教师在课堂上应运用灵活的适合学生操作的教学方法，比如情景模拟、小组讨论，或者采用综合的方法，让一个小组的同学以出境目的地的民俗作为表演主题，其中安排一些错误的细节，让观看的学生纠错。这样一来，参演的学生学了、会了，观看的学生挑了、懂了，一举多得；教师可以通过观察学生的表现和参与，为学生打分。③应变能力——为学生分析常规出入境旅游产品以及突发事件案例。"肚里有货，信手拈来"

这是培养出入境旅游产品操作能力的基本要求。教师课堂上在理论知识铺垫的基础上，用旅行社实际旅游线路作为案例，用案例分析的方法讲解旅游产品的特色、组成要素、线路组织的原则，再用作业让学生举一反三，巩固学生对旅游线路的理解和掌握。最后通过突发事件的分析，让学生在进入工作情境中已了解处理流程和方法，以不变应万变，锻炼学生的应变能力。

（三）培养学生旅游企业科技化经营管理的能力

（1）学生旅游企业科技化经营管理的能力可以从两个维度来理解：①具有运用电子商务知识的能力——在信息化的今天，线上旅行社蓬勃发展，线下旅行社纷纷开设线上平台和服务，这就要求学生要了解电子商务对旅游行业的影响，熟悉电子商务的基本知识，掌握电子商务作为信息化的重要载体如何应用在旅游企业中。②具有企业管理的能力——旅游行业的职业生涯前景广阔，因此在教学过程中要让学生看见自身在行业中发展的可能性和路径，以管理作为目标，树立个人职业生涯的目标，以课促发展，以教促自省。

（2）学生旅游企业科技化经营管理能力的培养可以从三个方面进行：①培养专业知识运用能力：电子商务的理论知识和操作技能是学生进行企业科技化经营管理的基础。②培养团队合作的能力：管理的基础和合作，在管理前要学会的是合作，因此团队合作能培养学生身处同一团队体验不同的身份和角色，以便将来管理企业能换位思考。③培养自我规划能力：没有规划的职业生涯是盲目的，对自身都没有规划的学生是没有办法对团队进行管理的，因此管人前学生要先学会自我剖析、自我规划、自我提升。

（3）学生旅游企业科技化经营管理能力的培养对教师也提出了新要求：①专业知识和行业实践的结合：电子商务是趋势，作为专业教师应在电子商务理论知识的基础上让学生掌握电子商务与旅游企业的结合，电子商务如何运用在旅游行业中，如何为旅游企业服务。②对旅游行业宏观的认知：旅游行业变化万千，电子商务的注入让其瞬息万变，教师的作用主要是把握行业发展的现状和趋势，引领学生对行业最新动态的了解和判断，以做出正确的职业生涯的规划。③课堂组织能力：学生团队合作能力通常在小组合作中能得到淋漓尽致的展现，在这个过程中，教师作为旁观者可以评估学生个人能力，学生也可以通过小组合作找到自己在群体中的定位，更可以实时指导小组合作，从而为自己的个人职业发展寻找一条量身定制的路径。因此，合理组织课堂能极大地让学生自我了解、自我认知，便利并准确指导其自我职业生涯规划。

（四）培养学生旅游产品创设和服务的能力

（1）学生旅游产品创设和服务的能力可以从两个维度来理解：①具有旅游产品创设的能力——这就要求学生能时刻洞察市场需求，以潜在游客需求为准绳设计令其满意的产品；在需求产生的同时，准确把握，做出判断，结合已有知识和产品，适当调整，合理组合。因此学生应该具有敏锐的洞察力，扎实的产品系统知识，准确的判断力，灵活应变的能力。②具有旅游产品服务的能力——产品服务指产品形成后，如何包装、如何营销、如何成单、如何组织、如何回访。产品服务是围绕产品进行的一系列的针对潜在游客的服务。产品本身就是有针对性的，因此包装是产品特色的外在体现；营销渠道的选择也是根据产品的潜在客户群；成单和组织都是潜在客户变成真实客户的过程；在产品价值实现后，作为服务企业，回访也是很重要的一个环节，无论是培养忠诚客户还是单纯保证产品质量，都是服务必不可少的一个环节。

（2）学生旅游产品创设和服务能力的培养可以从两个方面进行：①培养创新能力——培养学生能在普通产品的基础上，根据客户需求重新组合旅游六要素形成新的特色产品，有主题、有内涵、有市场。②培养服务意识——培养学生的服务意识，主动发掘潜在客户，寻找细分市场，剖析细分市场客户的需求和特点，在此基础上提出针对性的服务；完善学生对服务的理解，以产品为核心，从售前、售中、售后让学生从自身经历出发完善各个环节的服务，尤其是售后环节。

（3）学生旅游产品创设和服务能力的培养对教师也提出了新要求：①调研和预测旅游市场：学生创新的前提是教师对其创新意识和能力的培养，因此这就要求教师个人有创新能力，而创新能力的基础是前瞻性和预测性，市场调研即为必不可少的过程，不调研、无真实。只有掌握了旅游市场的发展趋势才能走在前列，创新产品。②换位体会服务：教师是课堂的服务者，基于这样的意识才能引导学生舍身处境地感悟到什么是服务。教师是学生学习的对象，潜移默化地影响学生在行业中对自己的定位，因此教师有意识地带着服务意识进课堂对学生服务意识的树立着实有利。

行业发展是高职教育教师教学胜任力的风向标。目前旅游高职教育中，教师本身角色转变难以完成，教学能力明显不足；执教素质缺乏训练，师资培训效果甚微；所在院校能力考核机制不当，青年教师重"研"轻"教"，这些现存问题亟待解决。同时江苏省旅游行业发展国际化、科技化、大众化及专业化的特点更对旅游高职教师教学胜任力提出了培养学生涉外旅游服务的能力、培养学生出入境旅游产品操作的能力、培养学生旅游企业科技化经营管理的能力、培养学生旅游产品创设和服务的能力等的新要求。

【参考文献】

［1］龚艳冰.高校青年教师教学能力培养的实践因素分析［J］.高等教育研究学报，2010（02）.

［2］袁德奎，顾昌华，王元国.地方高职院校教师胜任力的现状与对策［J］.铜仁职业技术学院学报，2012（05）.

《旅行社运营管理》课程建设和改革研究

【摘要】为了接轨旅行社行业在"互联网+"时代背景下的变化,尤其是电子商务部门的新建和传统岗位任务的变更,通过《旅行社运营管理》课程改革,将"互联网+"带来的关于旅行社行业的电子商务知识和新兴技术引入课堂,实现课程建设与旅行社行业最新发展相适应,促进行业发展与课程改革的衔接,提高学校育人质量,提升学校育人品牌。

【关键词】《旅行社运营管理》;"互联网+";课程改革

《旅行社运营管理》是一门旅游管理专业、导游专业的专业核心课程,其为学生提供就业的导向和岗位技能的培养,是一门实践操作型课程。在"互联网+"背景下开展的本课题,能够为学生提供行业的最新动态、前沿知识和岗位需求,能够为企业输送专业、对口人才,节省企业的岗前培训和人力资源成本,树立学校培养高技能水平人才的良好口碑和信誉。此门课程的改革顺应了时代发展的潮流,体现了实践课程与行业紧密相连的关系,极具实践意义。

一、课程基本情况

《旅行社运营管理》是面向导游、旅游管理专业开设的专业核心课程;主要阐述旅行社的产生与发展、旅行社的职能、业务和分类,旅行社的组织管理和经营计划,旅行社的市场细分和定位,旅行社产品的开发设计,旅行社的采购业务,旅行社产品的定价、促销和销售,旅行社的接待业务,旅行社的客户管理和质量管理,旅行社财务管理,旅行社电子商务等内容。通过本课程的学习,使学生对旅行社企业产生宏观概念,了解其内部流程、部门职能与关系、运行规则等一系列基础性知识,并培养观察、把握不同类型旅行社企业整体情况的能力。

目前采用的教材为2010年由旅游教育出版社出版的《旅行社经营管理》,2013年第二版。本教材的特点是以能力为本位,以职业实践为主线,以项目课程为主题的模块化课程体系一方面摒弃了传统教材的"章、节"等架构体系,遵循"项目课程改革"的新理念，建构了项目、模块、工作任务层层相扣的新体例；另一方面围绕旅行社产品，突出实践的培养目标，从产品开发、营销和运行的角度对旅行社产品创意、生产、组合、销售、操作、售后服务的系列过程进行了实践性的分析与探讨，体现出了现代旅行社企业经营管理的时代性。

二、课程建设内容

（一）添加课程内容，吐故纳新

1. 更新产品开发理念，创新设计

网络海量信息的涌入为游客带来充沛的目的地旅游资源知识，使游客需求更加碎片化，因此产品的种类更加丰富，以前的固化的跟团游已逐渐降低比例，而定制产品成为旅行社目前的重要发展方向。行业的转变决定教学内容，因此在课程中加入定制旅游产品的开发内容就成为必需。

2. 结合产品营销渠道，深度融合

电子商务平台作为营销渠道运营在各行各业，旅行社也不例外。传统的门店营销逐渐被电子商务营销取代，因此在教学内容中应增加电子商务营销渠道在旅行社的运用，不仅要讲纯粹的电子商务类型旅行社，还要讲传统旅行社如何与电子商务结合，开发电子商务营销渠道。教师可以从打字速度和准确率、办公软件的使用、网络语言和表情的使用入手，在课堂中潜移默化将电子商务的知识、操作和理念融入到教学内容中以培养学生基本的办公能力。

3. 提出周边服务概念，回归本质

"互联网+"带来的自由行热潮衍生了不少以服务为核心的新兴业态。

（1）重新认识证照手续：由于各国对国人签证政策的放宽和海外旅游资源的吸引，国人出境游呈现井喷的趋势，办理护照和签证手续也成了旅行社出境部门重要的组成部分。教师可以将旅行社证照部的实习生的工作内容和经验转变为课堂教学内容。

（2）全力打造专车服务："互联网+"时代，自由行意愿的比例攀升，受到当地小交通不方便、民俗特殊性、语言不通等原因的约束，使得国人走出国门自由行一再受阻；而专车的出现解决了这些痛点，且该市场不断在扩大。

（二）创新教材形式，与时俱进

"互联网+"时代影响了学生阅读习惯，从书本到网络和手机，使得学生兴趣点和注意力产生了转移，这就要求教材的形式能够跟随网络的发展而创新；同时，大量的实习生在不同的旅行社岗位实习，其工作经验可以作为网络课程的资源。因此，结合以上两点，教师可以从以下三方面建设课程的网络资源。

1. 微课与扫码

微课适合实践知识点的讲授，将不同岗位实习生的工作作为实践知识点讲授的案例，拍摄实习生工作的片段，一为工作内容分解，以在实习生现场工作展示工作流程；二为工作经验分享，以实习生工作经验总结知识点。

二维码是当今学生非常熟悉的信息辨认标识。教师编制教材时可在教材的实践知识内容后附上二维码，扫码即可看到以实践操作为内容的微课，实现课上理论加课后实践的双重效果。

2. 微信平台与在线课程

"互联网+"时代，学生随处可用微信，而微信公众平台成了有效而不密集的信息传播渠道。教师拍摄在线课程后发布在微信公众平台上，供学生实现课前预习、课后复习，教师则可通过后台查看率了解学生多次重复点击的知识点，以便再次分析和讲解。

3. VR 课程

VR 课程适合《旅行社运营管理》课程中的旅游产品设计部分，让学生通过拍摄旅游资源——踩线、设计旅游线路——产品设计，然后课堂展示——产品销售，身临其境。

（三）重视师资建设，夯实基础

师资队伍是教育的基础，其建设效果决定了院校育人品牌的层次和声誉。本项目将立足职业教育的育人目的，从以下四个方面探索高职师资力量的扩展和提升。

1. 转变教学观念，以新促旧

时代背景的更迭决定了教学观念的转变，"互联网+"既是教学观念转变的背景和影响因素，也是教师教学观念转变的内容之一。

"互联网+"背景下，教师教学观念的转变主要体现在：

教师角色的转变——教师角色的转变主要依靠"互联网+"时代新型的教材形式；在表现形式上，教师透明化：在线课程充分利用学生课前自我预习和实习生的作用，课堂以学生讨论和作业展示为主，弱化教师在课堂上一言堂的传统形象；在评价体系上，教师其次化：加入第三方评价，其一是低年级学生作为旅游者对高年级学生作业的评价；其二是用人单位的评价，改变教师一人决定课程成绩的传统评价方式。

教师与行业的关系——行业的更迭如何转化成课堂里的知识，这就要求教师有接触行业前沿知识的能力，因此教师如何在"互联网+"的时代里跟上旅行社发展的步伐体现在：教师首先自身要学会电子商务的知识和运用；其次，教师能在电子商务的环境里总结电子商务的发展对旅行社的影响，宏观给学生引导；第三，教师能利用电子商务带来的优势，创新教学方法和手段，受益于"互联网+"的发展；第四，教师能转变自己的身份，将自己定位为企业中的"师傅"，学生即为徒弟，体现职业教育本位。

教师对"互联网+"的看法——改排斥为利用。避免不了学生对网络的热爱，不如反过来利用，以实现教学资源的多元化、学习方法的多样化。

2. 融合教研一体，以研促教

在课程改革的过程中，师资的培养极为重要，主要表现在提高教师的实践教学能力和带动教师的科研能力。

教学能力和科研能力是高职教师本位。"互联网+"时代，教师教学方法和手段都受到了网络的冲击，教师应合理利用微信、APP和各类网站作为教学资源；采用蓝墨云、慕课、微课等形式作为教学手段；根据"互联网+"带来的大数据进行旅游方向的科研。

3. 加强培训力度，以老带新

教师培训是促进高职教师在专业领域快速成长的重要途径。首先，培训的来源多元化；其次，培训的种类要丰富。

"互联网+"时代，教师要特别注重进行信息化的培训，一方面可以活络教学内容和方式，另一方面可以了解如何搜索最新行业知识。

4. 促进真实上岗，以实改识

高职教育的过程和目的与实践紧密相连，如果教师授课多以理论授课为主，缺乏动手操作，那培养出来的学生到了企业也面临着理论与行业的脱节，要解决这个问题，最关键的在于让教师实践出真知。

（四）丰富实践形式，以做促学

提高实训比例，以做促学：在"互联网+"时代，电商的冲击和刺激带来了行业的更新换代，注入了更多的信息化的内容，教师具体可以通过课程标准来调整课时理论与实践的比例，调整学校在校学习与定岗实习的时间比例，调整实践课时的学分，增加实践的作业，每个学期都增加与旅行社相关的实训。

发挥传统顶岗优势，产教融合：校企共建模拟旅行社进行深度产教融合，同时开发旅行社软件，使学生在课堂上使用企业软件，在校园中开设和管理实体旅行社，都是校企深度融合的手段。

（五）优化教学模式，提升效果

1. 实现实践导师跟踪培养

变行业师傅为实践导师，纳行业师傅入师资力量，全程跟踪培养。校企合作深度化的表现之一即为企业人力资源可以转变为院校师资力量。

2. 教师专家联合指导实践

理论与实践的关系决定了院校教师与行业专家之间的联手才能培养出行业需要的专门人才，即有实践能力接地气，有理论水平可发展。打通校企交流通道，校企深入合作，强化指导实习。

3. 创新教学方法发挥优势

在"互联网+"影响下，教学形式的颠覆和教学方法的变化体现在课前、课中、课后三个环节。

（1）课前利用网络自学，引导学生预习。其一，课程内容通过APP或者即时通信手段，教师事先提供阅读资料和思考问题，让学生自我探索，提前熟悉教学内容；其二，利用互联网信息量大的特点，要求学生进行旅游行业新闻收集，以适应旅游行业新、奇、广的特点，提高行业敏感度，与行业不脱节，养成良好的职业习惯。因为互联网无处不在、无时不在的时空性，便于教师将课前时间充分利用。

（2）课中利用网络互动，指导学生学习。这一部分需要老师课前利用网络做大量的准备工作，以书本为主线，利用最新的新闻和案例，通过截图、视频的形式，提前准备好，课上展示给学生；适时，让学生全员参与网络资料的搜索，查看学生资料搜索的能力，也合理利用了学生与网络亲密的关心，正确引导学生使用网络。提高学生在课堂上的主动性、参与性，将课堂当成工作岗位，学中做、做中学。因为互联网的互动性，能使课堂教学更加活泼生动，调动学生参与感。

（3）课后利用网络巩固，总结学习效果。课后通过作业和课上的"悬疑"，让学生自发利用网络寻找答案，以此检验学生掌握知识的程度和效果。因为互联网的及时性，能让教师随时发现问题、解决问题，提升教学效果。

总体而言，教学方法应利用"互联网+"的两大影响：一是及时联系方便，二是网络资源丰富，可以多采用小组讨论式、探索学习式等以学生为主体的方法。理论部分多采用案例教学法，将枯燥的理论知识融入生动的案例里，促进学生理解和掌握，值得注意的是，这里的案例应该是利用网络信息能得到的最新案例，与时俱进；实践部分多采用小组讨论式，与小组评价相结合，提高学生自学自省的能力，这个方法是充分利用了网络的资源丰富性和沟通的及时性。

（六）多重评价手段，提档升级

多重的评价手段可以避免教师主观评价，可以促进校企合作的深度化，可以具化用人单位对学生培养的要求，可以帮助学生从多方面认识和提高自己。"互联网+"下学生可以利用网络即时通信评价，打破课程学期体制，实现年级互通。

三、结语

一门课程的改革可以引发多门实践课程在"互联网+"背景下的课程改革，形成一个共通的模式，即，通过分析"互联网+"对行业的变化，梳理出行业政策、操作方面的变化、岗位需求的变化，进而推出课程培养目标、人才培养模式、课程标准的变化，再细化到教学内容、教学方法、课堂形式、教师角色和评价体系的改革上。因此通过研究"互联网+"对《旅行社运营管理》一门课的影响，可以举一反三推出多门实践课程在"互联网+"可以进行的课程改革。

【参考文献】

[1] 王丽丽，杨帆."互联网+"时代背景下大学英语教学改革与发展研究[J].黑龙江高教研究，2015（8）.

[2] 张文霞，宋微.基于"互联网+"的教学模式实践与探索[J].黑龙江高教研究，2016（15）.

[3] 刘慧."互联网+"背景下的思想政治教育教学模式改革研究[J].高等教育，2015（9）.

[4] 朱孔山.高校旅游管理专业课程体系与教学内容改革[J].临沂师范学院学报，2006（6）.

[5] 曾静.基于网络教学平台的课程改革[J].合作经济与科技，2009（7）.

基于校企合作的旅行社门店实习效能提升研究

【摘要】近年来旅行社门店相关政策变化多，受到互联网旅游企业的威胁大，但是依然保有其独特的魅力，占有一定的市场份额，因此对实习生的需求也依然较大。专业教育的初衷决定了在人才培养过程中要以企业岗位需求为目标有的放矢，才能培养出适合企业的专门人才。本文从行业现状出发，首先探寻旅行社门店用人需求和目前用人方面存在的不足；其次在分析影响实习效能的因子的基础上实施提升实习效能的策略；最后总结旅行社门店实习效能提升的意义。

【关键词】校企合作；旅行社门店；实习效能；提升

一、当前旅行社门店实习存在的问题

针对旅行社门店的新模式及其岗位需求的变化而进行的实地调研表明：南京目前新型旅行社门店主要分为体验店、服务中心和交流平台，强调通过服务传递给旅游者的文化精神，其核心就是抓住人性化服务。"互联网+"时代旅行社门店的岗位需求除了传统旅行社门店的咨询和销售服务，更注重对游客的人性温暖关怀、交流平台搭建和营销渠道拓展。

通过调研访谈，明确了目前旅行社门店实习的学生存在的以下问题：第一，在"互联网+"时代下，学生在旅行社门店实习，依然采用传统的坐等上门客的形式，并没有积极利用"互联网+"带来的便利和优势开展营销工作；第二，学生表示对世界地图不熟悉，不能快速帮助咨询的客人回答跨时区问题，对很多目的地国家了解不够透彻，说明互联网已日益打破信息不对称性，客人对目的地情况的了解可能多于前台销售人员，因此对学生的知识储备提出了很大的挑战；第三，部分学生的工作积极性不高，就想应付实习，觉得门店工作很无聊，不想好好工作。这些都是因为教学内容与行业发展出现了脱节，教学目标与岗位需求产生了断档。

根据以上旅行社门店岗位需求的调研和学生实习问题的分析，可以得出目前旅行社门店实习存在的问题：学生实习效率低下，用人企业不满意；理论知识和实践需求衔接欠佳，学生不能灵活应对工作；工作无目的性，因此觉得无聊甚至厌倦；缺乏创新意识，不能突破传统门店的营销渠道，不能贯通以往学过的知识。

二、基于校企合作的实习效能提升策略

在对旅行社门店顶岗实习现状调查和对旅行社高层次人员访谈的基础上，本着"一线工作融合进课程内容，岗位要求转化为教学目标，实践操作仿真不如真实"的理念，以深入校企合作为抓手，打通校企合作渠道，建立立体式校企合作途径，具体将校企合作渗透到每一个教学环节，总结出影响旅行社门店实习效能的影响因子：课程内容、教学主体、培养模式、实践模式、实习平台，以此作为实习效能提升的突破口，将培养模式改革、实践平台搭建、共建双向师资作为实现途径，探索实习效能提升的策略。

（一）企业走进课堂——文化谱写，人才专向

以为企业培养定向专门人才为目的，校企共建旅行社订单班，在建设期内完成校企人才培养合同签订、订单班人才培养方案制订、课程设置和学生选拔，实现订单班教室文化营造和班级运行。

旅行社校内建订单班，校企共同培养定向人才。校企共同制订人才培养方案。组建专家委员会，讨论并设置课程标准，将行业岗位需求融入人才培养目的，构成人才培养规格。校企共同组建企业对口订单班，基于定向培养的特色，校企双方共同培养对口学生，企业岗位需求化身课程教学目标，岗位工作内容转变课堂教学内容，企业骨干精英承担课堂教学任务，企业文化走进校园，专门人才定向培养，流向明确。

订单班人才培养方案由校企双方通过座谈会形式共同商定，在此基础上结合专业教学形成班级每学期课程表，随后在校内和企业按课程选择相应老师或者专家，而行业专家和精英进课堂正是订单班的初衷，未来的领导给下属上课，塑造企业需要的专门人才。

（二）校园里开门店——企业开花，学院创新

以将真实工作情境重现在校园为目的，校企共建校园实体旅行社，在建设期内完成工商注册、旅游局备案，与企业对接，购买旅行社运行系统，实现校内旅行社正常运行，能够接受咨询服务、产品设计服务。

校企共同建设实训基地，旅行社开进校园里。校企共同建设校园实体旅行社。基于企业正常发展旅行社门店的流程，校园严格按照工商局、旅游局规章制度申请

开设旅行社门店；根据旅行社门店建设要求，选取校园内适合的场地，组织教师和学生构成工作团队，承接校内外旅游咨询业务，设计旅游线路，创新旅行社门店营销途径。

完成旅行社建立后，点燃校企合作的实质，引入国旅全真版旅行社经营管理软件，开展旅游产品设计、旅行社模拟运营、旅行社实际经营等课程实践教学项目，提升学生的专业实践和创新创业能力。

旅行社门店主要以教学为主，利用真实业务作为载体，锻炼师生线路设计的能力和开发新产品的能力，作为专业能力提升最快捷有效的途径。我校与中国国旅（江苏）国际旅行社有限公司合作，联合打造一个旅行社运营管理虚拟仿真实训平台，共同打造一个电子商务实训室，并引入国旅全真版旅行社经营管理软件，开展旅游产品设计、旅行社模拟运营、旅行社实际经营等课程实践教学项目，提升学生的专业实践和创新创业能力。

（三）校企师资融合——实践提升，师资强大

以提升师资授课与实践能力为目的，校企共同提供订单班师资，即双源——既来自学院又来自企业，师资由校内师资和企业师资共同构建。建设期间，在课程设置中体现双源师资的合理搭配。双向指的是教师从企业到学院，从学院到企业。学院教师通过校内实体旅行社的实践，提高实践能力，走进企业进行行业培训，发挥其理论基础扎实的优势；企业教师则通过走进课堂提高其理论和授课水平，提高专业能力，走进校园进行课堂教学，发挥其实践经验丰富的优势。

校企共同组建师资力量，设立教师企业工作站。一方面，校内教师走进企业。教师作为企业校园的过渡，一身兼两职，可以通过理论基础扎实的优势，将企业要求转化为实践教学指导，将行业实践转化为学生更容易接受的课堂教学模式。既是对教师行业实践能力提升的帮助，更是校企平台搭建中对企业发展、院校发展最有利的方式。

聘请行业专家进课堂。另一方面，行业专家造福校园。校企共同培养双源双向师资群，基于职业院校教师培养的路径，利用校园实体旅行社开设的条件，相关教研室教师轮流在旅行社轮岗，一重身份转变为计调，提升旅游产品设计的能力，加强旅游线路组织的服务；二重身份转变为培训人员，通过自身实践能力的提升，起到企业—学院过渡的媒介，对员工—学生进行业务培训。

（四）实习手册发布——造福学生，成就行业

以融合行业前沿知识和实践技能为目的，校企共同开发实训教材，在建设期内

完成《旅行社门店顶岗实习手册》编撰、《旅行社经营管理》项目教材修订。在此基础上，完成实践教学资源库建设。利用校企合作资源，通过专职和兼职教师集体备课，共同完成课件制作，加入行业实践教学要求，打造多种教学资源，建立学生课后自学和复习以及进行知识扩展方面的学习资源，并通过各种媒体形式进行展现，形成立体化的实践教学资源库。

校企共同开发实训教材，撰写顶岗实习手册。根据行业调研和岗位需求变化，校企共同研讨实训教材的编撰和修订，实现课程内容与行业发展的不脱轨，课程目标与岗位需求的不脱节，实践实训与实际工作的不脱档。

《旅行社门店顶岗实习手册》由四个篇章构成，知识篇、技能篇、实战篇和成长篇。从学生实习前需要的知识储备、技能意识和实习中的规范要求，到实习期间个人职业生涯的规划，详尽地从企业、学校、学生三方进行了要求，其中"创新营销能力"体现了"互联网+"的时代背景和工作环境。知识篇中包括旅游业概论、中国国内旅游概述、海外港澳旅游概述、旅游消费者心理概述、旅游交通和酒店常识、护照和签证相关知识；技能篇中包括职业道德修养、交流沟通能力、客户管理能力、创新营销能力等一系列与校内课程衔接的理论知识，该部分列出知识清单，原因是旅行社行业发展太快，例如签证手续、护照办理手续变化太快，需要与时俱进；实战篇中包括行为规范、着装标准、礼貌用语、业务规范；成长篇中包括门店实习总结报告、个人职业生涯规划、前台工作案例总结。总体而言，内容安排兼顾了实习生学生和员工双重的身份，要求中体现了学校和企业双方的过渡。

三、旅行社门店实习效能提升的意义

（一）创行业之新，向教育之心

"中国国旅英才班"首开国旅集团与院校合作办学的先例，共建订单班，从人才培养方案、课程设置、师资配比方面，层层深入融合，集学校和企业双方优势共同打造旅行社行业未来的经营，最终能提高学校育人品牌，企业用人满意，学生学有所用，录用率高，形成良性循环。教育的核心包括教学本身和教育师资。从企业的角度讲，校企合作要体现高职教育的实践性，只有通过深入教育的第一个核心——教学改革才能达成。而教学改革的主体即为第二个核心——教师更是教育的关键，实体旅行社的成立正是促成教师实践意识的养成，旅行社由教师负责、教师运转、教师培训，才能让教师快速成长，教育之心也能迅速培养起来，而教师本身的发展也决定了其忠诚度、满意度和发展。

（二）树南旅品牌，育顶尖人才

校企订单班、校内旅行社、教师工作站都是南京旅游职业学院与国旅江苏的大胆尝试，真正深化了校企合作的力度，全方位让企业介入到职业教育中，实现教育的每个环节都有企业的影响。好品牌吸引好学生，树立好目标。进入旅行社专业即意味着未来能成为优秀旅行社的中层；好的企业好起点，好的学校好平台，两者相辅相成，实现行业顶尖人才的培养。

（三）高层次就业，让家长放心

国旅江苏是江苏省历史最悠久、规模最大的旅行社企业之一，是国旅总社控股子公司。业务规范广，前景良好，基础扎实。通过与高端企业校企合作，保证学生在高层次企业就业，也是对社会负责的表现。反过来，订单班也是择校的亮点，能吸引更多的学生走进旅行社行业，为旅行社行业储备人才。目前我校与国旅的紧密合作还能辐射到其他旅行社，在求职的时候，国旅的两年培养能够帮助学生在不同城市受到各个高层次旅行社的欢迎，因此从就业角度讲，对家长而言，中国国旅英才班的学生未来在旅行社行业的就业一定是高层次、高起点、好发展。

四、结语

深化校企合作，将企业工作岗位引入课堂，行业专家请进教室，教师到行业培训才能将校企合作落到实处，有效提升实习效能。南京旅游职业学院与国旅江苏订单班的创立、旅行社门店的成立既是院校对行业变迁的回应，更是对行业发展的认可，也是旅行社行业与院校校企合作的典型成功案例。

【参考文献】

[1] 韦世艺. 旅游职业院校大学生顶岗实习效能影响因子探析 [J]. 黑龙江教育（高教研究与评估），2016，12：68-69.

[2] 张曼，黎恬恬，鲁珊. 酒店管理专业顶岗实习效能提升与机制创新研究 [J]. 技术与市场，2015，11：246-247.

校企合作典型案例

南旅校企合作调研

一、南旅校长周春林一行赴中国国旅（江苏）国际旅行社有限公司考察交流

为扎实推进南京旅游职业学院旅游学科专业与行业并轨发展，3月9日，南京旅游职业学院校长周春林、副校长冯明，旅游管理学院院长孙斐等一行前往中国国旅（江苏）国际旅行社有限公司考察交流。

中国国旅（江苏）国际旅行社有限公司（简称国旅）是江苏省历史最久，规模最大的旅行社企业之一。国旅总经理孙兵、总经理助理张岩、企管部高志勤及各部门负责人对校领导的莅临表达了热烈的欢迎。

孙兵对公司的历史沿革、组织架构、主营业务进行了详细的介绍，并交流了在新业态下旅行社以"旅游+"为中心，拓展与其他产业融合的战略。尤其是近年来还积极探索与高等职业院校的合作，拟借助高校资源融入旅游发展中，做到资源互通，互利共赢。

双方就校企合作实体旅行社，校企合作国旅订单班，教师工作站，校企合作编制旅行社营销教材、软件操作实训指导书等多个维度展开了深入的交流和讨论，并形成了初步的框架性意见。

此次考察交流，对于促进南京旅游职业学院开展省示范建设、校企深度合作、人才培养改革、实训室建设、师资队伍培养等方面工作具有重要促进作用。

二、校企协同谋发展，合作育人谱新篇

——记南京旅游职业学院与中国国旅（江苏）国际旅行社有限公司合作交流

扎实推进校企合作，进一步明确学校旅游管理专业人才培养目标，促进该专业建设与行业并轨发展。4月21日，应南京旅游职业学院邀请，中国国旅（江苏）国

际旅行社有限公司（简称国旅）总经理孙兵、总经理助理张岩等一行四人莅临南京旅游职业学院考察交流。

会议交流在行政楼 510 会议室举行。校长周春林、副校长冯明，旅游管理学院院长孙斐等对孙兵总经理一行的到来表达了热烈的欢迎。

随后，双方就在"中国国旅订单班"协议签订、校园旅行社建设两大方面内容进行交流、探讨。在"中国国旅订单班"议题方面，双方交流的重点主要集中在订单班学生选拔、人才培养方案制订、合作授课、学生实习实训、订单班文化氛围塑造等方面；在"校园旅行社建设"议题方面，双方交流的重点主要集中在旅行社选址、经营模式、TMC 建设、产品设计、校企合作教材编写、学生创新创业课程融合、学生成绩创新评价方式等方面。通过交流，最终形成了初步的框架性意见。

此项交流活动，对于扎实促进南京旅游职业学院开展省示范建设，旅游管理学院校企深度合作、实训室建设、师资队伍培养，学生人才培养改革创新等方面工作具有重要促进作用。

三、相关会议

会议名称	国旅（江苏）高层与南京旅游职业学院领导深化校企合作细节		
主要议题	双方在校园实体旅行社和校企合作国旅订单班上的交流		
会议时间	2017.03.31	会议地点	国旅汉中门总部
出席人员	国旅高层及学校领导	缺席人员	
基本议程	基于校企共建旅行社的共同目标，从开设地点、门店装潢、人员配套、经营业务、经营模式等细节落实。		
会议记录			
一、国旅（江苏）高层介绍目前南京旅游职业学院实习生的情况 国旅（江苏）高层领导张岩首先介绍了南京旅游职业学院学生在国旅实习的情况，非常肯定南京旅游职业学院人才培养的质量。 其次，张岩就实习生留岗就业角度提出了一些自己的看法。南京旅游职业学院实习生在国旅留岗就业的比例高达 50%，说明了南京旅游职业学院人才培养方案设置与行业需求的吻合程度高。 再次南京旅游职业学院旅游管理学院金丽娇副院长就旅行社人才需求的话题与对方进行了深入交流。 二、国旅（江苏）高层与南京旅游职业学院领导探讨校企合作共建旅行社的细节 双方基于各自的出发点，主要从校企共建旅行社的开设地点、室内装潢、人员配备、业务范畴、经营模式进行探讨。 三、南京旅游职业学院领导介绍校企合作国旅订单班的细节 此次校企合作，除了共建实体旅行社，还有校企合作国旅订单班的开设。订单班的开设目的是将行业需求内化成人才培养目标，岗位需求转变成课程教学目标，为企业量身定制人才，校企无缝对接，提高育人质量，提升学校品牌。			
			记录人签名：朱丽 主持人签名：孙斐

四、四校企合作新典范

——南京旅游职业学院与中国国旅（江苏）公司开展多维度合作

为深化校企合作，培养旅游行业优秀人才，南京旅游职业学院长期与中国国旅（江苏）公司多维度深度合作，探索共同搭建教育与实习平台。经过前期多轮的沟通与洽谈，2017年6月30日，中国国旅（江苏）公司总经理助理张岩等一行三人来南京旅游职业学院与旅游管理学院基础部签署校企合作协议，开启校企合作新篇章，会议由旅游管理学院金丽娇副院长主持。

冯明副校长代表学校对张岩一行的到来表示热烈欢迎，她指出，南京旅游职业学院与江苏国旅的此次合作，有助于推动校企深入合作，促进产教研的深度融合。张岩表达了相同的观点，希望深化校企之间的交流，在人员培训、企业技术、业务人员来校担任助教方面有更多的合作。

会上，旅游管理学院孙斐院长与中国国旅（江苏）公司营销部总监朱倩签署了共建中国国旅（江苏）南京旅游职业学院门店暨研学创意中心的协议，双方通过在校内建立实体旅行社达到合作共赢，提升学生实践能力，提升育人品牌的目的。合作门店将建于御冠酒店内，由专业老师和学生共同运营，真正实现"学中做，做中学"的育人理念，稳步推进示范校建设。此外，中国国旅（江苏）将与旅游管理学院创新建立首个国旅集团与高职院校共建的订单班——中国国旅订单班，为中国国旅（江苏）培养量身打造人才，稳定输送行业精英。

为认真贯彻落实习近平总书记在全国高校思想政治工作会议的重要讲话精神，充分发挥思想政治理论课的主渠道作用，改革创新传统思政课堂教学，我校还与中国国旅（江苏）公司合作共建了职业品质与改革创新教育基地。基础部副主任朱丽与中国国旅（江苏）公司企管部总监薛晓敏签订了基地合作协议。副校长田寅生与中国国旅（江苏）公司总经理助理张岩在隆重而热烈的气氛中共同为职业品质与改革创新教育基地揭牌。

会后，旅游管理学院院长孙斐，副院长金丽娇、张骏与中国国旅（江苏）公司高层就"中国国旅订单班"人才培养方案和专业课程设置进行了深入探讨。

南旅国旅校企合作协议

甲方：南京旅游职业学院

乙方：中国国旅（江苏）国际旅行社有限公司

经南京旅游职业学院（以下简称甲方）与中国国旅（江苏）国际旅行社有限公司（以下简称乙方）友好协商，本着优势互补、合作办学、合作育人、合作就业、合作发展的理念，共同培养旅游行业精英人才，双方达成如下协议：

一、合作目标

甲乙双方共同合作，建立"中国国旅班"。每年每班30~35人，甲乙双方共同培养具有国际视野的高规格复合型旅游管理人才。"中国国旅班"是甲乙双方探索教学模式革新的校企合作，不构成学生与学校法律关系的变化。

二、合作项目

1. 创新人才培养模式

"中国国旅班"人才培养主要针对旅游管理专业学生，本着立德树人培养原则，双方合作共同制订人才培养方案，推进素质教育、精英教育。学生需修满甲乙双方规定的学分，方能毕业。

合同期间，每年新生入学后的九月中旬，甲乙双方共同选拔优秀学生，形成"中国国旅班"。

学生三年教育计划分为以下几个阶段：

第1学期：以甲方基础教育为主，学生主要学习通识教育与专业基础教育课程，乙方负责行业认知教育；

第2~4学期：甲乙双方共同完成专业教育课程（其中包括国旅项目课程）教学；

第5~6学期：学生在乙方完成十个月的顶岗实习。

2. 开发校企合作课程资源

在课程建设上，甲乙双方合作，进行职业岗位工作分析，按照企业的工作流程、岗位技能和综合素质的要求，确定课程结构、选择课程内容，将企业需要的知识、技能、素质提炼出来，融入课程之中，确保课程建设的质量。甲方购买乙方自主研发的"游世界旅行社销售管理软件"，乙方负责软件使用的培训。甲方协助乙方开发教学讲义，制定相关辅助课程的教学大纲。乙方参与课程授课，主要通过委派企业高层或者行业骨干员工形式授课。

3. 建设"中国国旅班"特色教室

甲乙双方共同合作，建设"中国国旅班"特色教室。甲方提供固定教室；乙方提供企业文化营造、资料和实物。特色教室用于"中国国旅班"学生日常教学及班会活动等。

三、双方的权利与义务

（一）甲方

1. 根据教学和人才培养计划，甲方为乙方每年组建"中国国旅班"，每班人数30~35人。

2. 甲方负责在大一新生入学时，启动"中国国旅班"组建工作，配合乙方选择优秀学生。乙方负责企业宣讲、面试筛选。甲乙双方在九月底前完成国旅班学生的选定。班级采用滚动淘汰制，每学期末根据成绩进行末位淘汰。

3. 国旅班教学工作，由甲方负责、乙方协助完成。甲乙双方共同制订教学计划和项目课程。甲方提供专业教学场地，实训场地及设施等。

4. 甲方为"中国国旅班"配备专业师资团队，加强"中国国旅班"的管理。

5. 甲方为乙方指派的专业培训师提供必要的专业教学培训和软硬件设备。

6. 甲方组织教材讲义的编撰，双方共同开发具有国旅特色的专业教材讲义。甲方负责并确保学生完成乙方定制的课程。"中国国旅班"相关的课程讲义、教学内容，甲方应尽保密义务，不得用于其他用途。

7. 根据相关规定甲方负责安排"中国国旅班"学生在校期间的学习、生活、假期实践和教学管理。

8. 甲方负责安排"中国国旅班"学生在第5、6学期至乙方进行实践学习。

9. 甲方可不定期实地检查考核在乙方实习学生的工作情况。

（二）乙方

1. 乙方负责宣传企业文化及经营理念，在甲方协助下通过面试择优选拔录取学生，完成"中国国旅班"的招生和录用工作。

2. 乙方参与"中国国旅班"人才培养方案的制订、课程建设、师资建设和学生管理。

3. 乙方安排"中国国旅班"学生第5、6学期的顶岗实习，并对学生进行专业技能方面的全面指导和相关管理能力的培训，安排学生轮岗实习。制订学生职业生涯规划发展的阶梯式培养计划，并跟踪其发展，保证10%的学生在毕业时在乙方高位就业，成为初级管理人才。

4."中国国旅班"学生期满，根据表现进行考核，评选"优秀实习生"。

5.甲乙双方共同制定"中国国旅班"的师生奖励旅行管理办法与评选标准。甲方负责实施，乙方负责监督。

四、违约责任

1.未经双方协商一致、或没有本协议约定的解除事由，或没有任何法定事由，任何一方提前解除本协议的，视为违约，造成的相关问题由违约方负责。

2.任何一方未履行其在本协议项下任何一项义务的，应当赔偿因此给对方造成的经济损失。

五、其他

1.本协议一式二份，双方各执壹份，合作协议一经双方代表签字、盖章即生效；

2.双方应遵守有关条款，在合作期关于教学、实习、教研等未尽事宜，可由双方协商约定，作为本协议的附件，具同等法律效力。

3.因本协议所生之一切纠纷，双方应尽量友好协商解决，协商不成的，提交甲方所在地人民法院诉讼解决。

4.在合作期间内，甲乙双方如提前解除合同，须提前3个月书面通知对方，阐明解除原因。本合同自书面通知到达之日生效解除。

甲方：   乙方：

南京旅游职业学院（盖章）   中国国旅（江苏）国际旅行社有限公司（盖章）

代表签字：   代表签字：

　　　年　　月　　日   年　　月　　日

中国国旅（江苏）校企合作实训基地

一、校企合作旅行社门店

校园实体旅行社是顺应旅行社行业线上线下齐开花的发展趋势，遵循旅行社门店岗位能力要求，基于旅游管理专业学生职业能力养成规律，进行人才培养模式改革，深化校企合作，门店开进校园里，人才校企双向培。基于校企双方共识，经专家指导委员会多轮研讨会和细节磋商会，我校成功牵手江苏省优质旅行社企业——中国国际旅行社（江苏）有限公司，融合院校特色和企业文化，共同建设校园实体旅行社，以其为载体，制订人才培养方案，制订企业专属课程，培养企业定制人才，建设校园企业双向师资；师生共同为实体旅行社运营贡献人力资源，利用门店实践进校园，搭建理论实践的桥梁，邀请企业专家指导学生门店实践和设计旅游产品。建设以来，中国国旅英才班正式开班，选拔优秀储备员工50名，目前该班已平稳运行，获得校企双方共同认可，企业向校园输送行业指导专家十余名进课堂；校企共建旅行社门店获得营业执照，经江宁区旅行社备案后正式运营，企业专家进旅行社指导工作多次，企业组织学生设计旅游产品线路并择优上线使用。在旅行社与院校携手的路上，南京旅游职业学院首开先例，共建订单班、共营旅行社、共培中国旅行社未来精英人才。

二、校园实体旅行社运营申请

（一）基本情况

校园实体旅行社位于南京旅游职业学院实训酒店——御冠酒店一楼商务中心，是与中国国际旅行社（江苏）旅行社责任有限公司共同建设的校内实体旅行社，对南京旅游职业学院而言，是在校内成立的旅行社实训基地；对国旅江苏而言，是与院校携手建设的旅游创意中心，双方共同致力于旅行社的发展和人员的培训，既能实现旅行社实际运营，又重在前沿产品研发和旅游人才培育。

目前校园实体旅行社已完成营业执照申请、江宁区旅游局备案、国旅总社审批，正式营业。

（二）人员安排

实体旅行社的建设主要是为师生提供实践机会，因此旅行社运营的人力资源均以师生为主。

1. 教师

项目	描述	备注
人员	导游与旅行社等相关教研室老师，详见附1	每学期安排1名教师负责旅行社运营
时间	本着教师与行业接轨，实现校园实体旅行社作为教师实践平台的意义，原则上每人值班半年 三年后根据业务需要和教师兴趣，可以设置两名总负责人	
责任	1. 学习旅行社门店运营 2. 负责实习学生的管理 3. 负责与国旅事务对接 4. 负责与培训处的对接 5. 负责旅游产品的开发	

2. 学生

项目	描述	备注
人员	在我院择优选拔2名学生留校实习 具体要求： 为人诚实，积极上进，热爱母校 语言表达良好，善于与人沟通 成绩优秀，思维活络 学习能力强，动手能力好	
时间	实习期（十个月）	
责任	1. 按照实体旅行社管理规定严格考勤 2. 负责门店每天的运营和卫生清洁 3. 负责门店业务操作 4. 每月参加国旅总部门店学习 5. 负责旅游产品运营	

（三）门店管理制度

1. 营业前准备

（1）店长在营业前组织晨会，对环境卫生和仪容仪表进行检查，确定当天值日人员，对前一天营业情况进行总结，对出现的问题进行解决。

（2）练习礼貌用语："欢迎光临"或是以"您好""谢谢光临"或"再见，请慢走"。

"您好，中国国旅××店"。

（3）个人着装整理，换上公司统一的工作着装，并佩戴胸牌，不得穿旅游鞋，穿深色鞋与肉色袜子，以深色裤子与工作服配套。

（4）头发整理清爽，不得披头散发，长发要求在脑后扎起，短发可用发卡，不得遮脸，不得有过多的装饰。

（5）淡妆上岗，禁止浓妆，不得佩戴过大过多的首饰，禁止美甲。

（6）整理柜台，将资料归类放好，将柜台和客人坐的转椅擦拭干净。

（7）礼品展示柜的玻璃必须擦拭干净，打开展柜内的射灯。

将单页架擦拭干净，检查宣传单页是否充足，将已过时的产品单页及时下架，将不足的单页补齐，无库存及时和店长沟通。

（8）客户休息区的卫生打扫干净，特别是桌脚与椅脚部分需要注意。

（9）检查饮水机是否有水，以及是否工作正常。

（10）背景墙擦拭干净。

（11）打扫地面卫生。

（12）地面、桌面等所有卫生打扫时，必须湿干两次，不得留有明显的水渍。

（13）将店员名片摆放整齐，保持等量。

（14）值日人员负责日常卫生维护、晚间值班、以及欢迎语。

（15）每日营业前登录公司官网，查看并熟悉当日媒体广告内容，打开电视机，选择近期推荐的线路景点光盘。

2. 服务接待须知

（1）对所有进店的客人，必须保持热情周到而又耐心的服务水平。

（2）店员言行必须符合公司规范，用语礼貌简洁，动作灵敏。

（3）店员工作时必须使用普通话，不得使用方言。

（4）面对客人时必须保持微笑，以亲切的笑容拉近与客人之间的距离。

（5）不论任何类型客人，不论客人是否下单，必须时刻保持周到热情的服务，使客人满意。

（6）不得悖逆客人意愿，不得在背后议论客人，不得强迫客人消费。

（7）店员必须坚守岗位，不得擅自离岗。

（8）针对顾客的提问，必须对答如流，在自己不确定的情况下，不得随意回答，可请教同事或领导。

（9）要善于察言观色，了解客人的心理变化，激发客人的消费欲望。

（10）顾客犹豫不决时，不得显露不耐烦的情绪，必须全程保持热情与周到的服务。

（11）禁止在柜台内进食。

（12）坐姿要保证精神饱满。

（13）客人离开后，及时将客人的座椅摆放整齐。

3. 客人接待规范

（1）客人进店时，必须喊出欢迎语"欢迎光临"或是以"您好"先与客人打招呼，切忌客人先开口才回应。

（2）欢迎语由当天值班店员负责，值班店员在忙时由店长安排。

（3）客人在柜台前时，接待人员也要说"您好！"先和客人打招呼，请客人坐下。店内客人较多时，首先请正在接待的客人稍等，招呼客人在等待休息区落座，并奉上茶水。

（4）对于咨询与意向类等需要较长时间自己思考的客人，可请客人在等待区落座，并奉上茶水。

（5）在递送宣传资料或是合同等资料给客人时，必须双手递送，需要单手递送时，必须轻拿轻放。递送时要说："这是您的合同、参团须知、行程，请您收好。"

（6）客人付款时必须唱收唱付，当着客人的面将钱款点清，"收了您××元，这是找您的×元"。

（7）客人离开时，必须起立送客，并使用欢送语"谢谢光临"或"再见，请慢走"。

（8）转而接待客户休息区的另一位客人时，必须首先表达让对方久等的歉意。

（9）在合适的情况下，走出柜台在休息区与客人进行业务洽谈。

4. 电话接听规范

（1）尽量于电话铃响三声时接听，首先自报家门："您好，中国国旅××店。"

（2）以接待门市客人同样的标准回复客人的咨询，切忌焦躁与不耐烦地催促客人挂电话。

（3）要求精神饱满，言语清晰，不得出现敷衍的语言。

（4）在接听电话时若有客人光临，可先请电话里的客人稍等，并安排好光临的客人后重新接听电话，此时需向对方表达歉意。

（5）通话结束时必须等客人先挂断电话之后才可以挂断电话。

（6）必须在通话结束时向对方致意。

5. 礼貌用语

（1）欢迎语："欢迎光临""您好""你好"，语音明亮清晰，尾音略微上扬。

（2）请客人入座："您请坐""请坐"。

（3）请客人在休息区等待时："抱歉，请您先坐一会儿稍等一下……""不好意思,您请稍等,很快就好……""您请先坐一下,这是我们的社刊,你先翻阅着稍等一下……"

(4)无法回答客人的咨询时:"抱歉,这方面我还不是很清楚,我请我的同事为您解答。"

(5)客人还价无法让价时:"真的很抱歉,因为我们全程提供的服务的成本较高,这个价格真的不能再低了……""很不好意思,我们的价格已经很低了,为了保证旅程的服务质量,我们的成本也是很高的……"

(6)客人离开时:"谢谢光临,请慢走""请慢走,再见"。

(四)旅行社值班职责

1. 考勤

(1)设值班经理一名。

职责如下:

①保管旅行社钥匙;

②严格管理考勤,每周对值班同学考勤进行考核,造表登记;对于请假或者换班的同学进行材料审核并签字;

③每周三次检查旅行社所有设施设备(如纸、墨盒等)安全,保证旅行社内卫生整洁。

④每周召开一次例会,值班经理和负责老师均参加。由值班经理确定时间和主题,通知负责老师。

(2)值班人员前一天晚上向值班经理领钥匙,次日晚上下班归还,不得自行保管。

(3)原则上严格按照值班表(见附件1)排班,如遇特殊情况,请走以下流程:

①申请人写书面申请,提供调换班的原因和证明材料复印件;

②征得换班同学的同意并签字;

③征得值班经理同意并签字;

④征得负责老师同意并签字;

⑤得到以上所有签字后一式四份,一份给值班经理记考勤,一份给负责老师,一份给调班同学,一份自己留存。

2. 工作规范

(1)工作时间:

上午9:00—11:30

下午14:00—17:00

（2）着装

①着正装，黑色皮鞋（正装必须为校服的正装套装）；

②佩戴国旅门店胸牌。

3. 环境卫生和安全管理

（1）值班人员做好每天卫生清洁及维护工作，保持旅行社内卫生、整洁、空气清爽。

（2）旅行社内办公台、地板、茶几等对客位置，应当每天清理，并随时维护，保持整洁。

（3）室内办公台面要保持整洁。不得在旅行社内用餐。

（4）旅行社内垃圾桶不留隔夜垃圾，应及时清理。

（5）每天结束营业时保证旅行社内所有电子设备关机并断电。

（6）清空垃圾桶，不得出现易燃物品。

（7）旅行社室内禁烟。

4. 工作考核

（1）考勤表（见附件1）

（2）月度小结

值班同学本着以学习为目的、实践为途径的宗旨，在工作中应主动积极不断积累门店知识，每学期以月为单位交小结，提交负责老师进行作业批改

旅游创意中心

2017年9月

附1 值班人员表

旅游创意中心值班人员信息表

序号	值班人员	班级	联系方式	备注
1				
2				
3				
4				
5				
6				
7				
8				

（五）实训教学台账

实体旅行社实训教学台账

时间：2016.09.14	班级：143旅游管理1班	使用人：朱丽
使用情况简介： 1. 国旅门店调研情况介绍： 实体门店如何拓展客户人群，是困扰门店发展的主要问题。这次门店周边市场信息调查的关注点：小区、超市、公园、游乐场、火爆商铺、同行旅行社。 2. 门店调研思考： 从调研情况中分析客源市场、策划活动；分析不同人群的喜好和偏爱，策划以旅行社主题为目的的产品线路。 3. 要求： 拍摄沿途和周边小区的门店位置、门店装饰、门店内部的照片。 4. 班级具体路线及门店安排。		

实体旅行社实训教学台账

时间：2018.04.14	班级：163导游1、2班	使用人：朱丽
使用情况简介： 1. 江宁区门店调研情况介绍： 通过走访实体门店了解旅行社的位置选择、装修和工作人员的管理制度，通过与工作人员访谈了解现今实体旅行社如何拓展客户人群，其他关注点：小区、超市、公园、游乐场、火爆商铺、同行旅行社。 2. 门店调研思考： 从调研情况中分析客源市场、策划活动；分析不同人群的喜好和偏爱，策划以旅行社主题为目的的产品线路。 3. 要求： 拍摄沿途和周边小区的门店位置、门店装饰、门店内部的照片。 4. 班级具体路线及门店安排。		

旅行社订单人才培养模式探究

——以中国国旅英才班为例

【摘要】订单人才培养模式结合了企业需求和院校培养，旨在为企业量身定制定向人才，合理利用了院校育人的基础和企业实践的优势，将企业的需求落时在人才培养方案的制订、核心课程的设置、双源师资的培养和实训实习的设计上，创新育人模式，在选拔、培养、输出所有环节开放让企业参与，中国国旅英才班的设立开创了旅行社行业与院校牵手培养定制人才的新征程。

【关键词】旅行社行业；订单班；中国国旅英才班

一、引言

校企合作是职业教育的基础和特色，如何进行深度的校企合作一直是职业教育中的话题，而不同产业、不同行业与企业的合作形式并不相同。在与旅行社行业的深度合作上，南京旅游职业学院首开先例，携手中国国旅（江苏）有限公司开设企业订单班，基于定向培养的特色，校企双方共同培养对口学生，国旅将企业岗位需求化身课程教学目标，岗位工作内容转变课堂教学内容，企业骨干精英承担课堂教学任务，企业文化走进校园，专门人才定向培养，流向明确。

二、什么是订单人才培养模式

订单人才培养模式是指用人单位与学校双方签订人才培养协议，双方共同制订人才培养方案，共享双方的资源，共同介入人才培养的过程，按照用人单位需要培养定制人才。该模式是职业技术教育中产、学结合的有效途径。

南京旅游职业学院与中国国旅（江苏）共同组建国旅订单班——中国国旅英才班，以为国旅培养定向专门人才为目的，校企共建旅行社订单班"中国国旅班"，本着立德树人培养原则，双方培养合同签订，校企共同修订人才培养方案，国旅江苏积极参与组建专家委员会，讨论并设置课程标准，将行业岗位需求融入人才培养目的，构成人才培养规格，继而参与学生选拔，实现订单班教室文化营造和班级运行，推进素质教育、精英教育。国旅江苏参与学院从入口到出口的全面人才培养工作，公司与学院共同选拔人才、共同管理、共同培养、共同考核。

三、为什么要培养订单人才

订单式人才培养是一种深度的校企合作，其为企业降低了培训和人力成本，解决了人才储备问题；而对学校而言，通过遴选合作企业，实现了企业与院校的资源共享，解决了学生高质量就业的出口问题；对学生而言，通过订单培养，入学即意味着就业，学习目标明确，校企共同培养，实现了零距离高质量就业，提高了学生的核心竞争力和可持续发展能力；对社会而言，构建了院校到企业的立交桥，实现了直通车，解决了课堂教育与岗位需求的脱节问题。因此，基于就业导向的订单人才模式研究尤为必要，能够实现学生、企业、学校和社会多赢。

"互联网+"时代，由于游客需求的分散化，需要新设立相关岗位满足游客的新需求，导致旅行社分类更加明确，分工更加精细，需要更加专业人才来完成工作。而由于旅行社分类的差异，导致课堂上教学只能笼统地涉及旅行社宏观行业现状和发展趋势，不能将所有的旅行社类型和岗位工作落地，因此学生经过课堂学习后对旅行社本身的了解提升了，但是并不能减少从课堂到岗位过渡的时间，这期间往往还需要一定的时间进行岗前培训，若缺少专门的岗前培训，则会导致学生在初上岗时的工作失误，继而影响其自信，甚至职业生涯规划。长久而言，对旅行社也是一种人才流失的隐患。因此订单式人才培养既保证了学生学习的内容即为未来工作岗位需求，又将入职的岗前培训内化在学校的日常教育中，节省人力资源成本，企业还可以监控过程，参与教学最终也提升了院校教育质量，提升育人品牌。

四、怎么培养订单人才

本着优势互补、合作办学、合作育人、合作就业、合作发展的理念，国旅江苏与南京旅游职业学院合作建立"中国国旅班"，共同培养具有国际视野的高规格复合型旅游管理人才。"中国国旅班"是双方探索教学模式革新的校企合作，开创了国旅与院校深入校企合作的新征程。

（一）坚定校企合作的理念

产教融合是现代职业教育将产业与教育密切结合，相互支持，相互促进，形成学校与企业浑然一体的办学模式。国旅江苏是南京旅游学院重要的合作伙伴和人才输送对象，公司积极配合学院深化职业教育产教融合的工作，构建行业企业参与职业教育管理体系、校企合作运行机制，推动形成产教融合、校企合作、工学结合、知行合一的共同育人机制，发挥职业教育服务地方经济社会发展的能力。国旅江苏向来重视产教融合，在行业中与院校的深度融合中，一直走在前列。国旅江苏牵手众多旅游相关院校举办了中国国旅校企合作研讨会，实现了政、企、校三方联动，共同推进校企深度合作，致力于行建设一支专业技能强、职业素质优、敬业精神高的现代旅游服务业的工匠队伍。

（二）制度保障

1. 国旅设立培训部

以市场需求为导向，为促进学生成长成才，增强实践应用水平，提升人才培养质量，国旅江苏特设培训部，专项运营与各高校之间的项目合作。经过两年的实践积累，已与多所高校建立合作关系。

2. 南旅促成专业委员会

本着博采行业精英众长，集中专家智慧经验，为专业建设和发展出谋划策的目的，南京旅游职业学院邀请行业内企业的专家组成专业指导委员会成员，积极为专业建设建言献策。实行定期会晤，针对重要事务进行讨论表决，密切关注业态发展新趋势，结合人才需求新变化，动态优化人才培养方案及调整课程设置，保持专业始终紧跟行业、企业的发展。

(三) 共同制订人才培养方案

国旅江苏深入参与到了南京旅游职业学院人才培养过程的各个环节之中,公司作为旅游管理学院专业指导委员会,为各级旅游管理专业的人才培养方案提供了重要参考和合理化建议。订单班人才培养方案由校企双方通过座谈会形式共同商定,在此基础上结合专业教学形成班级每学期课程表,随后在校内和企业按课程选择相应老师或者专家,而行业专家和精英进课堂正是订单班的初衷,未来的领导给下属上课,打造企业需要的专门人才。

通过比较普高旅游管理专业导游旅行社方向课程和订单班课程发现,订单班课程设置受国旅江苏企业部门设置影响,更具针对性,比如《旅行社门店管理》《日韩产品设计》,体现了目前国旅江苏的市场辐射面、重点经营方向。

(四) 合作开发课程资源

在课程建设上,校企双方合作进行旅行社岗位工作分析,按照工作流程、岗位技能和综合素质的要求,确定课程结构、选择课程内容,将企业需要的知识、技能、素质提炼出来,融入课程之中,确保课程建设的质量。国旅江苏对南京旅游职业学院开放了自创软件——"游世界旅行社销售管理软件",并负责软件使用的培训。双方基于企业软件的共享,共同开发教学讲义,制定相关辅助课程的教学大纲。

以融合行业前沿知识和实践技能为目的,国旅江苏与南京旅游职业学院共同开发实训教材,在建设期内完成《旅行社门店顶岗实习手册》编撰、《旅行社经营管理》项目教材修订。在此基础上,完成实践教学资源库建设。利用校企合作资源,通过专职和兼职教师集体备课,共同完成课件制作,加入行业实践教学要求,打造多种教学资源,建立学生课后自学和复习以及进行知识扩展方面的学习资源,并通过各种媒体形式进行展现,形成立体化的实践教学资源库,实现课程内容与行业发展的不脱轨,课程目标与岗位需求的不脱节,实践实训与实际工作的不脱档。

(五) 企业现场选拔储备力量

每年新生入学后,国旅江苏评委组在本年级中选拔学生。评委参照高考成绩对学生排名,随后开展面试,以学生的综合表现、个人形象、应变能力、语言表达能力、仪表仪态为评分标准打分选择。每年选拔 35~50 名学生,通过每学期末尾淘汰制保证学生质量和学习效果,于第三年实习期进入国旅不同部门实习,毕业后在征求学生意见的基础上优先录用订单班学生。

（六）设备资金投入

1. 国旅江苏开放软件

成立国旅订单班后，为点燃校企合作的实质，引入国旅全真版旅行社经营管理软件"游世界"。它是一套具有很强的实践教学意义的软件，配套24小时及时响应服务，免费专人负责上门培训教师和学生，讲解软件使用，激发院校开展旅游产品设计、旅行社模拟运营、旅行社实际经营等课程实践教学项目，提升学生的专业实践和创新创业能力。

2. 奖励资金投入

公司总经理孙兵将学校产业教授专项资金作为奖学金发放给中国国旅班优秀学生。

（七）双方致力双源师资培养

以提升行业专家授课能力为目的，国旅江苏向南京旅游职业学院输送智力资源和实践指导，培养双源师资。所谓双源师资指的是师资既来自学院又来自企业，并且由校内师资和企业师资共同构建。建设期间，在课程设置中体现双源师资的合理搭配。一方面，行业专家进课堂。国旅的产业教授和企业精英不断走进课堂，通过参与授课，举办讲座等方式教育引导学生进行职业规划。另一方面，设立教师工作站。支持教师赴国旅行业实践、挂职锻炼，实行"一师一企"制度，提升教师的行业服务能力和实践教学水平。

1. 专业教师实践能力提升

学院教师通过校内实体旅行社的实践，提高实践能力，走进企业进行行业培训，发挥其理论基础扎实的优势。

（1）挂职锻炼

作为江苏省标杆性旅行社企业，国旅江苏长期是相关专业教师暑期挂职的首选对象。南京旅游职业学院旅游管理学院的专业教师，每年暑期都赴国旅江苏实践，学习一线业务操作，与骨干员工交流，为企业发展建言献策。挂职期间，部分教师参与一线带团，部分教师学习计调业务，还有部分教师参与门店运营。为教师的科研工作打下实践基础。同时，在挂职期间，教师还关注实习生的发展和工作状态，后期与企业合作研讨实习模式的改革和实习效能的提升。

（2）企业工作站和"一师一企"

本着"优势互补、资源共享、互惠双赢、共同发展"，实现专业建设与企业发展共同推进的原则，在企业建立、运行"教师工作站"，以求在人才培养、师资建设、社会服务等方面取得企业的智力支持和专业建议。工作站可全面保障和深化校企合作，迅速提升教师的实践能力，形成校企兼容的工作团队，增强学校教师职业技能素养，实现学校、企业和学生的三方共赢。支持南旅院"一师一企"制度，建立常态性校企合作机制，安排专人负责对接，提高校企交流效率和合作效果。

2.行业专家转身走进课堂

国旅江苏长期以来重视员工培训和培训师资建设，致力于培养一批能传授知识的部门干部和业务骨干。通过走进学校，踏上讲台，这些行业精英可以迅速提高理论和授课水平，提高专业能力，发挥其实践经验丰富的优势。

（1）企业教师走进课堂

订单班的特色在于不仅知识架构和课程设置由国旅江苏参与制定，另外更重要的是各部门中层干部和业务骨干直接走上讲台授课，避免了传统专业教师学习后再二次传授知识时产生的信息不实或理解主观。目前订单班的课程中，专业核心课程均由国旅江苏派行业专家授课，抓住了订单班的关键所在，使订单班的存在与同年级其他班级有较大差别。

（2）开设行业介绍讲座

拥有多位经验丰富的行业资深专家，专题讲座内容新颖、生动，广获师生好评。为提高大学生综合素质，落实"培养符合社会主义现代化建设的复合型人才"，不定期举办专家讲座，帮助学生科学规划职业生涯。在多年来的专业介绍教学活动中，国旅江苏多次应邀来学校为学生进行旅游行业介绍、发展趋势、旅游从业人员的素质和技能要求等知识内容的讲授。

（八）企业大力支持实践实训

1.积极参与校内实习双选会

作为南京旅游职业学院旅游管理专业学生主要的实习单位，国旅江苏积极参与学院举办的实习双选会，从简历收取、个人面试、通知录用每个环节为学生服务好、解答好，最终实习好。南京旅游职业学院实行的是"2+1"模式，学生实习长达十个月，在对实习进行问卷调研后，发现学生普遍对国旅江苏满意度较高，学生表示在国旅能了解更多行业知识，工作规范严谨，管理制度明晰。多数实习生表示在企业邀请的情况愿意在国旅江苏就业，更愿意向学弟学妹推荐国旅江苏作为实习单位。

2.大力支持校内实训基地建设

校企共建的实训基地是双导师制最好的范例。为了提升旅行社专业的影响力，南京旅游职业学院携手国旅江苏共建校内实体旅行社，将旅游院校与旅行社行业的深度校企合作推向了新高度。本着搭建实习实践平台,贯通校内教师、学生、行业师傅体制,育师育生的目的,旅游创意中心为南旅院师生提供了共同实践的机会和演练的场所,利用企业真实平台和软件,将工作带入课堂,将实践融入理论。同时,作为国旅江苏的研发基地,校内旅行社也是其创新研究旅游产品的中心,在实践中积淀理论,在操作中提升内涵。校企共建实体旅行社是"学中做、做中学"在旅行社行业的落地,在行业内和兄弟院校间树立了企业与院校深度校企合作的新典范,创新了师资培养、学生实践的新模式。目前旅行社门店由南旅院导游旅行社教研室教师轮岗管理,每人负责一学期,国旅江苏派专业人员进行日常管理和软件操作指导。

3. 全力支持线路设计比赛

国旅江苏多年冠名南旅院旅游线路设计大赛,每年活动高层领导均悉数到场,参与线路设计评分和点评。总经理助理张岩提出了旅行社运营管理的"一个核心,三个关键点"的思想:核心即客源,三个关键点分别为"产品研发、推广营销和质量管控",为本次旅游线路设计大赛提供了思想指导,随后点评了各组选手精彩的成果。旅游线路设计大赛为学生提供了一个锻炼自我、展示自我的平台,国旅一贯支持此类与行业紧密相关的活动和赛事。在此专业化赛事基础上,助力职业化发展。

五、结语

深化校企合作,达成共同育人的目标,需要企业与学校高度融合。一方面,旅行社走进校园、走进课堂,成立校中社、校中班;另一方面,创新实习"师徒制"的理念,形成"双师""双徒"——"双师"即学校的老师和企业的师傅,"双徒"即实习的学生和其学校的指导老师,形成三级"师徒制"——师傅、老师、学生,以加强校企的深度合作,缩短理实过渡的时间,提升专业教师的实践技能,实现双师培养的效果。

中国国旅英才班开创了国旅集团与院校牵手共同培养定制人才的先河,创新区域性优质旅行社企业与院校合作的模式,在社会、行业、院校中引起了较好的反响。

【参考文献】

[1] 徐慧.基于"校企合作、产教融合"的高职数控人才培养模式研究[J].职业技术,2018(17).

[2] 盖艳秋.基于就业导向的高职院校"订单培养,定向就业"校企合作新模式的研究与实践——以河北旅游职业学院"德洋"委托培养订单班为例[J].现代教育管理,2018(10).

[3] 吕学智.三导师制——现代职业教育人才培养模式探索与实践[J].职业,2018(12).

[4] 李洪萍,郭玉平,王平,熊印华,陈振华,朱五福,段学民.校企合作"订单式"人才培养模式的探索与实践——以江西科技师范大学药学院为例[J].江西科技师范大学学报,2018(6).

[5] 张健,杨进峰,沈海明."三位一体"校企合作模式的探索与实践——以汉中职业技术学院为例[J].教育教学论坛,2018(09).

[6] 许云峰,佟天宇.订单式人才培养模式的内涵及个案分析[J].辽宁高职学报,2015(12).

[7] 杜文静,黄德桥.高职旅游管理专业"订单式"人才培养模式研究[J].现代教育管理,2017(11).

中国国旅(江苏)校企合作2018年年度报告

一、企业概况

(一)企业的性质及规模

1.单位的性质

1954年,中国国旅(江苏)公司的前辈们以勇于开拓的胆识和气魄,肩负着发展民间外交事业的责任和使命,开创了江苏省旅游业的先河。2006年1月,改制为投资主体多元化的有限责任公司。

图1 企业发展历程

2. 单位的规模

中国国旅（江苏）公司总部位于江苏省南京市中山北路202号，公司现拥有员工800多人，总部办公面积超过5000平方米，年服务近40万人次，总营业收入近20亿元。公司建立了覆盖全省辐射全国的服务网络，由南京市内30多家营业门店、省内13家分子公司近百家服务网点、电子商务网络构成的服务体系为游客及单位团体的出游提供了更加便捷的服务。

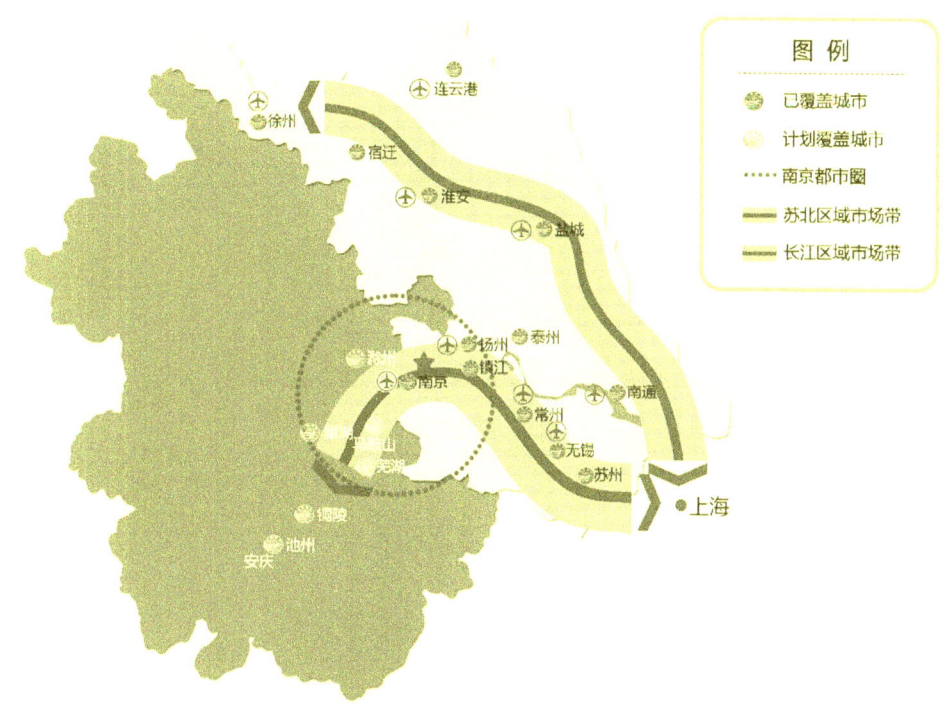

图2　分公司分布图

（二）企业的地位及声誉

1. 企业的地位

中国国旅（江苏）国际旅行社有限公司是江苏省历史最悠久、规模最大的旅行社企业之一，是江苏省首批五星级旅行社，也是"南京青奥会"指定服务社。其前身是成立于1954年的中国国际旅行社南京分社，总部设在江苏省省会南京市。60多年来，从成立之初肩负国家外交外事使命，积极开展对外友好交流工作；到顺应改革开放潮流，努力经营入境旅游事业；到迎接公民旅游大势，全面布局中国公民的国内旅游和出境旅游市场；再到现在投身旅游幸福产业，为满足广大游客对美好生活的向往而不断努力！中国国旅江苏公司始终将自己的命运和国家和人民的需要紧密结合在一起。当前，公司已经发展成为主营中国公民旅游业务，在入境旅游、公务商务差旅服务、航空商旅服务、会议展览服务、翻译导游服务、签证服务、移民留学中介服务等领域均有优异表现的区域龙头旅游企业。

《国际、国内航空运输销售一级、二级代理资质证书》

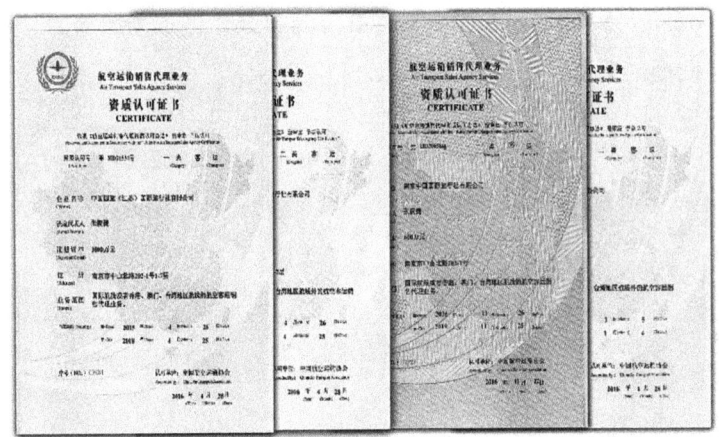

南京地区**首家**国际国内航空客运销售代理人／江苏省政府因公国际机票**定点采购单位**／江苏省外办因公出国（境）服务**指定供应商**

图3　航服资质

图4　青奥指定接待社Logo

2. 企业的声誉

目前，国旅江苏是中国旅行社协会副会长单位、江苏旅行社协会会长单位和南京旅行社协会会长单位。公司于2012年12月18日被授予江苏省五星级旅行社，成为了全省首批五星级旅行社。连续多年获得全国百强旅行社称号，2014年度在全国百强旅行社中排名第二十五位，江苏省内排名第一；2015年度全国百强旅行社排名第二十三名；2016年度江苏省三十强旅行社排名第一；并先后获得过全国旅游行业精神文明示范单位、全国优秀旅行社企业、江苏省旅游行业文明单位、江苏省唯一工商免检旅行社企业、江苏省诚信旅行社示范单位等荣誉。

图5 国旅江苏所获社会荣誉列表（部分）

图6 江苏省五星级旅行社

时间	位次	省内位次
1997	17	1
1998	21	1
1999	18	1
2000	20	2
2001	32	1
2002	50	4
2003	非典取消排名	
2004	54	4
2005	57	4
2006	变革中	无
2007	变革中	无
2008	变革中	无
2009	73	2
2010	69	5
2011	26	3
2012	26	1
2013	25	1
2014	25	1
2015	23	1

图7 国旅江苏历年在全国旅行社行业中排名

二、参与办学

产教融合是现代职业教育将产业与教育密切结合，相互支持，相互促进，形成学校与企业浑然一体的办学模式。国旅江苏是南京旅游学院重要的合作伙伴，公司积极配合学院深化职业教育产教融合的工作，构建行业企业参与职业教育管理体系、校企合作运行机制，推动形成产教融合、校企合作、工学结合、知行合一的共同育人机制，发挥职业教育服务地方经济社会发展的能力。

（一）积极参与专业建设

本着博采行业精英众长，集中专家智慧经验，为专业建设和发展出谋划策的目的，国旅江苏受南京旅游职业学院邀请成为专业指导委员会成员，积极为专业建设建言献策。根据地方经济发展预测相关行业对本专业人才的需求，协助学校确定专业的教学目标、人才培养方向与规格、专业知识结构和能力结构；审议专业的建设、改革、发展规划，指导重点、特色专业的创建工作；指导教学计划、教学大纲的制定与修订，指导教学计划的实施、实习安排等工作；把握课程设置和课程建设方向，指导实践性环节的教学、实验室、校内外实习基地的建设；协助学院开展毕业生跟踪调查工作，分析评价毕业生质量；指导教学研究，提高教学质量，为专业教师开展社会服务提供条件，指导专业教师双师素质的培训；提高科研能力，研讨本专业在国民经济建设和地方经济建设中发展的新动向、新课题，使专业建设更加适应地方经济建设的需要。

实行定期会晤，针对重要事务进行讨论表决，密切关注业态发展新趋势，结合人才需求新变化，动态优化人才培养方案及调整课程设置，保持专业始终紧跟行业、企业的发展。

（二）创新人才培养模式

本着优势互补、合作办学、合作育人、合作就业、合作发展的理念，国旅江苏与南京旅游职业学院合作建立"中国国旅班"，共同培养具有国际视野的高规格复合型旅游管理人才。"中国国旅班"是双方探索教学模式革新的校企合作，开创了国旅与院校深入校企合作的新征程。

（三）共同建设实训平台

校园实体旅行社（旅游创意中心）的创设，为校企合作提供了重要的合作交流平台。校园实体旅行社是一处生产型教学实训基地，是双方校企合作的重要交流平台，目前主要开展研学旅游、定制旅游研究，并率先在南京江宁大学城开展差旅系统管理。校园实体旅行社要成为企业产品设计创新的研究基地和大学生创新、创业的实践基地。

（四）组建校企一体师资

以提升行业专家授课能力为目的，国旅江苏向南京旅游职业学院输送智力资源和实践指导，培养双源师资。所谓双源师资指的是师资既来自学院又来自企业，并且由校内师资和企业师资共同构建。建设期间，在课程设置中体现双源师资的合理搭配。一方面，行业专家进课堂——国旅的产业教授和企业精英不断走进课堂，通过参与授课，举办讲座等方式教育引导学生成长。另一方面，设立教师工作站——支持教师赴国旅行业实践、挂职锻炼，实行"一师一企"制度，提升教师的行业服务能力和实践教学水平。

三、资源投入

（一）人力资源投入

国旅江苏组建兼职教师队伍，贡献智力力量和行业实践经验，保证课堂质量，造福校园。将行业前沿动态和岗位需求传递给学生，将真实工作场景引入课堂，提高职业教育的质量。

国旅江苏指派专人负责旅游创意中心——校企共建实训旅行社门店的运营，为轮岗学生讲解软件操作和业务流程，指导老师设计旅游产品。

（二）场地设备投入

国旅江苏在南京旅游职业学院内建设校园实体旅行社（旅游创意中心），在建设期内完成工商注册、旅游局备案，与企业对接，购买旅行社运行系统，实现校内旅行社正常运行，能够接受咨询服务、产品设计服务。为师生提供真实的工作场景和业务。

图8 旅游创意中心外观

图9 旅游创意中心内部

完成旅行社建立后，点燃校企合作的实质，引入国旅全真版旅行社经营管理软件"游世界"。它是一套具有很强的实践教学意义的软件，配套24小时及时响应服务，免费专人负责上门培训教师和学生，讲解软件使用，激发院校开展旅游产品设计、旅行社模拟运营、旅行社实际经营等课程实践教学项目，提升学生的专业实践和创新创业能力。

图10 "游世界"软件展示

（三）合作资金投入

国旅江苏总经理孙兵将学校产业教授专项资金作为奖学金发放给中国国旅班优秀学生。

四、人才培养

（一）校企共建订单班

以为国旅培养定向专门人才为目的，校企共建旅行社订单班"中国国旅班"，本着立德树人培养原则，国旅江苏积极推进校企人才培养合同签订，参与订单班人才培养方案制定、课程设置和学生选拔，实现订单班教室文化营造和班级运行，推进素质教育、精英教育。国旅江苏参与学院从入口到出口的全面人才培养工作，公司与学院共同选拔人才、共同管理、共同培养、共同考核。

校企共同组建国旅订单班——中国国旅英才班，基于定向培养的特色，校企双方共同培养对口学生，校企共同制订人才培养方案，国旅江苏积极参与组建专家委员会,讨论并设置课程标准,将行业岗位需求融入人才培养目的,构成人才培养规格。国旅将企业岗位需求化身课程教学目标,岗位工作内容转变课堂教学内容,企业骨干精英承担课堂教学任务,企业文化走进校园,专门人才定向培养,流向明确。

1. 共定人才培养方案

国旅江苏深入参与到了南京旅游职业学院人才培养过程的各个环节之中,公司作为旅游管理学院专业指导委员会,为各级旅游管理专业的人才培养方案提供了重要参考和合理化建议。

订单班人才培养方案由校企双方通过座谈会形式共同商定,在此基础上结合专业教学形成班级每学期课程表,随后在校内和企业按课程选择相应老师或者专家,而行业专家和精英进课堂正是订单班的初衷,未来的领导给下属上课,打造企业需要的专门人才。

2. 合作开发课程资源

在课程建设上,校企双方合作进行职业岗位工作分析,按照企业的工作流程、岗位技能和综合素质的要求,确定课程结构、选择课程内容、将企业需要的知识、技能、素质提炼出来,融入课程之中,确保课程建设的质量。国旅江苏对南京旅游职业学院开放了自创软件——"游世界旅行社销售管理软件",并负责软件使用的培训。双方共同开发教学讲义,制定相关辅助课程的教学大纲。

以融合行业前沿知识和实践技能为目的,国旅江苏与南京旅游职业学院共同开发实训教材,在建设期内完成《旅行社门店定岗实习手册》编撰、《旅行社经营管理》项目教材修订。在此基础上,完成实践教学资源库建设。利用校企合作资源,通过专职和兼职教师集体备课,共同完成课件制作,加入行业实践教学要求,打造多种教学资源,建立学生课后自学和复习以及进行知识扩展方面的学习资源,并通过各种媒体形式进行展现,形成立体化的实践教学资源库,实现课程内容与行业发展的不脱轨,课程目标与岗位需求的不脱节,实践实训与实际工作的不脱档。

3. 企业文化走进教室

双方共同合作建设"中国国旅班"特色教室。南京旅游职业学院为中国国旅班提供固定教室;国旅江苏提供企业文化营造、资料和实物。特色教室用于"中国国旅班"学生日常教学及班会活动等。

图 11　企业文化进教室

（二）大力支持实习实训

1. 学生顶岗实习

顶岗实习是高职教育的重要组成部分，是理论向实践转化的重要载体，加强和提高学生综合运用所学知识与技能分析和解决问题的能力，锻炼培养学生的实际应用能力和综合实践能力，因此是整个专业教学过程的重要组成部分。作为南京旅游职业学院旅游管理专业学生主要的实习单位，国旅江苏积极参与学院举办的实习双选会，从简历收取、个人面试、通知录用每个环节为学生服务好、解答好，最终实习好。南京旅游职业学院实行的是"2+1"模式，学生实习长达十个月，在对实习进行问卷调研后，发现学生普遍对国旅江苏满意度较高，学生表示在国旅能了解更多行业知识，工作规范严谨，管理制度明晰。多数实习生表示在企业邀请的情况愿意在国旅江苏就业，更愿意向学弟学妹推荐国旅江苏作为实习单位。

2. 毕业就业

国旅江苏与南京旅游职业学院的合作久，维度广，层次深。国旅目前共有54名员工毕业于南京旅游职业学院，其中包括总经理孙兵，其是南旅院第一届杰出校友；目前众多部门的中层领导和业务骨干均来自南京旅游职业学院，未来他们的发展道路顺畅，体现了南旅育人的质量和品牌。

（三）师资队伍建设方面

组建双源师资队伍，国旅江苏与南京旅游职业学院双方共同培养师资队伍。

1. 专业教师实践能力提升

学院教师通过校内实体旅行社的实践，提高实践能力，走进企业进行行业培训，发挥其理论基础扎实的优势。校内教师走进企业。教师作为企业校园的过渡，一身兼两职，可以通过理论基础扎实的优势，一方面，将企业要求转化为实践教学指导，另一方面，将行业实践转化为学生更容易接受的课堂教学模式。既是对教师行业实践能力提升的帮助，更是校企平台搭建中对企业发展、院校发展最有利的方式。

校企共同培养双源双向师资群，基于职业院校教师培养的路径，利用校园实体旅行社开设的条件，相关教研室教师轮流在旅行社轮岗，一重身份转变为计调，提升旅游产品设计的能力，加强旅游线路组织的服务；二重身份转变为培训人员，通过自身实践能力的提升，起到企业—学院过渡的媒介，对员工—学生进行业务培训。

（1）挂职锻炼

作为江苏省标杆性旅行社企业，国旅江苏长期是相关专业教师暑期挂职的首选对象。南京旅游职业学院旅游管理学院的专业教师，每年暑期赴企业实践，学习一线业务操作，与骨干员工交流，为企业发展建言献策。

挂职期间，部分教师参与一线带团，部分教师学习计调业务，还有部分教师参与门店运营。为教师的科研工作打下实践基础。同时，在挂职期间，教师还关注实习生的发展和工作状态，基于此，与国旅江苏进一步合作研讨实习模式的改革和实习效能的提升。

（2）企业工作站和"一师一企"

本着"优势互补、资源共享、互惠双赢、共同发展"，实现专业建设与企业发展共同推进的原则，在企业建立、运行"教师工作站"，以求在人才培养、师资建设、社会服务等方面取得显著成效。工作站可全面推动和深化校企合作，迅速提升学生的实践能力，缩短学生与员工的磨合期；形成校企兼容的工作团队，增强学校教师职业技能素养，实现学校、企业和学生的三方共赢。

国旅江苏大力支持南京旅游职业学院"一师一企"制度，建立常态性校企合作机制，安排专人负责对接，提高校企交流效率和合作效果。

2. 行业专家转身走进课堂

国旅江苏长期以来重视员工培训和培训师资建设，致力于培养一批能传授知识的部门干部和业务骨干。通过走进学校，踏上讲台，这些行业精英可以迅速提高理论和授课水平，提高专业能力，发挥其实践经验丰富的优势。

（1）企业教师走进课堂

订单班的特色在于不仅知识架构和课程设置有企业参与制定，另外更重要的是各部门中层干部和业务骨干直接走上讲台授课，避免了传统专业教师学习后在二次传授知识时产生的信息不实或理解主观。目前订单班的课程中，专业核心课程均由国旅江苏派行业专家授课，抓住了订单班的关键所在，使订单班的存在于同年级其他班级有较大差别。

（2）开设行业介绍讲座

中国国旅江苏公司是中国旅行社协会常务理事单位，江苏省旅游协会副会长单位，南京市旅行社协会会长单位；全国百强旅行社；全国旅游行业精神文明示范单位；江苏省十佳旅行社、江苏省诚信旅行社示范单位；是江苏省首批五星旅行社；2006年起，连续荣获中国国旅集团、国旅总社优秀企业称号。拥有多位经验丰富的行业资深专家，专题讲座内容新颖、生动，广获师生好评。为提高大学生综合素质，落实"培养符合社会主义现代化建设的复合型人才"，国旅江苏不定期走进南京旅游职业学院举办专家讲座，帮助学生科学规划职业生涯。

行业介绍能够为学生进行职业生涯规划奠定良好的基础，国旅江苏每年两次进校园开设行业现状和前景介绍，让学生直观了解旅行社行业现状。行业介绍从旅游业的产业地位、国家政策、旅游业的发展历程、旅游市场、旅行社类型、旅行社岗位等方面为学生们介绍旅游业的发展现状；从国旅江苏的历史、荣誉、公司组织架构、文化活动、国旅核心价值观等方面为展示企业文化。专业介绍主要目的是培养学生的专业兴趣和职业认同感，使学生对本专业人员应具备的职业道德、职业素养、职业技能有进一步的了解，对专业发展现状、未来趋势有一个基本认识，同时更好地实现理论教学向实践技能的有机延伸。在多年来的专业介绍教学活动中，国旅江苏多次应邀来学校为学生进行旅游行业介绍、发展趋势、旅游从业人员的素质和技能要求等知识内容的讲授。

（三）实训基地建设方面

校企共建的实训基地是双导师制最好的范例。为了提升旅行社专业的影响力，南京旅游职业学院携手国旅江苏共建校内实体旅行社，将旅游院校与旅行社行业的深度校企合作推向了新高度。本着搭建实习实践平台，贯通校内教师、学生、行业师傅体制，育师育生的目的，旅游创意中心为南旅院师生提供了共同实践的机会和演练的场所，利用企业真实平台和软件，将工作带入课堂，将实践融入理论。同时，作为国旅江苏的研发基地，校内旅行社也是其创新研究旅游产品的中心，在实践中积淀理论，在操作中提升内涵。校企共建实体旅行社是"学中做、做中学"在旅行社行业的落地，在行业内和兄弟院校间树立了企业与院校深度校企合作的新典范,创新了师资培养、学生实践的新模式。

目前旅行社门店由南京旅游职业学院旅游管理学院导游旅行社教研室教师轮岗管理,每人负责一学期,国旅江苏派专业人员进行日常管理和软件操作指导。

(四)大力支持学校活动

为加强旅游教育与旅游产业之间的紧密联系,深化校企合作,提升高校创新创业教育和大学生创新创业实践能力,促进高等学校旅游学科的教学改革与发展,为地区旅游业发展提供强大的人才智力支撑,中国国旅江苏公司和南京旅游职业学院、晓庄学院等高校联合举办南京市高校旅游线路设计大赛。

图12 南京旅游职业学院线路设计大赛

国旅江苏多年冠名南旅院旅游线路设计大赛,每年活动高层领导均悉数到场,参与线路设计评分和点评。总经理助理张岩提出了旅行社运营管理的"一个核心,三个关键点"的思想:核心即客源,三个关键点分别为"产品研发、推广营销和质量管控",为本次旅游线路设计大赛提供了思想指导,随后点评了各组选手精彩的成果。旅游线路设计大赛为学生提供了一个锻炼自我、展示自我的平台,国旅一贯支持此类与行业紧密相关的活动和赛事。在此专业化赛事基础上,助力职业化发展。

五、政策保障

高职教育的一大特色就是实践性,而企业参与院校办学的程度决定了职业教育的成果与否。目前国旅江苏与南京旅游职业学院在国家推动职业教育校企深度合作的浪潮中创新合作模式,让校企合作真正落到实处。

（一）国家层面重视校企合作

校企合作始终是职业教育政策关注的重点，国家在制定和实施校企合作促进政策方面做出了很大努力。2005年国务院出台《关于大力发展职业教育的决定》，首次肯定职业教育实行校企合作的育人模式；2016年中央深改组要求，尽快印发有关校企合作促进政策文件；2017年"深化产教融合、校企合作"写入党的十九大报告，中办国办《关于深化教育体制机制改革的意见》和国办《关于深化产教融合的若干意见》分别就实行与推动校企合作提出具体要求政策指导，释放校企合作政策"组合拳"信号。

每一次制度设计与创新，使职业教育校企合作的理念深入人心，也促进了职业教育校企合作的创新，并频频向行业、企业提出融合发展要求。既是经验总结又是系统部署，构建了校企合作的基本制度框架，以广泛、多边合作为基础，综合协调同参与、共创新，把产教融合、校企合作落到实处、引向深入。

（二）旅游行业需要校企牵手

原国家旅游局在2016年开始设立万名旅游英才项目，其中双师型教师的培养项目旨在通过校企合作提升教师的双师型素养。南京旅游职业学院多名教师邀请国旅江苏参与此项目，如期完成成果建设，获得企业的一致好评。

（三）国旅江苏重视校企合作

以市场需求为导向，为促进学生成长成才，增强实践应用水平，提升人才培养质量，国旅江苏特设培训部，专项运营与各高校之间的项目合作。经过两年的实践积累，企业已与多所高校建立合作关系，并得到高校的一致肯定。

国旅江苏向来重视产教融合，在行业中与院校的深度融合中，一直走在前列。目前，国旅江苏牵手众多旅游相关院校举办了2018年第二届中国国旅校企合作研讨会。江苏省旅游协会秘书长吴群蔚、南京旅游业协会会长张农到会指导，南京农业大学、南京师范大学中北学院、南京旅游职业学院、三江学院、江苏海事学院、江苏经贸职业学院、南通旅专等全省数十家涉旅院校领导和老师参加了本次论坛。公司总经理孙兵、副总经理蔡火耆、吴萍及相关部门负责人出席本次研讨会，体现了政、企、校三方联动，共同推进校企深度合作。

国旅江苏高层指出加强校企合作的意义和目的，表示本次论坛的成功举办预示着校企合作将进入新篇章。行业亟须建设一支专业技能强、职业素质优、敬业精神高的现代旅游服务业的工匠队伍。同时提出校企双方共同推动一批新的产教融合试点的建议，希望通过校企联动、产学融合的工匠学校，不仅能够培育国旅所需要的现代技能人才，而且能培育出整个旅游服务行业所需要的技能人才，以此推动整个行业的发展。

六、合作成果

（一）创新校企合作模式

为加强实习实训教学，拓宽就业途径，探寻校企融合发展的新模式，本着友好协作、互惠互利、共同发展的原则，为学校提供实习场地和岗位，我司委派中层以上技术或管理人员进行指导。

深化校企合作，达成共同育人的目标，这就需要企业与学校高度融合。一方面，旅行社走进校园、走进课堂，成立校中社、校中班；另一方面，创新实习"师徒制"的理念，形成"双师""双徒"——"双师"即学校的老师和企业的师傅，"双徒"即实习的学生和其学校的指导老师，形成三级"师徒制"——师傅、老师、学生，以加强校企的深度合作，缩短理实过渡的时间，提升专业教师的实践技能，实现双师培养的效果。

（二）着力建设员工队伍

国旅江苏长期与南旅院拥有 10 余年的友好合作基础，企业能取得今天的成就和荣誉，离不开南京旅游职学院的大力支持和提供的良好环境。

1. 学校为公司提供实习生

国旅江苏自与学院开展校企合作以来，获得了充足的实习人力资源。每年旅游管理学院均有 30 余名学生进入国旅江苏实习，为国旅的发展提供充足的人力资源。老师们在节假日均会探望实习生，同时征求国旅江苏的用人满意度，为后期人才培养方案的调整和课程设置的改革积累行业调研基础。

2. 学校为公司提供优秀人才

每一年的毕业季，实习中优秀的员工会受邀留在国旅继续任职，学校也鼓励和支持学生留任。目前在国旅江苏的所有员工中有 54 名员工毕业于南京旅游职业学院，包括了总经理和各部门中层领导和业务骨干。未来，在国旅江苏的发展道路上，南京旅游职业学院的毕业生势必将成为国旅江苏重点培养对象。

3. 学生在国旅江苏幸福感高

每年一届的企业运动会和年会都能让学生充分感受到企业文化的魅力和员工奋发向上、青春向上的精神风貌，折射出公司文化核心理念。员工运动会等是践行企业文化的盛会，是员工们融入国旅江苏大家庭的好机会，是企业员工队伍和谐融洽的催化剂，为公司广大员工提供了发现自信、创造自我的机会和舞台，为构建和谐企业创造了良好的氛围。南旅院的学生奋发图强、积极向上，每一次活动中都能看到他们矫健的身躯和自信的面庞。

4. 学校为公司员工提供培训

为提升公司员工相关专业理论水平，企业每年邀请南旅院旅游管理专业、导游旅行社专业教师共同为公司员工开展如旅游人际沟通技巧、旅游服务心理、旅游服务礼仪、导游讲解服务、旅游服务英语等专业技术培训。

（三）用心提高科研水平

国旅江苏长期以身作则，在旅游行业率先致力于旅游、科普、教育、科研的综合全面发展，也积极参与南京旅游职业学院专业建设工作。通过与南旅院的科研合作，提高了员工的服务水平和修养，有利于提升企业服务创新能力。同时通过参与了南旅院的相关专业建设项目，构建了院校与行业的桥梁，提升了南旅院专业办学水平，打造了其育人品牌，为企业提供更高质量的专业人才。

七、挑战与展望

（一）现存挑战

1. 学生资源不足

由于受独生子女政策和本科院校扩招的影响，同时基于旅行社行业门槛低、报酬低、晋升空间有限的种种因素影响，由五年实习数据得知，学生对旅行社行业的热爱慢慢在减少，出现了怕吃苦、怕加班、没有目标等迷茫的现象。

2. 人才流失率高

旅行社行业的流失率主要由于以下原因。一是由于期望与现实不符。尽管在校企合作过程中，国旅江苏极力通过各种方式，如企业文化周、专家讲座等方式向学生们传递最真实最前沿的信息，但是往往在旅游行业大背景极其美好的现状与学生过高的期盼有对比。他们幻想的踩线等工作与现实的文案工作不符合，从而导致很多学生离开旅行社。二是由于压力较大。一方面是旺季的工作强度大，熬夜、加班是常有的事，而90后的学生维权意识较强，也更在乎私人空间，因此难以承受；另一方面由于旅行社行业的基层工作杂、内容多，需要学生的耐心、细心，但是往往刚入职的学生难以做到，因此犯错在所难免，而旅行社企业犯错会直接导致经济损失，部分学生因承受不住心理压力也会选择离开。旅行社行业流失率因此逐年渐长。

3. 教师实践能力弱

院校教师本身有较重的教学和科研压力，长时间进入企业挂职的机会少，而且时间有限，而旅行社行业的业务和发展趋势不是一朝一夕、一次座谈能够解决的，因此固态化的企业实践就极为重要。否则就会出现课堂所授与行业现状不符，学生课上学习的东西与实习岗位工作要求有差异，导致职业成就感差。南旅院已经意识到该问题，并且逐步建立起"一师一企"制度，通过在国旅江苏建立企业工作站，督促专业教师的成长。

（二）未来展望

目前，国旅江苏与南旅院开展了不同程度的校企合作，也取得了一些成绩，但也存在诸多不足，校企共同认为政府层面可从以下几个方面努力。

（1）加强宏观层面上的职业教育校企合作研究，从顶层设计职业教育校企合作。国家政策文本是职业教育校企合作的最高政策依据，反映出校企合作的顶层设计理念、规划和意图。校企合作是一项职业教育的国家制度，作为职业教育改革发展方向性的举措，截至目前还缺乏专门的、国家制度层面上的校企合作政策文本。

（2）广泛地建立国旅江苏与实践型科研机构的经常性联系平台，提升企业的科研意识，才能更好地为院校教师的科研项目服务。以项目、科研课题为载体，通过项目合作、建立协会或学会等形式，发挥科研机构的指导作用，加强职业院校与科研机构的合作，形成职业院校、科研机构、行业间联合开展科研的协同研究机制，促进院校校企合作经验的转化和提升，为探索有中国特色的、具有国际水准的职业教育校企合作提供支撑。

（3）政府主导，搭建员工技能提升平台。目前，无论企业还是学校，均受制于财政和场地限制，无法提供更多的设备为社会人员、企业员工提供良好的技能再提升培训。建议主管机构作为主投资方搭建员工技能提升平台。

（4）推进现代学徒制。以现在的校企合作为基础，推进以学生的培养为核心、以课程为纽带，以工学结合、半工半读为形式，以学校、行业、企业的深度参与和教师、师傅的深入指导为支撑的现代学徒制，有效整合学校和企业行业有限的教育资源，进一步拓展校企合作的内涵，使教育真正和企业行业在人才培养的模式上捆绑发展，促进专业发展。

教学研究成果

旅行社经营管理课程标准

适用专业	旅游管理、导游	修读学期	第四学期	制订时间	2016.8
课程代码		课程学时	72	课时学分	4
课程性质	必修	课程大类	专业教育课程	课程小类	专业核心课程
对应职业资格证或内容		无			
合作开发企业		中国国旅（江苏）有限公司			

一、概述

（一）课程性质

《旅行社经营管理》开设在三年制旅游管理、导游专业学生第四学期，总学时为18周72课时。该门课程的前导课程有导游服务技能、导游基础知识、导游词设计与讲解等专业核心课程，后续主要是顶岗实习。

该门课程是旅游管理、导游专业所设的专业核心课程，其目的是让学生了解和掌握旅行社经营管理的基本知识与技能，为从事导游服务、计调工作和旅游管理等相关职业奠定基础。

本课程依据旅行社行业岗位（群）需求，架构素质、知识、能力体系。教学内容上，打破传统的以理论知识传授为主要特征的教学模式，以理论适度、重在实践为原则，系统地呈现了以旅行社产品为主线的旅行社业务——产品开发、产品营销、组团/接团，以旅行社管理为中心的旅行社宏观发展——旅行社认知、旅行社战略、旅行社品牌的知识内容，突出技能性、职业化。教学评价上，采取过程评价与结果评价相结合的方式，注重基础知识与职业证书的双重考核，引入企业第三方评价，旨在提升学生的综合素质和职业能力。

（二）课程设计理念

课程设计的指导思想：

课程设计以基于工作任务的解决课程开发理念为指导，以职业能力培养和职业素养养成为要点，根据旅行社岗位需求为教学要求，以旅行社运营过程中常见不同工作任务为典型工作过程，以来源于旅行社行业的实际案例为载体，对课程内容进行序化，并结合"互联网+"时代下的旅行社行业变迁对课程任务进行创新，让课程内容具有时代意义。

课程设计的内容要求：

该课程参照旅行社运营的工作内容进行设计的，其总体设计思路是"项目引领，任务驱动"。课程内容安排要打破以知识传授为主要特征的传统学科课程模式，转变为基于工作过程的教学模式，以完整的旅行社为对象，组织学生通过完成这些工作任务来学习相关的知识、培养相应的职业能力。课程内容突出对学生职业能力的训练，相关理论知识均与所要完成的工作任务有密切联系，并充分考虑了高等职业教育对理论知识学习的需要，融合相关工作岗位对知识、技能和态度的要求。

（三）课程开发思路

根据"基于任务的学习方法"原则，遵循项目导向、任务驱动的课程开发与建设思路，开展行业调研，了解旅行社一线工作人员和中层管理人员所需的技能和经验，结合旅行社各个业务部门岗位用人需求，进行归纳分析，开发出基于工作任务的课程内容，实现专业课程内容与企业标准、国际标准的对接。

在具体课程内容开发过程中，根据旅行社的工作任务创设教学情境，将旅行社工作中的岗位任务转化为可供教学使用的教学任务，形成模块化的教学任务安排，并进行合理的教学任务设计。课程的教学过程要通过校企合作，校内外实训基地建设等多种途径，采取任务驱动、小组合作的形式，充分开发学习资源，给学生提供丰富的实践机会。教学效果评价采取过程评价与结果评价相结合的方式，通过理论与实践相结合，重点评价学生的职业能力。

二、课程目标

《旅行社经营管理》的课程总体目标在于让学生掌握作为基层员工在工作中所需的各个岗位的工作技能；掌握作为基层和中层管理者所需的宏观意识和提高对旅游行业动态的敏感度，并树立创新创业意识。

（一）知识目标

通过教学，学生能够了解旅行社的经营特点、业务范围、组织结构，掌握旅行社管理的一般规律性，熟悉旅行社业务流程，掌握旅行社产品设计、旅行社促销、销售、计调、接待等基本业务操作知识，同时能运用于旅行社人力资源、电子商务、航空票务等方面操作与管理。能够运用所学的理论知识设计与分析旅游线路、对旅行社的经营管理问题进行一定的分析与处理，从而为日后从事相关工作奠定业务基础，成为高技能高素质旅行社管理人才。

（二）能力目标

通过项目任务达成，学生能够进行旅行社产品设计和产品营销推广，将运营管理理论知识贯彻到旅行社具体工作实际中，初步具备基本的旅行社运营管理能力。在学习过程中，培养学生的语言文字能力、组织计划能力、协调控制能力、沟通表达能力、应急处理能力以及分工合作的工作能力，为成为一个合格的旅行社管理人员提供必要的能力支持。

（三）素质目标

通过课程学习，培养学生深入调查，实事求是的学习态度；搜集获取信息，主动学习的意识；开展团队合作，进行任务分工，培养合作意识；培养知难而上，持之以恒的工作态度；开阔视野，具有积极创新创业的意识；从市场环境全局出发，培养大局意识和市场竞争意识。

三、课程内容

（一）课程学时分配

根据旅游管理、导游专业2016年人才培养方案中的课程设置和教学计划，《旅行社经营管理》有36学时的理论学时，36学时的实践学时，共计72学时。

学习单元	工作任务	理论学时	实践学时	总学时
项目1 旅行社的开设	模块1 旅行社的设立	4	2	6
	模块2 旅行社人力资源管理	2	2	4
项目2 旅行社发展战略管理	模块1 旅行社经营战略与计划管理	8	4	12
	模块2 旅行社品牌策略管理	4	4	8
项目3 旅行社产品开发	模块1 调研旅游市场	4	6	10
	模块2 设计旅行社产品	2	4	6
	模块3 产品打造与试销	4	4	8
项目4 旅行社产品营销	模块1 旅行社产品定价	2	2	4
	模块2 旅行社产品促销	4	4	8
	模块3 旅行社产品销售	2	4	6
总计		36	36	72

（二）课程要求

学习单元	工作任务	知识要求	能力要求	素质要求
项目1 旅行社的开设	模块1 旅行社的设立	了解旅行社行业发展历史，了解旅行社的定义和相关法律法规及其变迁；重点掌握旅行社设立的要求	课后自主学习能力提升，了解国内外旅行社行业的发展；学习团队组建，自己设立一家旅行社	开始具有独立学习思考与团队合作相结合的意识
	模块2 旅行社人力资源管理	了解旅行社人力资源管理的对象；了解旅行社人力资源管理的内容；掌握应聘时的注意事项	掌握简历制作方法；了解SWOT分析法并自我剖析	学会自我剖析，认识到自己的弱势，寻求自身提高的途径
项目2 旅行社发展战略管理	模块1 旅行社经营战略与计划管理	了解适用于旅行社行业发展的理论；了解5P'S理论；了解内部和外部分析法；了解旅行社行业发展常用的战略	搜集和分析旅行社行业发展的优秀案例，并总结其成功的经验；具备辨别能力，能够区分不同战略的长短	学会根据理论寻找对应的案例，提高分析能力和理实结合的能力
	模块2 旅行社品牌策略管理	了解著名旅行社的品牌；了解品牌的内涵；了解品牌的作用	搜集著名的旅行社品牌；创立自己旅行社的品牌，丰富品牌内涵	尊重他人观点并具有独创意识；增强团队合作意识
项目3 旅行社产品开发	模块1 调研旅游市场	了解市场调研的目的和意义；掌握市场调研的常见方法；掌握市场调研结果的分析方法	开展旅行社市场调研；分析调研结果；提出旅行社产品发展对策	适应社会，走向社会；与陌生人交流与沟通；有目的地进行交流
	模块2 设计旅行社产品	了解旅行社产品设计流程；掌握旅行社产品设计原则；掌握旅行社产品的关键	根据不同客源设计不同的旅行社产品；能对不同的旅行社产品进行对比和分析	
	模块3 产品打造与试销	了解旅行社产品的包装；掌握旅行社产品促销的方法；了解不同促销方法的优劣势	学会将不同的产品与不同的促销方法结合；具备一定的文字撰写能力	锻炼学生的创新意识；培养学生独立思考的能力
项目4 旅行社产品营销	模块1 旅行社产品定价	了解旅行社产品的构成；掌握旅行社产品的成本要素	学会计算旅行社产品的价格；分析旅行社产品的要素	
	模块2 旅行社产品促销	了解旅行社产品的促销方法；掌握旅行社产品促销的策略	学会促销旅行社产品；分析不同销售策略的优劣	
	模块3 旅行社产品销售	了解旅行社销售的现状；掌握旅行社销售的不同渠道	学会分析不同渠道的优劣势	

(三)实践教学内容安排

序号	项目名称	实践课时	内容与方式	主要教学安排	实践技能要求
1	旅行社的设立	2	设立旅行社	1. 讲授旅行社设立的过程； 2. 组织学生分组； 3. 给予学生足够时间思考和讨论	锻炼文字创作能力，提高活动策划能力，提出创造性观点，提高表达能力和创新能力
2	旅行社人力资源管理	2	简历制作	1. 讲授简历制作原则和流程； 2. 展示优秀的简历和需要修改的简历； 3. 安排学生现场运用电脑展示如何制作简历	锻炼学生的动手能力；检查学生自我认识的程度；提高学生电脑操作能力
3	旅行社经营战略与计划管理	4	环境分析	1. 讲授企业内外部环境分析方法； 2. 案例讲解环境与企业的密切关系； 3. 案例讲解企业内部条件对企业发展的影响	锻炼学生运用SWOT分析方法；锻炼学生宏观思考的能力；锻炼学生掌握全局的视野
4	旅行社品牌策略管理	4	设计旅行社品牌	1. 讲授品牌的内涵； 2. 分析成功的旅行社品牌	锻炼学生自我思考能力；培养学生的创新意识；鼓励学生大胆发言
5	调研旅游市场	6	旅行社门店调研	1. 讲授调研的方法； 2. 安排调研小组和时间	锻炼学生走出去的能力；培养学生与社会融合的能力；提高学生与人沟通的能力
6	设计旅行社产品	4	设计旅行社产品	1. 讲授旅行社产品设计的原则； 2. 分小组进行主题选择； 3. 给予学生足够时间思考与讨论	培养学生的思考能力；提高学生创新能力；拓宽学生视野，培养创业基因
7	产品打造与试销	4	包装旅行社产品	1. 讲授旅行社产品的包装； 2. 分小组进行不同产品包装分析； 3. 给予学生足够时间思考与讨论	培养学生分析能力；提高学生审美能力；增强学生的市场意识
8	旅行社产品定价	2	旅行社产品定价	1. 讲授旅行社产品定价原则； 2. 讲授旅行社产品定价策略	提高学生市场意识和竞争意识
9	旅行社产品促销	4	旅行社产品促销	1. 讲促销的方法； 2. 对比不同的促销方法	提高学生促销的意识；培养学生市场营销的能力
10	旅行社产品销售	4	旅行社不同销售渠道的辨析	1. 讲授不同销售渠道的利弊； 2. 讲解各个不同渠道的经典案例； 3. 讲解当前旅行社销售的现状	提高学生思辨能力；培养学生自我选择的能力

四、课程实施和建议

(一)课程的重点、难点及解决办法

本课程是旅游管理专业的专业核心课程，重点是培养学生的运营与管理意识，以及了解市场环境、进行市场分析和调研、对旅行社产品的经营促销方案的设计、

对旅行社工作进行管理，以及在互联网时代下的旅行社经营与管理工作的具体开展方式。

本课程的教学难点是搜集接近旅行社实际运作的情景案例并进行教学工作任务设计、任务的组织与实施、如何寻找企业与学校合作为学生提供实践练习的工作岗位以及如何选择合适的研究旅行社并进行教学实施工作。

解决办法是建立旅行社实际生产案例库，目前已经完成了旅行社经营管理子案例库的编写；借助我院教学旅行社为学生实训提供条件；多种教学方法灵活运用，再配以任务驱动等形式激发学生的学习动力，增强学生的学习兴趣，提高教学效果；采用小组教学法，实施项目课程改革；建设和完善课程的网络资源，为学生的学习提供多种渠道的便利条件；加强任课教师实践能力的培养，增强其教学能力等。

（二）教学方法和教学手段

1. 教学方法

本课程主要采用小组学习法、任务教学法、案例分析法、课外实践法等多种教学方法。

小组学习法（Team-based Learning）是由 Dr. Larry K. Michaelsen 所开展出来的教学方法。课堂上一个老师同时指挥数个小组进行分组讨论，所有的学生必须积极参与，在课堂以外必须准备，上课进行分组讨论。课堂时间不会一直花在学习事实，而是来运用并整合所得到的知识。

任务教学法（Task-based Learning）在这种教学方式中，教师围绕特定的交际和语言项目，设计出具有明确、具体的、可操作的任务；学生通过表达、询问、沟通、交涉、协商等多种语言活动形式来完成任务，达到学习和掌握语言的目的。在本门课程中，老师围绕旅行社不同岗位的真实工作内容来设计具体工作任务，布置给学生并进行小组学习和任务完成，通过学生自助学习和课后讨论作业等方式来进行学习，提高学生的解决问题能力。在教学中，教师还可以通过创设环境和任务分配，让学生分角色、有分工地完成任务，提高整体小组工作效率。

案例分析法：本门课程建立了基于旅行社真实工作场景的案例库，案例教学法贯穿了整个教学的全过程，每一部分的知识都有相关案例与之配套，有的是通过案例分析引入所学知识，有的是教学过程中不断地有相对应的案例引入，通过案例能够让学生更深地理解所学知识。

课外实践法：主要应用与市场调研、产品促销等内容的教学中，让学生亲自到市场中做调查研究，通过自己的亲身实践来学习相应的产品知识；要求每组学生尝试在网下组织市场调研、网上进行产品促销，从实践中亲身学习。

多种教学方法的灵活应用，能够大大地激发学生的学习热情，从而增强该门课程的教学效果。

2. 教学手段

多媒体教学：课堂教学以多媒体电子课件（PPT电子教案）为主，配合使用黑板板书。充分利用多媒体的优势，用电子课件制作大量内容丰富的教案，再配以案例、习题等内容，以取得较好的教学效果。

网络教学：利用多媒体一体化教室、校园网等资源优势，构建本课程的教学网站，通过网络提供丰富的教学资源。包括教学大纲、教学实施计划、电子教案、PPT课件、习题及答案、试卷、实习计划、案例、论文等。学生可以利用课下时间自主学习，开阔视野。

（三）教学评价

本课程采用项目课程的评价方式，阶段评价与最终评价相结合、理论评价与实践评价相结合的模式，突出过程与模块评价，结合课堂提问、同学互评打分、小组作业汇报和课后作业等手段。平时的评分内容包括职业道德、学习能力、团队协作精神、沟通交际能力、写作能力、语言表达能力、知识的运用和掌握能力等方面的考核。建议在教学中分任务模块评分，在课程结束时进行综合模块考核或者利用答辩的形式考查学生对所学知识的理解与掌握程度。这样多元化的评价体系得出的结果能够体现出本门课程的特殊性以及对学生的公平与公正。

（1）本课程在期末进行统一命题的考试。考试以闭卷方式进行。考核内容应包括教学所涉及章节，节中的基础理论和基本知识，测试学生的理解程度和应用能力。

（2）平时作业成绩计入课程考核的总成绩之中，占总成绩的40%。无平时作业成绩者不得参加课程结业考试。

（3）课程结业成绩 = 平时成绩 × 40% + 期末成绩 × 60%

各任务模块可参照下表进行评价。

学习单元	评价目标	评价方式	评价比重（%）
项目1 旅行社的开设	能够设立一家旅行社并起名；能够自我剖析并制作自己的简历	课堂教学中的小组讨论；小组作业汇报展示，教师打分+同学之间互评	30
项目2 旅行社发展战略管理	加深对旅行社行业的了解；灵活运用旅行社行业的发展战略	课堂教学中的小组讨论、案例分析，资料搜集和分析的完整性、准确性；各小组方案汇报展示，教师打分+同学之间互评	30

续表

学习单元	评价目标	评价方式	评价比重（%）
项目3 旅行社产品开发	会简单地制作旅行社产品并选取不同的包装方法	课堂提问、作业计算、案例分析；各小组作业成果汇报展示，教师打分＋同学之间互评	30
项目4 旅行社产品营销	能够选择不同的销售渠道销售自己的旅行社产品	课堂提问、作业计算、案例分析；各小组最终项目作业成果汇报展示，教师打分＋同学之间互评	30

（四）教材编写与选用

本门课程的教材要选择旅行社行业实际的项目课程教材，尽可能选取相关规划教材，在条件允许的情况下本教学团队打算修订现有教材。教材的编写要充分体现项目课程设计思想，以项目为载体实施教学，项目选取要科学、符合该门课程的工作逻辑、能形成系列，让学生在完成项目的过程中逐步提高职业能力，同时要考虑可操作性。教材内容要反映"互联网+"时代的旅行社行业发展的真实现状，反应目前旅行社与电子商务结合的趋势，以理论知识够用为度、注重实践能力的培养。教材编写还要考虑与前导、同期课程中重复的内容，并要及时对教材内容进行更新。

（五）课程资源的开发与利用

教辅材料：选用符合旅行社生产实际，具有时代特色的教材和参考书目。要力求接近旅行社生产运营实践，以利于学生自主学习。

教学旅行社：利用我院合作的开元旅行社的教学环境和教学资源，与旅行社的经营与管理部门进行合作，帮助学生更好地了解旅行社经营管理工作。此外，校企合作旅行社都为学生提供了参观学习的便利条件。

其他网络资源：目前教学区域已经实现了互联网覆盖，可以让学生充分地利用各种信息技术，例如网络、多媒体课件等，为学生提供学习的便利条件。教学开展过程中将持续加大课程的网络资源建设，把与课程有关的文献资料、教学大纲、电子教案、教学课件、习题、教学视频的相关前沿信息，学生与教师的互动等都放到网上，充分地为学生的自主学习提供环境条件。

（六）师资和实训条件

本课程教学要求任课教师必须具有旅行社相关工作经验，在旅行社管理部门挂职锻炼过，了解旅行社一线工作和经营管理部门之间的配合关系，有一定的教学经验，以利于教学和课程的改革。

目前本课程教学团队有四人，副高级以上职称一人，保证了教学的实施。

中国国旅（江苏）的经营管理部门以及其他一线运营部门可以面向学生参观学习，提供产品和促销活动的资料供学生研究思考。

（七）教学参考资料

参考书目：

《旅行社经营管理》　　　　　　黄明亮主编　中国人民大学出版社

《旅行社运营操作实务》　　　　周艳春主编　上海交通大学出版社

《旅游市场营销》　　　　　　　谢彦君译　旅游教育出版社

《旅行社经营管理课程标准》　　蒋晓鹃主编

推荐行业等网站：

国家旅游局网站 http：//www.cnta.gov.cn/

中国旅游网 www.zgly.cn

迈点网 http：//www.meadin.com/

环球旅讯 http：//www.traveldaily.cn/?s=noredirect

　　　　　　　　　　　　　编写：朱丽

　　　　　　　　　　　　　校对：

　　　　　　　　　　　　　审核：

　　　　　　　　　　　　　二级院、系（部）：旅游管理学院

　　　　　　　　　　　　　合作开发企业：中国国旅（江苏）有限公司

　　　　　　　　　　　　　　　　　年　　月　　日

《旅行社经营管理》说课材料

今天我要说的课程是《旅行社经营管理》，下面我将从5个方面进行一一讲解。首先，我们先来看第一个模块，教学大纲，也就是课程标准（教学大纲），下面我将围绕以下五个方面来阐述我们的课程标准。

第一模块：说课程标准

（一）课程定位

该课程是旅游管理学院导游、旅游管理的专业核心课程。课程类型是采用理论课加实践课，课程总学时为72学时，开课学期安排在第二学年进行，期前修课程有《旅游学概论》《客源国概况》《民族与民俗知识》《导游词设计与讲解》，其后续课程分为两种，如果本门课程开设在第二学年第一学期，后续课程则有《人力资源管理》《旅游企业财务基础知识》；如果开在第二学年第二学期，后续就是顶岗实习。

（二）课程沿革

本门课程经过三个阶段的发展：

2000年至2005年为探索阶段，该课程刚刚起步，处于摸索阶段。

2006年至2012年为发展阶段，该课程得到长足发展。2010年获得江苏省教育改革课题立项，其成果最显著的就是目前我们在使用的教材。在2011年被评为院精品课程。2010年至2012年还相继建设了校内旅行社模拟室、校内导游模拟室、校企合作共建的江苏舜天旅行社南旅门市部。

2013年至今为创新阶段。在中央财政项目支持下，目前我院正致力于旅行社系列教材的出版，以工作流程为主线，加强教材的应用性，提高学生的动手能力，实现学生从院校进入工作岗位的无缝对接。

（三）课程目标

本课程的总体目标是让学生在迈入单位大门之前，了解旅游行业的三大支柱之一——旅行社，以便更加了解旅游行业的宏观环境。

本课程的知识目标是了解旅游大环境的基本知识，熟悉旅行社相关专业知识。

本课程的能力目标是培养学生全方位的能力。在课程的进行过程中，有效地提高学生的沟通能力，促进学生与学生、学生与老师、学生与专家的对话。第二方面培养学生的展示能力：一为书面表达能力，这里特指PPT的制作能力，逻辑思维的建立、商务思维的建立；二为口头展示的能力，我们既能在PPT上理得清整个脉络，又能通过丰富而得当的语言将心里所想完美地输出，这一点在以人与人打交道为主的旅游行业尤为重要。第三为素养目标，服务意识的重要性决定了我们对学生情商的培养，要经得起批评，懂得应对批评；在信息时代的今天，创新的重要性不言而喻，如何培养学生的创新性也是我们的培养目标之一；最后职业规划能力也是通过旅行社经营管理这门课程培养学生的能力之一。我们需要培养的并不是旅行社的工作人员，而是多年后旅行社行业的骨干，行业引领者，这就需要学生从一开始就有准确的宏观的职业规划，而不是单纯地为了生计找一份工资尚可的工作。

这三方面的能力之间是有一定关系的，知识目标是我们的核心也是最基本的要求；在此基础上慢慢地培养学生的能力，最后才能提升到素养的能力上。

（四）教学内容

根据本教材独特的实践性引领式结构，我们的教学内容分为六大块：一、旅行社的开设；二、旅行社发展战略管理；三、旅行社产品开发；四、旅行社产品营销；五、旅行社组团产品运营；六、旅行社接团及其他产品运行。

（五）课程的重点、难点以及解决办法

课程的重点是使学生了解旅行社行业的基本专业知识，熟悉旅行社运营程序，掌握旅行社各个岗位的工作任务。

课程的难点是让学生提高对旅游行业知识的兴趣；能够将先修课程的知识运用到本门课程的案例和作业中；部分实践性较强的课程在上课方式的选取上，会让学生无法完全理解内容，或者动手操作起来。

第二模块：说教材资源

我们的教学资源非常丰富，包含教材、政企网站、精品课程、电子资源、教师团队、实训基地。

（一）教材

本课程所使用的教材是校本教材，是江苏省教育改革课题的成果，于2010年出版并投入使用。该教材突破了长期以来旅行社教材的理论性较强的特点，以项目的方式引领课堂，每一个教学任务就是一个教学点，也是学生进入企业后遇到的实实在在的工作。尤其我觉得好的是这本书理实结合，既能避免"只见树木不见森林"的问题，也能在实践上引领学生。

为了体现课程的实践性，所以在实践部分还参考了一些资料。

（二）政企网站

政府网站的信息能让学生接触最前沿的行业动态；行业网站能从微观上让学生了解旅行社产品的最新进展。通过政企网站的信息了解，学生能接触最新的旅游信息和旅行社产品信息，这样进入工作岗位后，能顺利地进入角色。

（三）精品网站

精品网站是教师学习的良好途径。精品网站上通常都是学院精心投入，并且有较好基础的所有信息和教学资料的汇总，我们教师可以通过对多家学院精品课程的学习，掌握多种方式和最新的教学方法，从而为自己的课堂添彩。

（四）电子资源

百度文库和知网是质量较高的电子文献来源。科研可以反哺教学。通过质量较

高的文章的阅读，我们可以总结案例，运用到教学中来，让学生通过案例的分析深刻理解理论知识。而对实践性较强的课程而言，有案例的讲解更能够扩充学生的视野，提高学生的行业敏感度。

（五）教师团队

本门课程拥有较强的师资团队。教授该门课程的老师均为双师型教师，悉数在旅行社挂过职，其中还包括江苏省星级旅行社的评定员，拥有非常高的行业发言权。实践出真知，通过挂职锻炼、通过科研，我们的教师均能在该门课的教授中发挥自己的能力，让学生受益。

（六）实训基地

我院的实训基地分为两类，一为校内实训基地，主要有旅行社模拟室、导游模拟室还有校企合作的国旅南旅实体旅行社门店——旅游创意中心。二为校外实训基地，主要为我院学生实习的各大旅行社。其中我们很宝贵的资源来自我院的实习生和毕业生。

第三模块：说教学方法（教学方法手段）

教学团队采用项目教学法突出本门课程的实践性。其中综合采用了传统的讲授法、多媒体教学法和较为新颖的案例贯穿法、小组讨论法、角色扮演法。

讲授法是理论课程使用较多的方式，辅以多媒体教学法和案例贯穿法。多媒体教学中不仅将多媒体当成一种传播知识的方式，还将多媒体作为一种榜样的树立，前面我们说到对学生书面展示能力的培养，这就要求，学生在PPT的制作上能够以教师的PPT作为目标，高要求、高标准。

实践课程的教授中，我们还要将学生融入实践中，如角色扮演法，让学生每六人组成一个小组，形成一个旅行社，各自划分角色，然后承担作业中的相应部分；在此过程中，小组讨论则成为又一项新的方法。案例贯穿法则是对理实一体化的课程的教授，我们需要引导，又不能太过理论，因此通过一个案例的剖析，则较好地向学生展示出我们所讲授的内容。

第四个模块：说学情指导（学情及学生学习方法的指导）

本院高职生基本情况为学习基础为非零起点，缺乏系统理论知识，技能基础和个性差异较大。大多生源为文科、艺术类学生，操作能力和逻辑思维能力一般。大多学生课堂内学习态度较好，但自主学习能力一般。学习信心、学习毅力不足，易受挫。

所以我们在教学过程中设计的教学任务一方面要顾及学生的学习兴趣，符合学生生活实际和专业背景；另一方面注意任务的层次性，由学生自主选择，有可能因为实际情况而灵活调整教学进度和深度，从而保证每一位学生都有一定的收获。

第五个模块：说教学设计（教学程序设计）

（一）教学设计

课题组将一堂课的教学环节设计为前集回顾、导入、交流、学习、总结、布置作业、作业展示七个环节。

（二）一堂课设计

现以旅行社发展战略管理这一项目中的任务"旅行社品牌管理"为例简介这六个教学环节的实践过程：

1. 前集回顾

对上堂课内容的提问。

2. 导入

案例是我课程导入的好帮手。

3. 交流

交流是发现学生的最好方式！我们的案例不是为了讲故事，而是为了开启学生的思维，从感兴趣的感性变成求知的理性。进入正题后一张表格、一句话都是与学生交流的切入点。因此，问题的设计尤为重要。让学生觉得有话可说，有价值可说。

4. 学习

课程的核心部分不一定要是纯理论的讲解，可以先用案例引导或是后用案例提升兴趣。

5. 总结

课程讲完，给学生五分钟时间看着提纲翻一翻书，寻找课堂讲解的重点，然后及时提问，及时回顾，加强效果。

6. 布置作业

作业的相关性要比较强。这一部分，在前期我们旅行社开设的作业基础上，让大家赋予自己的旅行社一个品牌，考查学生对品牌的理解、品牌的构成、品牌的发展、品牌的重要性。

7. 作业展示

PPT三改：一为自改；二为小组内改；三为教师把关。

直接与小组考核挂钩——符合我们将每个小组看成是一个旅行社的设计，当成是绩效考核。

（三）教学评价

实现第三方评价，即引入大一学生的评价。将作业——设计的旅游产品拿到133的班级中展示，得票最高的得分高、得票较低的则分数较低。公平起见，避免教师与学生的代沟产生的审美差异、避免教师一言堂。

（四）心得体会

不仅仅是旅行社！旅行社课程只是一个为学生提供自我认知的素材，教师通过各种教学手段，发挥学生的潜力，帮助学生职业规划才是最终的目的。

领队业务课程标准

适用专业	旅游管理、旅行社、景区	修读学期	第三学期	制订时间	2017.8
课程代码		课程学时	18	课时学分	1
课程性质	必修	课程大类	专业教育课程	课程小类	专业选修课程
对应职业资格证或内容		无			
合作开发企业		中国国旅（江苏）有限公司			

一、概述

（一）课程性质

《领队业务》开设在三年制旅游管理、旅行社、景区专业学生第三学期，总学时为18周18课时。该门课程的前导课程有导游服务技能、导游基础知识、导游词设计与讲解等专业核心课程，后续课程主要有旅行社经营管理、景区服务与管理和顶岗实习等。

该门课程着力让学生学习和了解主要旅游目的地国的历史文化、法规习俗；熟悉领队工作流程、熟悉境外主要旅游景区和景点，具有管理和服务出境旅游团队的能力；具有较好的语言沟通、组织协调、应变能力和独立处理突发事件的能力，让学生具备强烈的职业意识、灵活的应变思维、勤恳踏实的工作作风，为学生未来职业发展奠定坚实基础。

该课程依据领队工作具体内容和操作流程，架构素质、知识、能力体系。教学内容上，打破传统的以理论知识传授为主要特征的教学模式，以理论适度、重在实践为原则，系统地呈现了以领队工作主线的教学内容——出入境服务、飞行服务、入住服务、游览服务等实践内容，以领队相关知识为中心的理论基础——出境游与领队、出团前工作准备等知识内容，突出技能性、职业化。教学评价上，采取过程评价与结果评价相结合的方式，注重基础知识与职业证书的双重考核，引入企业第三方评价，旨在提升学生的综合素质和职业能力。

（二）课程设计理念

课程设计的指导思想：

课程设计以采用工作过程系统化课程开发方法进行设计。首先是通过深入周边出境游旅行社进行调研，召开实践专家研讨会，对领队岗位群各工作过程进行典型工作任务和职业能力分析，通过行动领域归纳和学习领域转换，重构了专业课程体系。

课程设计的内容要求：

该课程以"领队实务"为载体设计学习情境，每个学习情境都是完整的工作过程，学生在掌握工作过程中需要的知识和技能的同时也培养了社会能力和方法能力。学习情境的前后排序职业能力培养规律，由简单到复杂，由易到难进行设计，整个课程分为从出境到最终入境不同学习情境，以"领队"为载体设计学习情境。学习情境主要目的在于基本能力培养、核心能力培养和综合能力培养。

（三）课程开发思路

根据"基于任务的学习方法"原则，遵循项目导向、任务驱动的课程开发与建设思路，开展行业调研，了解领队每一个工作环节所需的技能和知识，结合不同国家不同出入境规则，进行归纳分析，开发出基于工作任务的课程内容，实现专业课程内容与企业标准、国际标准的对接。

在具体课程内容开发过程中，根据领队工作任务创设教学情境，将领队工作中的每一个环节的工作任务转化为可供教学使用的教学任务，形成模块化的教学任务安排，并进行合理的教学任务设计。课程的教学过程要通过校企合作，校内外实训基地建设等多种途径，采取任务驱动、小组合作的形式，充分开发学习资源，给学生提供丰富的实践机会。教学效果评价采取过程评价与结果评价相结合的方式，通过理论与实践相结合，重点评价学生的职业能力。

二、课程目标

该课程总体目标在于让学生掌握作为领队在工作中所需的基本知识、语言能力和工作技能；掌握作为文化交流使者的特殊身份和使命，树立爱国主义精神，培养大爱无疆的包容心。

（一）知识目标

通过教学，学生能够了解了解领队工作规程、职责、纪律；了解领队服务相关知识，包括主要目的地国的历史文化、法规习俗、主要景点知识；能熟悉和运用领队外语、日常国际接待礼仪和国际惯例；出入境知识、急救知识。

（二）能力目标

通过项目任务达成，学生能够掌握管理团队的技巧，包括领队工作方法、领队语言运用；处理突发问题与事故的能力，包括对事故的预防能力、处理能力、对旅游者特殊要求及越轨言行的处理能力、对重点旅游者的接待和服务能力。

（三）素质目标

通过课程学习，学生能够具有爱国精神和良好的职业道德；具有良好的知识储备；掌握语言沟通能力和跨文化交际能力。

三、课程内容

（一）课程学时分配

根据旅游管理、导游专业2017年人才培养方案中的课程设置和教学计划，《领队业务》有12学时的理论学时，6课时的实践学时，共计18学时。

学习单元	工作任务	理论学时	实践学时	总学时
项目1 出境游与领队	模块1 中国出境游概况 模块2 中国主要出境目的地概述 模块3 领队相关基本知识	2	0	2
项目2 出团前工作准备	模块1 工作物品准备 模块2 行前说明会	1	1	2
项目3 出入境工作	模块1 办理登机手续 模块2 办理出、入境手续 模块3 通过海关 模块4 特殊情况处理	1	1	2
项目4 飞行服务	模块1 机上餐饮 模块2 照顾身体不适的游客 模块3 要求机上服务 模块4 抵达目的地前	1	1	2

续表

学习单元	工作任务	理论学时	实践学时	总学时
项目5 入住服务	模块1 办理入住 模块2 叫早服务 模块3 设施介绍 模块4 用餐服务 模块5 其他服务	2 2	0 0	2 2
项目6 游览服务	模块1 行程核对 模块2 配合协调 模块3 旅游纪念品 模块4 娱乐活动	1	1	2
项目7 自由活动日	自由活动日	0	2	2
总计		12	6	18

（二）课程要求

学习单元	工作任务	知识要求	能力要求	素质要求
项目1 出境游与领队	模块1 中国出境游概况 模块2 中国主要出境目的地概述 模块3 领队相关基本知识	了解中国出境游概况，了解中国主要的出境目的地；重点掌握领队相关基本知识	提升学生的职业规划能力，拓宽学生就业面	培养学生服务意识和文化交流使者的身份
项目2 出团前工作准备	模块1 工作物品准备 模块2 行前说明会	了解接受、熟悉带团资料工作环节；掌握召开行前说明会的要点；重点梳理出团前的证件资料、工作辅助物品准备	培养学生的细心和耐心	提升学生自我照顾，照顾他人的能力；培养全面思考的能力
项目3 出入境工作	模块1 办理登机手续 模块2 办理出、入境手续 模块3 通过海关 模块4 特殊情况处理	了解中国出入境的程序和规则；了解目的地国的海关、出入境规则；掌握飞行途中的服务、填写入境卡；熟悉购物退税的程序	会填写出入境卡，掌握相关英语词汇和句式；掌握退税流程和相关优惠政策	培养学生灵活运用英语的能力
项目4 飞行服务	模块1 机上餐饮 模块2 照顾身体不适的游客 模块3 要求机上服务 模块4 抵达目的地前	了解一般的飞机舱位图；掌握飞机上主要设施的英语；了解机上服务的关键词和句式	学会转达游客的意愿；学会组织和协调	培养学生组织能力和协调能力
项目5 入住服务	模块1 办理入住 模块2 叫早服务 模块3 设施介绍 模块4 用餐服务 模块5 其他服务	了解目的地国家下榻酒店的规则；掌握酒店房间内主要设施的英语词汇；了解目的地国家下榻酒店的餐厅服务；掌握酒店内主要设施的英语词汇	掌握与酒店前台沟通的能力；学会协调游客之间的不同要求；学会简明重点介绍酒店设施，并要求游客遵守	培养学生处理问题的能力；培养学生的权威意识

续表

学习单元	工作任务	知识要求	能力要求	素质要求
项目6 游览服务	模块1 行程核对 模块2 配合协调 模块3 旅游纪念品 模块4 娱乐活动	了解如何与导游的沟通； 与团队成员的沟通； 突发事件处理，要求制订分工与合作计划	掌握突发事件的处理方法	提高学生心理承受力
项目7 自由活动日	自由活动日	掌握自由活动日相关的英语词汇和句式		

（三）实践教学内容安排

序号	项目名称	实践课时	内容与方式	主要教学安排	实践技能要求
1	出团前工作准备	1	开设行前说明会	1. 讲授行前说明会的重点和要求； 2. 组织学生分组并准备开设行前说明会； 3. 给予学生足够时间思考和讨论	提高学生语言组织能力、图片搜集能力和PPT制作能力
2	出入境工作	1	填写出入境卡	1. 讲授出入境卡的目的； 2. 展示不同国家的出入境卡	锻炼学生细心和耐心
3	飞行服务	1	机上餐饮服务	1. 讲授飞机餐饮的一般选择； 2. 将学生分组为服务人员和领队	锻炼学生灵活运用英语的能力
4	游览服务	1	帮助购买旅游纪念品	1. 讲授主要旅游目的地的特色旅游纪念品； 2. 讲授购买时常用的英语句式	锻炼学生积极表达自己的能力
5	自由活动日	2	设计一日行程	1. 讲授自由活动日的注意点； 2. 安排分组和自由讨论	锻炼学生组织和表达能力

四、课程实施和建议

（一）课程的重点、难点及解决办法

本课程是旅游管理、旅行社、景区专业的专业选修课程，重点是培养学生的语言运用能力、组织和协调能力、对国家出入境政策执行的能力、突发事件处理能力，能够顺利带领出境旅游团顺利出入境，完成出团通知书上的任务。

本课程的教学难点是如何让学生勇敢开口讲英语，克服语言障碍，从而能锻炼自己的能力，最终拓宽就业面。

解决办法是利用多重现有资源提高课堂的实践性和趣味性，让学生克服语言障碍，通过鼓励和奖励学生的方式让学生互动。具体可以通过带领学生前往南京禄口机场参观流程，由真实场景导入学习场景；带领学生坐进模拟客舱，了解飞机上

可能遇到的情况；带领学生进入御冠酒店，与前台人员互动；角色扮演带领自己的同学进入旅游的场景等方法，均旨在调动学生的积极性，让学生看到真实的工作场景，弱化语言带来的恐惧。

（二）教学方法和教学手段

1. 教学方法

本课程主要采用小组学习法、任务教学法、案例分析法等多种教学方法。

小组学习法（Team-based Learning）是由 Dr. Larry K. Michaelsen 所开展出来的教学方法。课堂上一个老师同时指挥数个小组进行分组讨论，所有的学生必须积极参与，在课堂以外必须准备，上课进行分组讨论。课堂时间不会一直花在学习事实，而是来运用并整合所得到的知识。

任务教学法（Task-based Learning）在这种教学方式中，教师围绕特定的交际和语言项目，设计出具有明确、具体的、可操作的任务；学生通过表达、询问、沟通、交涉、协商等多种语言活动形式来完成任务，达到学习和掌握语言的目的。在本门课程中，老师围绕领队工作的不同环节的真实工作内容来设计具体工作任务，布置给学生并进行小组学习和任务完成，通过学生自助学习和课后讨论作业等方式来进行学习，提高学生的解决问题能力。在教学中，教师还可以通过创设环境和任务分配，让学生分角色、有分工地完成任务，提高整体小组工作效率。

案例分析法：本门课程建立了基于领队真实工作场景的案例库，案例教学法贯穿了整个教学的全过程，每一部分的知识都有相关案例与之配套，有的是通过案例分析引入所学知识，有的是教学过程中不断地有相对应的案例引入，通过案例能够让学生更深地理解所学知识。

多种教学方法的灵活应用，能够大大地激发学生的学习热情，从而增强该门课程的教学效果。

2. 教学手段

多媒体教学：课堂教学以多媒体电子课件（PPT电子教案）为主，配合使用黑板板书。充分利用多媒体的优势，用电子课件制作大量内容丰富的教案，再配以案例、习题等内容，以取得较好的教学效果。

网络教学：利用多媒体一体化教室、校园网等资源优势，构建本课程的教学网站，通过网络提供丰富的教学资源。包括教学大纲、教学实施计划、电子教案、PPT课件、习题及答案、试卷、实习计划、案例、论文等。学生可以利用课下时间自主学习，开阔视野。

（三）教学评价

本课程采用理论考核与实践考核相结合，教师评价与小组自评相结合，加大实践考核比重。理论考核占50%，实践考核占50%。实践部分的教学主要体现对学生职业能力的训练，将实践内容转化为可操作的任务，引导学生以游客或旅游从业人员的角色模拟相关旅游工作情境，参与旅游工作任务的完成过程，以获得相应的职业能力。布置模拟出团前工作准备、模拟布置领队带队归来后交接工作等6大任务，通过接受任务—项目分工—完成任务—考核评价4个工作环节，实现了真正的"工学"结合的职业教育过程。

（1）本课程在期末进行统一命题的考试。考试以闭卷和口试方式进行。考核内容应包括教学所涉及章节中的基础词汇和句式，测试学生的理解程度和应用能力。

（2）平时作业成绩计入课程考核的总成绩之中，占总成绩的50%。无平时作业成绩者不得参加课程结业考试。

（3）课程结业成绩 = 平时成绩 × 50% + 期末成绩 × 50%

各任务模块可参照下表进行评价：

学习单元	评价目标	评价方式	评价比重（%）
项目1 出境游与领队	能够掌握中国主要出境旅游目的地国家名称、主要景点、习俗的英语	通过课堂提问和最终考试测试	30
项目2 出团前工作准备	开展行前说明会	各小组方案汇报展示，教师打分+同学之间互评	30
项目3 出入境工作	填写出入境卡	教师批改作业	30
项目4 飞行服务	帮助游客解决飞机上遇到的问题	课堂提问、情景模拟，由教师打分+同学之间互评	30
项目5 入住服务	向游客介绍酒店内的设施和规则；帮助游客解决酒店里遇到的问题	课堂提问、情景模拟，由教师打分+同学之间互评	30
项目6 游览服务	由教师选取一个旅游目的地，学生向模拟游客介绍当地的主要景点和社会规则	课堂提问、情景模拟，由教师打分+同学之间互评	30
项目7 自由活动日	由教师选取一个旅游目的地，学生设计一日游的行程	课堂提问、情景模拟，由教师打分+同学之间互评	50

（四）教材编写与选用

本门课程的教材要选择既要符合领队的工作现状，又要以领队考试作为考核标准来考查学生，因此教材选取以出境游领队考试指导教材为主。教材的编写要充分体现项目课程设计思想，以项目为载体实施教学，项目选取要科学、符合该门课程的工作逻辑、能形成系列，让学生在完成项目的过程中逐步提高职业能力，同时要考虑可操作性。教材编写还要考虑与前导、同期课程中重复的内容，并要及时对教材内容进行更新。

（五）课程资源的开发与利用

教辅材料：选用符合旅行社生产实际，具有时代特色的教材和参考书目。要力求接近旅行社生产运营实践，以利于学生自主学习。

教学酒店和模拟机舱：利用我院教学酒店和模拟机舱开展实践教学。

其他网络资源：目前教学区域已经实现了互联网覆盖，可以让学生充分利用各种信息技术，例如网络、多媒体课件等，为学生提供学习的便利条件。教学开展过程中将持续加大课程的网络资源建设，把与课程有关的文献资料、教学大纲、电子教案、教学课件、习题、教学视频的相关前沿信息，学生与教师的互动等都放到网上，充分为学生的自主学习提供环境条件。

（六）师资和实训条件

本课程教学要求任课教师必须具有领队相关工作经验，有一定的教学经验，以利于教学和课程的改革。

目前本课程教学团队有五人，副高级以上职称四人，保证了教学的实施。

（七）教学参考资料

参考书目：

《出境旅游领队实务》　　　王健民主编　旅游教育出版社

《旅游目的地概述》　　　夏林银　旅游教育出版社

《领队英语》　　　袁智敏，仇向明编著　旅游教育出版社

推荐行业等网站：

国家旅游局网站 http：//www.cnta.gov.cn/

中国旅游网 www.zgly.cn

迈点网 http：//www.meadin.com/

环球旅讯 http：//www.traveldaily.cn/?s=noredirect

编写：朱丽

校对：

审核：

二级院、系（部）：旅游管理学院

合作开发企业：中国国旅（江苏）有限公司

年　　月　　日

出入境之办理登机手续教案

微课名称	《领队业务》出入境服务之办理登机手续	授课对象	导游与旅行社专业（方向）二年级学生
教学理念	"以生为本"，以学生自我学习为主，以教师答疑解惑为辅。 "一根基"：以学生现状为根基； "两工具"：借助信息化和双语化两工具； "三把手"：以信息化做课程保障，以实地化为课程特色，以翻转化为课程模式。			
教学背景	教学资源		学情分析	
^^	1.使用教材 《领队英语》出境旅游领队培训与考试用书：领队英语（第5版），旅游教育出版社，2016.02 2.教学内容选取 本着双语教学的初衷，根据教学目标，教学内容选取了领队对客服务环节中需要双语工作并且可以实际操作的情境"出入境服务"，其中重点是"办理登机手续"。		1.英语能力 2017年国家旅游局对出境人员的英语水平做出了行业准入标准，公共英语等级三级以上即可在未来的工作中申领领队证；授课对象的公共英语三级的通过率是90%。因此，授课对象对领队工作相关的英语词汇和对话均能掌握，但是不能代入机场情境中且口语能力欠缺。 2.技能基础 授课对象已经学习过《导游服务技能》，掌握一定的对客服务技能。 3.学习能力 众多在线软件和公众号能引导学生自主学习。	
教学目标	1.知识目标：学生通过自主学习和教师引导，能够掌握国际机场办理登机手续的词汇和对话。 2.技能目标：学生通过实地学习和情景模拟，能够带领游客在国际机场办理登机手续。 3.情感目标：学生通过案例分享和小组讨论，能够养成良好的职业道德，并适时向游客宣贯"文明旅游"的理念。			
教学重、难点	1.教学重点：重点是让学生掌握办理登机手续流程的流程，拆解每个环节的具体工作任务。 2.教学难点：难点是强调专业学习、弱化语言教学，区分双语课与英语课。			
设计思路	基于教学内容和学情分析，突出教学内容—双语办理登机手续和学生薄弱环节—理论脱离实际、英语口语较差这两者间的矛盾，并以此为教学重点，借助信息技术，实现师生角色翻转，将学生代入情境，真实体验，身临其境；利用直播平台，实现课堂实境交互，将工作引入课堂，现场连线，现场解决。			

续表

	过程	工具	实施
设计思路	课前	微信群和QQ群	利用微信群和QQ群向学生转发国际机场相关的新闻，引发学生兴趣。
		蓝墨云	利用蓝墨云检查学生和学生自查对机场语境中相关英语词汇的掌握，得出教学重点。
		荔枝FM	利用荔枝FM了解学生口语现状，老师通过自我录音的上传，纠正学生发音，提高课前预习的效果，弱化课堂英语教学。
	课中	引发兴趣	视频导入工作场景，搭建教学内容和工作场景的关系。
		你问我答	学生提问老师解答，有针对性地解决学生存在的疑问。
		现场直播	现场连线真实情境，给学生架构工作完整流程和任务。
	课后	搜索热点	搜索出入境相关的旅游新闻。
		任务布置	预习后续出入境服务的任务。
		语言学习	旧英语词汇在新情境的使用。
设计思路			1. 课前自学 学生借助在线软件和互动平台，完成接触新课、师生互动、自我检查等活动。 2. 课堂教学 针对部分学生没有去过机场的现状和考虑学生整体出行的安全问题，教师选派学生代表前往禄口机场，通过现场连线带领课堂中的学生进入真实工作情境；通过采用"学生自我摸索，学生问老师答"的教学方式，在学生脑海中架构起完整的办理登机手续的流程、分解工作任务。 课堂教学主要分为三个工作任务。 （1）在"准备办理登机手续"的任务中，从学生进入出发大厅开始，通过让学生联想坐高铁的流程，引导学生寻找航班信息。 （2）在"解读登机手续信息"的任务中，让学生解读航班信息，此处加入双语教学，结合学生前期预习的反馈，有针对性地扫除学生对该情境中英语词汇的误解，建立该情境中词汇的正确认知。以英语作为辅助，弱化英语教学。 （3）在"实施登机手续办理"的任务中，由于受机场安全管理和隐私保护的限制，该任务回归到课堂中，教师通过视频示范登机手续办理的流程，要求学生用英语模拟办理登机手续的对话。
设计思路			3. 课后任务 复习巩固：要求学生利用蓝墨云平台加强对话练习，通过荔枝FM上传对话。 新课预习：（1）要求学生利用网络关注和搜索出入境相关的旅游新闻，尤其要整理其中与领队带团相关的部分并总结；（2）要求学生根据老师上课的提示预习"出入境服务"中下面的环节；（3）要求学生在课前预习下面环节中的英语词汇和对话，通过蓝墨云平台自查、通过荔枝FM上传对话录音。
教学过程		导入	电视剧《何以笙箫默》女主角在机场找人的片段，引入出入境服务工作的场景——机场。
		现场直播到达机场	学生达到禄口机场，通过问答形式，引导学生摸索机场功能分布和办理登记手续的流程。 学生到达后疑问"去哪里办理登机手续"，引导学生寻找航班信息，以及信息大屏幕。

续表

教学过程	疑难解答	学生看到大屏，解读航班信息，提出预习时做错的测试，"gate"这个词在机场语境中到底指哪个门。
	现场直播 寻找值机柜台	学生解读了信息，下一步寻找值机柜台。 引入信息化技术主导的自助值机和传统的人工值机。
	疑难解答	老师根据课前测试情况，提问学生"check in"的意思，并解释其有"办理酒店入住""登记"的意思，总体而言，这个词的意思就是"身份验证"。
	情景模拟	请学生进行值机对话，检查学生掌握情况。
	解释 值机手续	老师问学生办完了值机可以得到哪些东西。以此检查预习情况。
	课堂总结	老师梳理办理登机手续的流程：到达出发大厅、寻找航班信息、寻找值机柜台、办理值机。
	布置作业	要求学生复习课堂对话，上传至荔枝FM； 预习"办理登机手续"的余下环节：退税、安检。
教学效果		本次教学取景禄口机场，利用现场连线，采用你问我答和错误解析的教学方式，以掌握领队工作出入境服务任务中的办理登机手续环节为目标，利用在线软件和双语两个工具，突破空间和语言的限制，解决了教学重、难点，顺利完成了教学任务，较好地完成了设定的教学目标。
教学特色		不怕新生事物，善用新鲜理念，融合先进技术。 本次教学以出入境服务中的"办理登机手续"为教学内容，前期借助在线软件通过录音、做题调动学生积极性，课堂中利用直播连线鼓励学生自主摸索机场功能分布、熟悉工作流程，再由教师总结工作流程。 因此教学特色主要在于从课前到课后对信息化技术的充分使用，表现在利用微信群和QQ群作为师生互动平台，利用蓝墨云和荔枝FM作为作业布置和提交平台，利用直播连线作为课堂中呈现真实工作情境的平台。 信息化的使用，有效地提高了理论联系实际的教学效果，让教学重点在"眼见为实"中化难为易。
教学反思		如何能让所有的学生进行现场演练，是未来教学中值得反思的。

《他国（地区）机场离境》教案

设计摘要					
教学课题	《他国（地区）机场离境》				
课程	《领队业务》	学时安排	2学时	授课对象	导游与旅行社 专业二年级
所选教材	1.《出境旅游领队实务》（第二版），曹银玲主编，旅游教育出版社，2016.08 2.出境领队培训教材《领队英语》，仇向明主编，旅游教育出版社，2016.02				
其他资源	1.网络综合教学平台 2.课程微信公众号"领队e工厂" 3.教师微课资源，QQ群、直播平台、荔枝FM等				

续表

教学目标	1. 知识目标：学生通过自主学习和教师引导，能够掌握国际机场办理离境手续的流程和英语会话。 2. 技能目标：学生经过知识学习和情景模拟，能够迅速熟悉不同机场环境并带领游客在国际机场办理离境手续。 3. 情感目标：学生通过自我探索和案例分享，一方面能够提升自身职业修养，展示旅游人的职业风貌；另一方面能够在带团过程中适时向游客提醒"文明旅游"，做文明的使者。
教学重点	本次课教学重点是让学生掌握他国机场离境每个环节的工作任务和英语会话。
教学难点	教学难点是普适性与个性化的转化，即如何将普适性的境外机场离境工作流程运用在众多个性化突出的国际机场。
学情分析	1. 英语能力：授课对象对领队工作相关的英语词汇和对话均有所了解和掌握。 2. 技能基础：授课对象已经学习过《导游服务技能》等相关课程，掌握一定的对客服务规范和技能。 3. 学习能力：众多在线软件和公众号能引导学生自主学习，授课对象初步拥有了网络平台学习能力、语言自学探索能力、资料收集分析能力。
教学内容	根据课程标准，结合领队的工作流程，兼顾出入境工作的语言要求，我们对教材内容进行了整合，突出了专业与语言的双重特性。我们把课程分为七大项目，本次课程选自项目三"出入境服务"中的模块三，他国（地区）机场离境，设计为2课时。 项目一　出境游与领队 项目二　接团前工作 项目三　出入境服务 ── 模块一　中国机场出入境 　　　　　　　　　　　　 模块二　他国机场入境 项目四　飞行服务　　　　 模块三　他国机场离境 项目五　入住服务 项目六　游览服务 项目七　自由活动日
教学设计思路	根据教学内容和学情分析，明确出入境服务中的他国（地区）机场离境是领队独立带客且对语言有较高要求的环节。为提高教学效果，实现教学目标，我们坚持以生为本的理念，倡导以学生为中心，在教学的全过程全方位体现重视和理解学生，提升学生的专业能力和素养。为突出重点，分散难点，实现教学目标，我们采用任务驱动、情景创设等教学方法，借助现代信息化手段和工具，完成整个教学环节。 1. 借用信息化手段，创新智慧化工具 借力网络教学平台、微信公众号、教师微课资源，利用QQ群、直播平台、荔枝FM等多种现代化信息技术，创新设计针对性微信小程序、词汇软件，引导学生了解工作环境，提升语言能力。 2. 搭建动态资源库，调动毕业生力量 有效调动毕业生力量，收集最受中国游客欢迎的目的地国家（地区）机场视频，形成国际机场资源库，将工作场景引入课堂，完成课堂实境交互。有效延续人才培养模式，关注毕业生职业生涯发展。 3. 基于自主性学习，开展个性化教学 通过课前预习情况分析，形成课堂个性化学习。解决教学内容要求和学生薄弱环节这两者间的矛盾，有的放矢，提高学习效率。 总体而言，以"以生为本"的理念，以"课上强专业、课后学语言"的方式完成教学任务，有效达成教学目标。

续表

教学设计思路	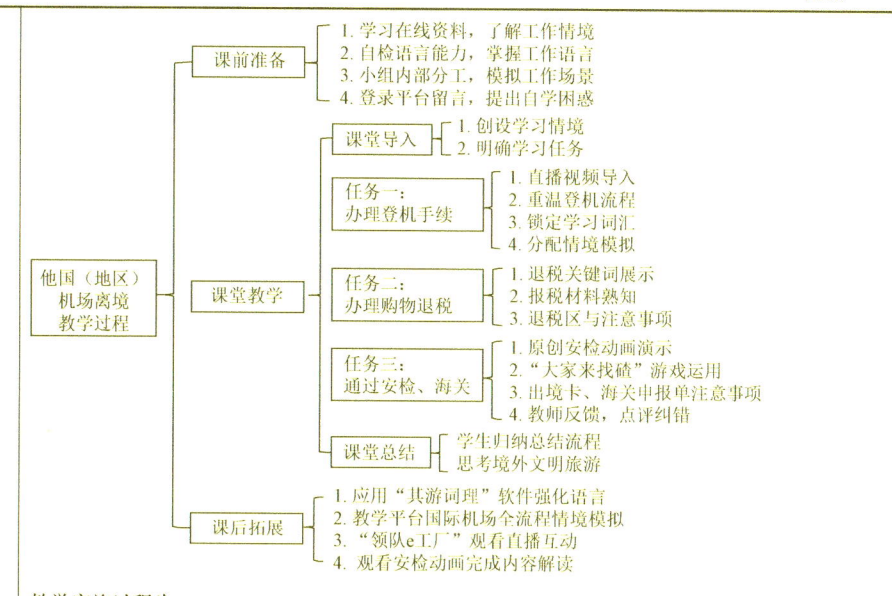 教学实施过程为： **1. 课前自学** 学生借助教学平台和QQ群，下载教师预先发布的新闻案例和学习任务，完成接触新课、自我检查、师生互动等活动，形成课前预习成绩，明确学习目标，并将相关内容上传至平台。 **2. 课堂教学** 课堂教学主要分为三个工作任务。 （1）办理登机手续 教师利用微信公众号——领队e工厂引导出直播视频，与直播小分队一起摸索和拆分"办理登机手续"。接好信号后，进入出发大厅重温环境。基于"中国机场离境流程"的学习，学生已经掌握了"准备办理登机"的流程。做好准备后，摸索机场并且定位词汇。教师课前指定航班，由直播同学采用中英文对照"解读登机信息"。 解读好信息，重温办理登机手续流程。回到课堂，分配情景模拟任务。随后，教师根据课前作业情况将学生分组：词汇解析、情景模拟、机场探索，开展个性化学习，针对性辅导。 （2）办理购物退税 教师首先将学生课前完成的任务"退税需要的材料"进行关键词展示。接着，根据课前作业要求，各小组用英语汇报退税材料作业，包括对应国家的风物特产、旅游纪念品、中国人青睐的支付方式。最后，在国际机场资源库中找出该机场，观看退税区位置和领队强调的注意事项。 （3）通过安检海关 由教师播放原创的英语安全检查动画，引导学生复习机场安检流程的会话。按照事先安插了错误的脚本，组织"大家来找碴"的游戏，根据每组指出的错误数量计分。然后，由学生汇报出境卡、海关申报单上共性的信息及其填写注意事项，英语表演出海关常见的对话。教师现场反馈，及时点评纠错。 在课程最后，学生归纳梳理知识要点，巩固学习内容。拆解他国（地区）机场离境任务，点明注意点。从领队角度，教师请学生回忆整个流程，引导学生思考哪些环节需要多次提醒游客注意文明旅游。 **3. 课后拓展** 课后以能力提升为目标，基于信息化手段，巩固课堂所学，提升专业能力。利用自创软件"其游词理"巩固词汇，荔枝FM纠正发音，原创微信小程序练习实时对话。通过教学平台接受分组安排，完成对应国际机场全流程情景模拟并发至QQ群。利用领队e工厂的直播安排，观看领队带团实景，并与其互动。查看教学平台上的安检动画，完成指定段的内容解读，通过信息化手段增加知识积累的广度和深度。

续表

教学过程				
内容 （用时）	教师活动	学生活动	设计意图	辅助资源及优势
课前准备	1. 在网络教学平台发放学习任务单。 2. 对于学生上传后的作业进行梳理，做好课堂实施前的准备工作。 3. 关注学生提出的困惑。	1. 学习在线资料，了解领队工作情境。 2. 通过词汇软件和荔枝FM自检语言能力，将成绩发送给老师。 3. 根据分组对应的国家机场离境工作流程图，总结出工作重点。 4. 将自主学习中遇到的困惑在平台留言。	充分进行课前准备，提高课前预习针对性和实效性，真实准确获取学情信息。	资源：网络教学平台，词汇软件和荔枝FM。 优势：提高学生积极主动性，准确获取学生学习反馈信息。
案例导入 （5min）	1. 通过视频播放，导出本次课的教学内容 2. 展示平台上学生的共性困惑 3. 指出本课重难点。	结合课前自主学习阶段所学，认真观看视频，并从流程分解的角度听从教师讲解。	引导和明确本次课程学习任务。	资源：多媒体。 优势：便捷直观呈现领队工作流程，增强学生程序化认识。

续表

内容（用时）	教师活动	学生活动	设计意图	辅助资源及优势
实施任务1：办理登机手续（40min）	1. 教师首先利用微信公众号——领队e工厂引导出直播视频，与直播小分队一起摸索和拆分"办理登机手续"。 2. 接好信号后，进入出发大厅重温环境。基于"中国机场离境流程"的学习，学生已经掌握了"准备办理登机"的流程。 3. 教师课前指定航班，由直播同学采用中英文对照"解读登机信息"。 4. 指导学生解读登机信息 5. 分组针对性辅导学生词汇学习。	1. 通过直播视频，摸索拆分办理登机手续。 2. 根据直播连线重温登机环境，掌握流程。 3. 摸索机场并且定位词汇。 4. 分组练习模拟教师分配任务	通过微信公众号实现直播连线，在情景化体验中获取登机流程，根据作业情况加强登机词汇练习。	资源：微信公众号——领队e工厂、直播平台。 优势：能够让学生体验真实场景、强化流程记忆，词汇分组，因材施教，落实登机词汇用语。从语言和程序上完成工作任务。
实施任务2：办理购物退税（20min）	1. 展示课前作业中"退税需要的材料"的关键词。 2. 要求学生汇报作业，找出退税支付方式的差别。 3. 引导学生观看不同机场退税区的位置和领队工作注意事项。	1. 在教师指导下掌握退税过程中的"所需材料"关键词。 2. 在教师引导下，汇报退税材料作业，包括对应国家的风物特产、旅游纪念品、中国人青睐的支付方式。 3. 在国际机场资源库中找出该机场，观看退税区位置和领队强调的注意事项。	通过复原学生课前作业中的关键词和相关材料的认识，引导学生对退税流程和退税材料，以及机场退税区、领队业务的掌握。	资源：教学平台、教学资源库。 优势：教学平台可以直观地将学生的作业和困惑展示出来，资源库通过视频的形式更加直观地再现机场环境。

续表

内容（用时）	教师活动	学生活动	设计意图	辅助资源及优势
实施任务3：通过安检海关（20min）	1. 教师播放原创的英语安全检查动画，引导学生复习机场安检流程的会话。 2. 按照事先安插了错误的脚本，组织"大家来找碴"的游戏，一组表演，其他小组讨论，根据每组指出的错误数量计分。 3. 指导学生填写出境卡、海关申报单。并对学生针对性辅导 4. 教师现场反馈，及时点评纠错。	1. 观看英语安全检查动画，重温机场安检流程的会话。 2. 完成"大家来找碴"的游戏。 3. 汇报出境卡、海关申报单上共性的信息及其填写注意事项，英语表演出海关常见的对话。	通过动画观看，更加直观清晰地了解通过安检海关的程序和注意事项，通过游戏互动，加深对关键环节的记忆。通过卡片填写，模拟完成真实工作任务。	资源：flash 动画，多媒体。 优势：动画和游戏提高学生学习的主动性和趣味性，增强对知识的理解和掌握。
课堂总结（5min）	总结： 1. 组织学生总结； 2. 补充完善； 3. 与学生一起回忆流程。	1. 梳理知识要点巩固学习知识点，回顾本次课教学内容。 2. 回忆工作流程，引导境外文明旅游。	通过总结再次加深学生对本次课知识点印象，深化文明旅游要义	资源：多媒体。 优势：清晰直观展示本次课程内容。
课后提升	课后，以能力提升为目标，基于信息化手段，巩固课堂所学，提升专业能力。 1. 语言加强——请学生利用自创软件"其游词理"巩固词汇，荔枝 FM 纠正发音，原创微信小程序，练习实时对话。 2. 情境融入——请学生通过教学平台接受分组安排，完成对应国际机场全流程情景模拟并发至 QQ 群。 3. 专业巩固——请学生利用领队 e 工厂的直播安排，观看领队带团实景，并与其互动。 4. 能力提升——请学生查看教学平台上的安检动画，完成指定段的内容解读。 学生将每个环节的作业和自测成绩发送给教师，基于过程性评价和多元化评价，形成个人表现雷达图，包括：完成任务、词汇认知、语音语调、流畅程度、语言组织、小组合作、作业汇报等多重因子。			

续表

教学效果	本次教学设计，以"他国（地区）机场离境"创设情境，以掌握他国（地区）机场离境流程为主要任务，依靠教学平台连接教学流程，基于课程需求原创信息化程序软件，借力信息化资源引导学生兴趣，借力校友力量搭建课堂行业的桥梁。打破时空限制，实现实时讨论，分别通过"分解任务，各个击破"和"化零为整，灵活应对"有效地解决了教学重难点，顺利完成教学任务，较好地完成了设定的教学目标。
教学特色	本次教学以他国机场离境为任务，鼓励学生自主寻找总结预防措施，并调动学生学习自主性，自行拟订处置方案。教学实施过程中，借助网络教学平台和微信公众号使用，实现在线任务的领取、问题解决、作业递交等；利用微信群和QQ群，实现了师生实时互动；利用直播连线作为课堂中呈现真实工作情境的平台。通过flash动画演示解决现实中无法呈现的场景，借助自主开发的小游戏程序，强化流程动作的记忆，这些都有助于提升学生认识和了解领队在他国离境中办理登机手续、办理购物退税、通过安检、海关的工作流程，清晰明了，灵活易学。多元信息手段的运用，有效提高了课堂效率，也让教学难点在简单轻松中化难为易。
教学反思	学生情景化练习的参与性和有效性，是可以进一步提升的，也是未来教学中值得反思的。

《他国（地区）机场离境》说课稿

尊敬的各位评委，大家好。我的教学设计是《他国（地区）机场离境》。出入境服务中的他国（地区）机场离境是领队独立带客且对语言有较高要求的环节。那么，领队在带领团队从他国（地区）机场离境的时候应该遵从什么流程，完成什么任务，又该具备什么样的语言能力呢？

下面我将从教学分析、教学策略、教学过程、教学效果四个方面进行阐述。

一、教学分析

（一）教材分析

本次教学设计内容选自导游与旅行社专业及方向双语核心课程《领队业务》。课程选用旅游教育出版社出境旅游领队培训用书《出境旅游领队实务》和《领队英语》。结合领队的工作流程，兼顾出入境工作的语言要求，我们对教材内容进行了整合，突出了专业与语言的双重特性。本次课选自项目三"出入境服务"中的模块三，他国（地区）机场离境，设计为2课时。

（二）学情分析

本课程针对高职二年级学生开设。此前，他们掌握了中国机场出境的工作流程，初步拥有了网络平台学习能力、语言自学探索能力、资料收集分析能力，但是，对于出境旅游缺乏流程性的认知、实践操作的机会及英语词汇情境化理解的能力。

通过问卷星调查和随机访谈发现，学生对信息化教学兴趣浓厚且对领队工作较为期待，期望在此环境下能够深入了解领队工作，掌握领队工作技能及其英语会话能力。

（三）教学目标

作为领队业务中的主要工作环节，他国（地区）机场离境对学生的专业知识和语言能力均具有较高要求，课程旨在使学生掌握带领出境旅游团队的服务程序和规范，并能独立保证团队顺利平稳的运行。依据领队工作岗位要求，结合学生的实际情况，我们设定了知识、能力、情感三方面的教学目标。

（1）知识目标：学生通过自主学习和教师引导，能够掌握国际机场办理离境手续的流程和英语会话。

（2）技能目标：学生经过知识学习和情景模拟，能够迅速熟悉不同机场环境并带领游客在国际机场办理离境手续。

（3）情感目标：学生通过自我探索和案例分享，一方面能够提升自身职业修养，展示旅游人的职业风貌；另一方面能够在带团过程中适时向游客提醒"文明旅游"，做文明的使者。

本次课教学重点是让学生掌握他国机场离境每个环节的工作任务和英语会话。

教学难点是普适性与个性化的转化，即如何将普适性的境外机场离境工作流程运用在众多个性化突出的国际机场。

二、教学策略

坚持以生为本的理念，倡导以学生为中心，在教学的全过程全方位体现重视和理解学生，提升学生的专业能力和素养。为突出重点，分散难点，实现教学目标，我们采用任务驱动、情景创设等教学方法，完成整个教学环节。

1. 创新点一——利用信息化手段，创新个性化工具

借力网络教学平台、微信公众号、教师微课资源，利用QQ群、直播平台、荔枝FM等多种现代化信息技术，创新设计针对性微信小程序、词汇软件，引导学生了解工作环境，提升语言能力。

2. 创新点二——搭建教学资源库，调动毕业生力量

有效调动毕业生力量，收集最受中国游客欢迎的目的地国家（地区）机场视频，形成国际机场资源库，将工作场景引入课堂，完成课堂实境交互。有效延续人才培养模式，关注毕业生职业生涯发展。

3. 创新点三——基于自主性学习，开展个性化教学

通过课前预习情况分析，形成课堂个性化学习。解决教学内容要求和学生薄弱环节这两者间的矛盾，有的放矢，提高学习效率。

总体而言，以"以生为本"的理念，以"课上强专业、课后学语言"的方式完成教学任务，有效达成教学目标。

三、教学过程

（一）课前准备

学生借助教学平台和QQ群，下载教师预先发布的新闻案例和学习任务，完成接触新课、自我检查、师生互动等活动，形成课前预习成绩，明确学习目标。

1. 学习在线资料，了解工作情境

首先，学生学习教师上传至平台的案例，重温机场环境，了解他国机场离境工作的重要性和专业性。教师在线检查学生学习进度。网络探索学习后，分解离境工作任务并总结各环节的英语关键词。

2. 自检语言能力，掌握工作语言

接着，学生通过词汇软件和荔枝FM自检语言能力，将成绩发送给老师，教师总结后形成课堂教学重点。

3. 小组内部分工，模拟工作场景

然后，学生根据分组对应的国家机场离境工作流程图，总结出工作重点；预习各环节所需对话，将小组情景模拟视频发至QQ群，师生共同给出评价。

4. 登录平台留言，提出自学困惑

最后，请学生将自主学习中遇到的困惑在平台留言。

（二）课堂实施

1. 时间分配

课堂实施采取以任务为主线，学生为主体，教师为主导的教学模式，有序推进教学。具体时间分配如下：

案例导入　5min

任务一：办理登机手续　40min

任务二：办理购物退税　20min

任务三：通过安检海关　20min

课堂总结　5min

2. 案例导入

在案例导入阶段，教师通过视频播放，导出本次课的教学内容。

接着，教师展示平台上学生的共性困惑：为什么不同机场离境工作流程不尽相同？教师指出本课难点：由于机场的差异，离境流程的学习要通过"分解任务、各个击破、灵活组合"的策略来实现。随后以新加坡樟宜机场流程为例：办理登机手续—办理退税—通过安检海关，由此展开任务一：办理登机手续。

3. 任务一：办理登机手续

教师首先利用微信公众号——领队 e 工厂引导出直播视频，与直播小分队一起摸索和拆分"办理登机手续"。

接好信号后，进入出发大厅重温环境。基于"中国机场离境流程"的学习，学生已经掌握了"准备办理登机"的流程。

做好准备后，摸索机场并且定位词汇。教师课前指定航班，由直播同学采用中英文对照"解读登机信息"。

解读好信息，重温办理登机手续流程。回到课堂，分配情景模拟任务。

随后，教师根据课前作业情况将学生分组：词汇解析、情景模拟、机场探索，开展个性化学习，针对性辅导。

办完了登机手续后还应该做些什么？随后，我们展开任务二：办理购物退税。

4. 任务二：办理购物退税

教师首先将学生课前完成的任务"退税需要的材料"进行关键词展示。

接着，根据课前作业要求，各小组用英语汇报退税材料作业，包括对应国家的风物特产、旅游纪念品、中国人青睐的支付方式。

最后，在国际机场资源库中找出该机场，观看退税区位置和领队强调的注意事项。

完成了登机手续、购物退税后，要求学生进行下一任务：通过安检海关。

5. 任务三：通过安检海关

考虑到国际机场安检和海关的管控性，该部分采用动画演示呈现其流程。

首先，由教师播放原创的英语安全检查动画，引导学生复习机场安检流程的会话。接着，按照事先安插了错误的脚本，组织"大家来找碴"的游戏，一组表演，其他小组讨论，根据每组指出的错误数量计分。

然后，由学生汇报出境卡、海关申报单上共性的信息及其填写注意事项，英语表演出海关常见的对话。教师现场反馈，及时点评纠错。

6.课堂总结

在课程最后,学生归纳梳理知识要点,巩固学习内容。拆解他国(地区)机场离境任务,点明注意点。

最后从领队角度,教师请学生回忆整个流程,引导学生思考哪些环节需要多次提醒游客注意文明旅游。

(三)课后提升

课后,以能力提升为目标,基于信息化手段,巩固课堂所学,提升专业能力。

(1)语言加强——请学生利用自创软件"其游词理"巩固词汇,荔枝FM纠正发音,原创微信小程序练习实时对话。

(2)情境融入——请学生通过教学平台接受分组安排,完成对应国际机场全流程情景模拟并发至QQ群。

(3)专业巩固——请学生利用领队e工厂的直播安排,观看领队带团实景,并与其互动。

(4)能力提升——请学生查看教学平台上的安检动画,完成指定段的内容解读。

学生将每个环节的作业和自测成绩发送给教师,基于过程性评价和多元化评价,形成个人表现雷达图,包括:完成任务、词汇认知、语音语调、流畅程度、语言组织、小组合作、作业汇报等多重因子。

四、教学效果

本次教学设计,以"他国(地区)机场离境"创设情境,以掌握他国(地区)机场离境流程为主要任务,依靠教学平台连接教学流程,基于课程需求原创信息化程序软件,借力信息化资源引导学生兴趣,借力校友力量搭建课堂行业的桥梁。打破时空限制,实现实时讨论,分别通过"分解任务,各个击破"和"化零为整,灵活应对"有效地解决了教学重难点,顺利完成教学任务,较好地完成了设定的教学目标。

走出国门,我们的名字都是中国人!领队引导,做文明旅游的引路人!

以上是我的教学设计,请评委老师指正。

信息化对旅行社职业教育的影响

"互联网+"时代旅行社门店顶岗实习效能提升研究

【摘要】 文章由旅行社门店在"互联网+"时代的变化引发,通过调研当前旅行社门店实习效能的现状,进而研究旅行社门店用人需求变化,在此基础上构建旅行社门店实习效能提升的模型,从学生、教师、企业三个角度剖析各自在实习效能提升中能贡献的力量,最终提出提升实习生在旅行社门店实习效能提升的策略。

【关键词】 旅行社门店;"互联网+";实习效能;提升

一、研究背景

2015年9月《国家旅游局关于放宽旅行社设立服务网点政策有关事项的通知》,允许设立社在所在地的省(市、区)行政区划内及其分社所在地的设区的市的行政区划内设立服务网点,不受数量限制。同期,线上旅行社(OTA)加速落地,携程、途牛等积极布局线下,试图将线上线下完美结合,快速扩张线下体验店将成为OTA未来发展的新常态。无论是传统旅行社还是线上旅行社都意识到传统门店的重要性,因其承载着旅行社的品牌宣传、销售刺激、信任增进、服务提升。但是如今的门店已经不再是传统"坐等上门客"的门店了,更多的是"体验店""服务中心",甚至是"咖啡店",从名字可以看出传统的门店正在转型,转型的目标是为旅游者提供更为直观的宣传,方便旅游者选择;为旅游者提供更为贴心、到位的服务;为旅游者提供当面交流的平台,结成线下旅游者之间的友谊桥梁。门店模式和作用的转变决定了高职教育面向旅行社就业的人才培养的目标,其最直观的体现方式即为学生是否能满足实习岗位的需求,学生顶岗实习效能的高低。

二、研究意义

高职教育的目的在于让学生带着行业需求的知识和技能就业,而顶岗实习则能直观地反馈高职教育的效果。顶岗实习质量的好坏直接关系用人单位对高职院校育人效果是否肯定，顶岗实习成为学生就业、院校品牌建设中的关键环节，因此提升顶岗实习效能尤为重要。

行业的变化要求学生在步入实习岗位前满足岗位需求——理论知识与操作技能。因此，本研究的意义在于：一、引领教学改革，包括教学内容、教学手段和评价方法的一系列变化，让教学内容紧贴行业前沿、教学手段更具实践性，让学生在顶岗实习之前掌握企业需要的知识和技能；二、提升企业用人满意度，课堂教学即为实践技能培养，学生进入企业后上手程度快，企业用人满意度高；三、提高学校育人品牌，企业用人满意，学生学有所用，录用率高，形成良性循环，最终可以促成企业定制班的校企合作形式。

三、研究的可行性

（一）合作平台坚实

南京旅游职业学院与中国国旅（江苏）国际旅行社有限公司长期合作，学校为企业输送旅行社专业人才，企业为学校提供旅行社后台系统和产品平台以便教学。二者的战略合作时间长、积淀厚，为组建校企共同组成实习指导团队打下了坚实可行的基础。中国国旅（江苏）国际旅行社有限公司是江苏省五星级旅行社，重视新员工的培训和职业生涯发展，关注并应用互联网推动自身事业发展；教师本人每年都在中国国旅（江苏）国际旅行社有限公司挂职，对行业熟悉；多次参与国家级、省级旅行社专业课程改革项目和培训项目，具有较扎实的理论基础。

（二）行业企业支持

南京五星级旅行社和多数四星级旅行社均为南京旅游职业学院面向旅行社就业专业群的实习基地，对调研和访谈的展开提供了极大的便利；项目旨在提升学生在旅行社门店顶岗实习效能的提升，同时关注"互联网+"，紧跟旅行社门店发展的最新动向，符合行业发展的趋势。

（三）创新性

实习效能提升的研究符合旅行社行业发展和高职教育的规律，立足实地调研，分解学生顶岗实习不同阶段的环境和需求，找准突破点提升顶岗实习效能，以企业用人效果作为论证依据。高职教育的职业性体现在其与行业紧密结合的关系。本项目采用与企业联合申报的方法，实践出真知。选择中国国旅（江苏）国际旅行社有限公司主要立足其线上线下共同发展、行业领先的地位、育人用人的理念、校企合作的基础，符合本项目校企共同申报的初衷。

"互联网+"是新近提出的理念，其与旅行社行业的结合本身更是落地行业的创新之举，在旅行社行业出现新的势头之初，本项目就行业前沿动态对人才提出新需求的初始阶段，探索旅行社门店顶岗实习的效能提升，立意新，有前瞻性。采用深度跟踪个案法，结合调研数据分析，研究"互联网+"时代旅行社门店顶岗实习新需求，反哺学校旅游人才培养，方法新，有创新性。

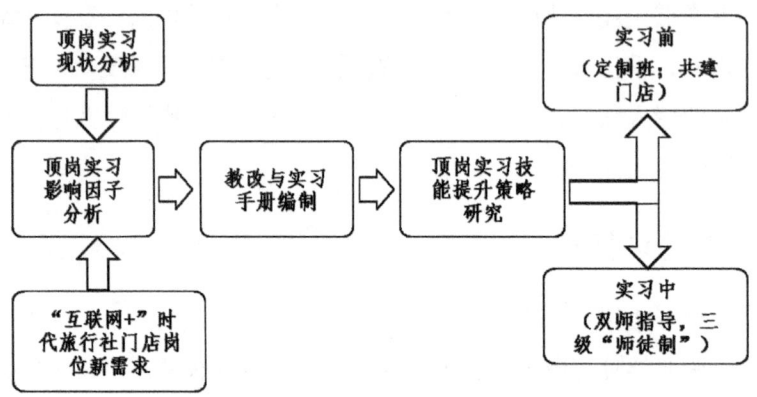

四、研究内容

（一）旅行社门店顶岗实习影响因子分析

顶岗实习涉及到学生本身、教师教学、企业培养这三个方面，因此本文从这三个构建三位一体的模型，针对每个部门开展问卷调查和深入访谈。以企业用人需求为基础，从用人需求、教学方法、学生反馈三个方面入手，有效进行针对实习效能提升的研究。主要思路是针对现存问题，分析问题产生的原因，找到解决问题的方法，即通过访谈旅行社门店部门经理了解现在学生顶岗实习存在的问题，针对存在的问题，从教学内容、教学方法、教学手段三个方面对学生进行问卷调查，从学生的角度研究怎么样才能提高他们的实践能力、适合企业的能力，从教师的角度研究怎么样才能让教师更加了解一线工作的现状、如何在课堂上讲授行业真实的工作情景、如何串联不同年级以提高学生学习的效率和定岗实习的延续性，从企业的角度研究如何与学校进行深入的校企合作，将企业的工作内容搬进课堂，最终提高其用人质量。总而言之，本研究的流程是：通过对众多家旅行社门店的问卷调查和调研访谈，了解旅行社目前门店的岗位需求变化，对比目前学校专业人才培养与现实旅行社门店人才需求之差距，变革学校教学内容和实训方式，针对性地提高学生旅行社门店顶岗实习效能。

因为顶岗实习是串接学生校内学习和毕业上岗的过渡环节，因此实习前就要考虑到实习的效果——铺垫实习环境和实习内容以及实习可能遇到的问题，实习中要调整实习的方法和学生的心理——最大化实习效能，实习后要总结和延续实习的效果，而实习后的总结可以作为下一届学生实习前的铺垫知识，因此，本研究从流程中强调实习前和实习中的问题。

1. 目前旅行社实习效能的现状调查

通过发放调查问卷和深入访谈，了解到目前旅行社顶岗实习生在实习初期、实习中遇到的问题。实习初期学生遇到的理论过渡、校企衔接、心理不适应等问题；实习中工作预期与实际工作的差异等问题。

理论过渡的差异是学生首先会面临到的问题。课堂上听老师讲，如果不操作，掌握程度可想而知，再进入企业后，理论如何转变成实践，很多学生并不能掌握，这时候多数旅行社有师傅带徒弟，这个环节中师傅主要传授的是实践能力，对在校时老师讲授的理论有时候完全颠覆，部分学生觉得在校学习的根本没有用，这个问题如何解决，决定学校育人品牌的建立。吸纳企业师傅变课堂上的教师即为一途径，其次可以将实习结束的学生作为下一届学生的实践老师，可以调动学生实习的积极性，也可以延续毕业生与母校的关系，增强爱校情结。

校企衔接的程度决定了理实过渡的难度和时间。校企常态化合作和交流，可以有效提高人才培养方案的制订，解决课程设置中不接地气的问题，明确企业用人需求，有效对接行业人才需求与校园人才培养。

心理不适应的问题要及时解决。学生心理的不适应主要存在以下四个方面。第一，从象牙塔步入社会。校园纯净的环境让孩子的心一尘不染，单纯的孩子进入竞争激烈的企业，无疑会遇到一些难以适应的问题，有一部分孩子觉得愤世嫉俗，难以适应社会的规则，于是出现旷工、抵触甚至暴力的行为，这是因为孩子内心的害怕、不适应、不认同造成的，这时候企业的人力资源部分应及时向教师反映，由实习指导老师帮助学生疏解和解决这些问题。第二，宽松的管理的环境变成打卡识脸的严格管理。在学校里，虽然也是校纪校规要求学生不能迟到、旷课，但是部分学生散漫的心理造成此类现象屡禁不绝，学生没有意识到迟到、旷课情况的严重性，偶尔迟到、旷课对他们的成绩也没有造成太大的影响，因此很多人抱着同样的心态进入企业，当打卡迟到一秒就要扣工资时，部分学生觉得企业不近人情，企业好像不如学校，领导好像不如老师好说话，这说明这部分学生对社会规则一视同仁的认识程度不够，还有部分学生觉得我不迟到、不旷工，但是我请病假、事假为什么也要扣工资，他们不明白，严格的管理就是为了避免部分员工钻空子，也是对满勤员工的尊重和鼓励。第三，与世无争的淡然与绩效考核的残酷。在学校里，部分学生觉得自己不想拿奖学金，考试60分万岁，也活得很好，但是到了企业，发现这种发现直接影响自己的工资，他们没觉得自己有哪里错，只觉得企业的分配制度有问题。其实不然，努力就有收获这句话放在工作环境里是完全正确的，与世无争，只求及格在校园里好像挺好的，但是到了单位，对其所在的团队和部分的影响很大，个人绩效由组织绩效决定，而组织绩效由每个人的绩效构成，一个人不努力、不奋进、不作为，导致整个团队绩效落后。第四，身份差异带来的福利待遇的差别。学生普遍觉得企业对实习生的待遇与正式员工差别太大，因为他们忘记了，他们在为企业创造价值的时候，大多数的时间在学习企业的工作内容和流程，也是一种免费的学习。

2．"互联网+"时代下旅行社门店岗位需求的变化

首先梳理"互联网+"时代下旅行社门店的变化，了解当前市面上门店转型模式的类型。无论是服务中心、体验中心、线下交流平台都是门店转型后的新面貌。（1）通过实地调研，对南京的新型旅行社门店进行归类和梳理，总结每一类型门店的特点和变化；（2）归纳当前旅行社门店的作用，通过访谈，总结与传统旅行社门店作用的区别，即"互联网+"给旅行社门店带来了什么；（3）总结当前旅行社门店的营销手段，即跳脱出"坐等上门客"后，新型旅行社门店通过什么渠道获取更多的客源。

其次，通过访谈，总结每一类旅行社门店岗位需求的变化，分析旅行社门店变化后对招聘要求的变化，进而得出共性的"互联网+"时代下旅行社门店岗位需求，分为理论和实践两个部分，以此作为实习指导手册的理论基础。

（二）校内教学改革与旅行社门店顶岗实习手册编制

校内教学是实习开展的前提和理论基础，而行业需求决定专业人才培养目标和手段。因此，首先通过对旅行社访谈了解"互联网+"时代旅行社门店的岗位需求变化；其次，剖析学校面向旅行社就业的专业群的人才培养方案，对比得出目前学校专业人才培养与现实旅行社门店人才需求之间的差距，从而变革学校教学内容和实训方式，针对性地提高学生旅行社门店顶岗实习效能；最后，在此基础上，架构实习效能提升体系——从旅行社、学校、学生三个层面展开，再结合中国国旅（江苏）国际旅行社有限公司新员工岗前培训、员工岗中培训资料编制旅行社门店顶岗实习手册。

校内教学改革是从教师的角度寻找提高实习效能的途径。教学是学生接触知识的直接渠道，因此其教学内容、教学方法和教学手段，直接影响学生对行业的认知和想法。因此针对时代性的课程改革，可以督促教师关注最新的行业知识、最新的教学方法，创新教学手段。

编制顶岗实习手册是为学生提供理论基础。顶岗实习手册可以在实习前为学生进行系统性学习奠定基础，有依有据，让学生虽然在校内，但是学习到行业的最新指示和最实用的方法；实习中，老师不在身边，遇到问题时，顶岗实习手册也可以成为学生自我解决问题的依靠和依据。

（三）旅行社门店顶岗实习效能提升的策略研究

本研究试将旅行社门店顶岗实习效能提升分为两个阶段——实习前和实习中，以此来探索顶岗实习效能提升的策略。

实习前：在"互联网+"时代下旅行社门店岗位需求与专业教学融合的基础上，将旅行社门店的实际工作搬进课堂，让学生更加了解旅行社门店的现状和工作要求，以此提升实习效能。设想的提升策略：①校企合作定制班的开设，让企业需求成为课堂教学标准，企业进校园培养自己需要的人才。需要研究的是如何调配旅行社和学校的资源共同构成这个班级。②校企共建旅行社门店，企业走进校园，让学生在顶岗实习前在熟悉的环境中预演，缓解了学生初入企业不适应的压力，一定程度上能解决一些实习会遇到的困难和问题。

实习中：打通校企交流通道，校企深入合作，强化指导实习。三级"学徒制"可以有效打通企业、学校、学生三方之间交流的通道，首先，企业的师傅带领学生，有效地指导学生的实习；其次，教师作为徒弟可以更快消化吸收企业的要求，以便更好地传达给学生，解决学生遇到理论知识与企业实践脱节的问题；最后，教师作为师傅，可以利用学生实习反馈与旅行社人力资源人员沟通，更加精准化旅行社门店的岗位需求，进一步深入人才培养方案的改革，反哺教学，为将来的实习生奠定了更加深厚的理论基础，引导学生顶岗实习，提升顶岗实习的效能。

五、研究结果

（一）构建校企合作的新模式

深化校企合作，达成共同育人的目标，这就需要企业与学校高度融合。一方面，旅行社走进校园、走进课堂，成立校中社、校中班；另一方面，创新实习"师徒制"的理念，形成"双师""双徒"——"双师"即学校的老师和企业的师傅，"双徒"即实习的学生和其学校的指导老师，形成三级"师徒制"——师傅、老师、学生，以加强校企的深度合作，缩短理实过渡的时间，提升专业教师的实践技能，实现双师培养的效果。

（二）制定实习指导手册

通过总结前期的问卷调查和访谈，提炼和深化理论知识，结合中国国旅（江苏）国际旅行社有限公司新员工岗前培训、员工岗中培训资料编写了旅行社门店顶岗实习手册，从理论储备、前台规范、工作流程、注意事项构建了有效提升顶岗实习效能的体系。

（三）提升旅行社门店顶岗实习效能的策略

教师与企业共建人才培养方案、优化课程设置，更新教学内容、创新教学方法、更改教学手段，做到企业需要的就是学校培训的、企业操作的就是课堂传授的、企业发展的就是教师学习的；学生严格遵守校内规章制度，养成良好的作息习惯，主动接触行业知识，熟悉行业内容，缩短进入企业后的过渡时间，扩大包容度，以接受作为进入社会的态度；企业多进入学院，内化自己需要的人才，员工多进课堂听课，帮助教师调整教学内容；领导多上讲台讲座，告知学生行业最新动态和发展前景，培养企业未来的主力军；毕业生多进自习室，与学弟学妹交流，建立入职信心，搭建校企民间桥梁，担任工作后的第一个导师，既接地气，又无交流障碍。

六、结语

本研究的意义深厚，对高职教育中的理论过渡课程、就业引导课程有很大的辐射性，但是也面临两个问题。

（一）个性转化为普适性

如何将本项目的调研结果广泛得到旅行社行业的认可，即，与中国国旅（江苏）国际旅行社有限公司共同探索出的旅行社门店顶岗实习效能的提升策略如何运用于其他的旅行社。

（二）实践转化为教学理论

如何用本项目的研究所得引导教学改革，应用于实践教学中，通过不同阶段、不同层次的实际操作，引导学生实习的方向，提升将来学生的旅行社门店顶岗实习效能。因此在后续的研究中，应不断尝试在其他课程、其他专业和其他企业的应用。

【参考文献】

[1] 张曼，黎恬恬，鲁珊.酒店管理专业顶岗实习效能提升与机制创新研究——以长沙师范学院酒店管理专业为例[J].技术与市场，2015（11）：246-247.

[2] 韦世艺.旅游职业院校大学生顶岗实习效能发展特征研究[J].武汉职业技术学院学报[J]，2016（02）：79-81.

基于脚本撰写探讨双语实践课程微课设计
——以《领队业务》为例

【摘要】 近年来微课成为教学资源重要的一部分，众多课程开发微课资源，各省也相继开展微课教学比赛。本文通过《领队业务》实践课程与信息化技术的结合，探索实践教学如何设计微课，尤其在脚本撰写中体现教学理念和教学方法。

【关键词】 脚本；实践课程；微课

一、课程背景

（一）课程简介

微课所属的《领队业务》课程是南京旅游职业学院双语核心示范建设课程之一。2016年12月12日，国家旅游局第42号令修改公布的《旅行社条例实施细则》，进一步明确领队管理由资格准入制改为备案管理制，旅游主管部门不再对领队从业进行行政审批。在此之前，《领队业务》是领队准入考试的三门之一，虽然目前没有考试的门槛，但是出境旅游市场的井喷式发展对领队的需求与日俱增以及领队来源面的扩大，越来越多的人将走上领队的工作岗位。而其从业必需的知识和素质不能因为门槛降低而下降，相反，在学校内就该对未来可能从业的领队进行培训。因此，课程被设为核心课程，同时针对工作的特殊性，采用双语教学。

微课采用的教学内容是出入境服务中的"办理登机手续"环节。选取其原因是领队对客服务环节中需要双语工作并且可以实际操作的情境。教学重点是让学生掌握办理登机手续流程的流程，拆解每个环节的具体工作任务；教学难点是强调专业学习、弱化语言教学，区分双语课与英语课。

（二）学情分析

授课对象是导游与旅行社专业及方向，高职二年级学生。

1. 英语能力

经过调查，授课对象的公共英语三级的通过率是90%。因此，2017年国家旅游局对出境人员的英语水平做出了行业准入标准,公共英语等级三级以上即可在未来的工作中申领领队证,虽然目前授课对象对领队工作相关的英语词汇和对话均能掌握,但是不能代入机场情境中且口语欠缺。

2. 技能基础

授课对象已经学习过《导游服务技能》,掌握一定的对客服务技能。但是对于机场这个环境可能不是所有人都非常熟悉,因此,教师需要介绍环境和工作流程。

3. 学习能力

授课对象属于90后,对于网络、手机APP比较感兴趣。因此,开发在线软件、建立微信公众号能引导学生自主学习。

(三)教学目标

设定教学目标时要结合领队岗位规范,从知识、技能和情感三个维度对未来领队进行全方面塑造。

(1)知识目标:学生通过自主学习和教师引导,能够掌握国际机场办理登机手续的词汇和对话。

(2)技能目标:学生通过实地学习和情景模拟,能够带领游客在国际机场办理登机手续。

(3)情感目标:学生通过案例分享和小组讨论,能够养成良好的职业道德,并适时向游客宣贯"文明旅游"的理念。

(四)教学方法

在教学方法中要充分利用信息化手段,体现现代职业教育理念。因此,在选取教学方法时要符合高职学生的特点,基于其语言基础,同时要以领队需掌握的语言能力作为目标。

基于课程的实践性和实操性,为了做到实践出真知,本课程创新性地组合教学场景与教学方法,即,不同的教学内容在不同的教学场景或场地采用不同的教学方法,其最重要的主旨是突出学生主导、教师辅助的教学理念。教师针对性地采用相应的教学方法,让学生在真实或者模拟的工作场景中学习,提高学生学习的兴趣和效率,提升学生实践能力。课堂上以学生演练、实践为主,教师指导、纠正为辅。

实景教学,顾名思义,即在领队工作的实际场景中进行教学活动。出入境环节,领队的工作场景是在机场,而机场是对公众开放的,在机场学生可以亲眼看、亲耳听、亲身行,还能看到书本上的英语词汇在真实环境中出现,能刺激学生更加深刻地理解单词本身的意思,加强记忆。听到机场广播的中英文对照,能促使学生听到更加真实的英语，增强英语听力的信心、提高英语学习。因此，在机场实境演练工作流程，能更加形象化、具体化让学生认识到领队的工作，而不是纸上谈兵。

现场连线，即邀请一线工作领队边工作边为学生讲授。通过领队一线真实直播在机场如何寻找航班信息、办理登机手续、托运行李，针对所在国家强调托运行李的要求、海关要求，能让学生产生深刻的心理印象，以后从事相关工作时可以尽可能地避免这些错误和问题。

身份互换，指的是教师与学生身份互换，学生与学生身份互换，即在课堂上采取角色扮演的方法进行教学。本次课程尽管实践性极强，但是也依然有理论部分。比如出入境的证照名称、如何办理、海关政策、机场应急处理，这些词汇、句型和表达都是需要学生通过理论来加强理解，打下基础，才能在其他实践授课中取得更好的成绩。

自我探索式的语言学习。信息化技术的一大妙用就是可以实现内容和实践个性化学习，学生针对自身薄弱之处加强语言的词汇、口语、表达和灵活应对。以"课上强专业、课后学语言"为方式，弱化课堂英语教学，以便区分英语课和双语课，那如何保证学生的英语学习能适应课程的需要呢？信息化就提供了良好的工具。

二、设计思路

基于教学内容和学情分析，突出教学内容——双语办理登机手续和学生薄弱环节与理论脱离实际、英语口语较差这两者间的矛盾，并以此为教学重点，借助信息技术，实现师生角色翻转，将学生带入情境，真实体验，身临其境；利用直播平台，实现课堂实境交互，将工作引入课堂，现场连线，现场解决。

信息化一种手段，采用其的主要目的是达成教学目标。在本次的微课设计中，要兼顾实践教学与信息化的结合和语言教学与信息化的结合。

"以生为本"，以学生自我学习为主，以教师答疑解惑为辅。学生是教学之本，微课设计的出发点要便于学生自我学习，尤其是课前预习和课后复习两个环节。

"一根基"：以学生现状为根基。学情分析是教学的基础，也是信息化教学内容合计和课堂教学安排的根基，换句话说就是因材施教。

"两工具"：结合信息化和双语化两工具，彰显课程独特性。

"三把手"：以信息化做课程保障，以实地化为课程特色，以翻转化为课程模式。

（一）挑一个主题——实践性，可演绎

基于微课的特性和教学目标，在挑选主题的时候一定要注重其实践性，要易于操作，有场景、情境，同时能突出学生作为主体的地位。

基于《领队业务》课程的实操性和双语课程的语言要求，在选择微课主题的时候挑选了既具有实景操作学习又具有双语要求的机场工作情境。表1列出的是《领队业务》实践项目的内容，可以看出，一门实践课可以有很多任务可以作为微课设计的问题，在选取的时候一定要与教学设计相契合，能最大化体现教学策略。比如"办理登机手续"就很好地体现了这一标准，在教学要求上有双语目标，在教学手段上大量利用信息化手段，构建课堂与工作场景的桥梁，还能突出内容的实践性。

表1 《领队业务》实践项目

序号	工作环境	任务
1	机场服务	办理登机手续
2	飞机服务	照顾游客的需要
3	酒店服务	办理入住、介绍设施
4	游览服务	目的地游览等事宜处理

（二）演一出好戏——互动性，可借鉴

互动性是微课设计的重要特色，区别于传统课堂教学，而脚本的设计就更为重要。脚本和教案的区别是，脚本算是电影剧本，从每一句话的设计和每一个工作的安排，都是精心设计的，需要精练，多余的动作、语言都要略去，因此，微课脚本极为精练。

同时，需要强调的是，脚本的主体应该是学生，这样才能突出实践课的特征和信息化教学手段使用的价值。其次，工作流程即为脚本撰写流程。

表2 《办理登机手续》流程

	导入	电视剧《何以笙箫默》女主角在机场找人的片段，引入出入境服务工作的场景——机场
教学过程	现场直播 到达机场	学生到达禄口机场，通过问答形式，引导学生摸索机场功能分布和办理登记手续的流程 学生到达后提问"去哪里办理登机手续"，引导学生寻找航班信息，以及信息大屏幕
	疑难解答	学生看到大屏幕，解读航班信息，提出预习时做错的测试，"gate"这个词在机场语境中到底指哪个门
	现场直播 寻找值机柜台	学生解读了信息，下一步寻找值机柜台； 引入信息化技术主导的自助值机和传统的人工值机

续表

教学过程	疑难解答	老师根据课前测试情况，提问学生"check in"的意思，并解释其有"办理酒店入住""登记"的意思，总体而言，这个词的意思就是"身份验证"
	情景模拟	请学生进行值机对话，检查学生掌握情况
	解释值机手续	老师问学生办完了值机可以得到哪些东西？以此检查预习情况
	课堂总结	老师梳理办理登机手续的流程：到达出发大厅、寻找航班信息、寻找值机柜台、办理值机
	布置作业	要求学生复习课堂对话，上传至荔枝FM；预习"办理登机手续"的余下环节：退税、安检

（三）选一个公司——及时性，可沟通

首先，认真负责、回复及时是一个好的公司必需的品质，对教师而言，微课是个人教学想法的体现；而对学生而言，微课是传递知识的工具，因此微课的完成要保质保量，一定程度上还要引起学生的兴趣。

其次，最重要的是制作人要有思想、有画面感，不能敷衍塞责、简单了事。教师通常对拍摄没有经验，因此拍出来只能用没有错——文字不错、内容不错、方法不错来形容，但是好的摄像师可以通过自己的位置切换和专业的指导能让微课有画面感、镜头感，能调动学生的兴趣。

（四）立一个审美——高度性，可普适

将高审美、高要求，落在细节。这些细节包括视频整体颜色的搭配，不零散、不杂乱；演示文稿背景颜色与整体视频、出现人的服装、整体的教学内容基调搭配；字幕的颜色能够满足阅读，不影响画面美感，字体大小合适，不突兀也不过于小，字幕出现的速度与主讲人说话的速度一致；学生服装的统一，发型的统一；人物在画面中的比例。这些细节都是微课堪称精品的标志。

审美还体现在"动"上。微课时间较短，如果长时间停留在某一个静态画面，就略显枯燥，因此拍摄的动态、镜头的切换，这些多需要专业的摄像师进行指导。

三、脚本撰写

在撰写脚本的时候要考虑以下五个方面，原则是突出特色，以生为本。

（一）场景——课堂还是实践

微课演绎的场景是在课堂内还是岗位上由课堂内容决定。本微课选择的主题兼顾了专业教学和语言教学，由于工作内容和实际场景的原因，在场景的选择上既有实境开展，也有受限只能在课堂中开展的，因此两地交互，让直播技术大显神通。

（二）主角——学生还是老师

微课的主角选取同样要依据教学内容。如果要突出教学方法和实践性，那学生的实境学习法无疑是最佳首选，学生必然也是主体。如果微课主体是一个理论点的讲解，毫无疑问，讲好知识点是最重要的目标，那知识的传授，肯定以教师为主。

（三）镜头——特写还是全景

微课效果的动态性表现在视频全景、特写和交互的切换，因此镜头的设计非常重要，动态的微课能为小效果添色不少，因此专业的摄像师和后期的修改需要教师从课程本身的动态效果和想营造的教学氛围出发。

（四）语言——旁白还是对话

微课虽然短小精悍，也是一节课或者一节课的某个环节，因此对话的设计要符合真实教学情况，基于课程前期调查和学生作业提出的共性问题，有针对性地解决教学重点和难点。语言设计要符合课程内容性质。

（五）形式——宏观及微观

微课时长较短，因此每一帧图片的切换，应突出视频的本色，使得视频动态。这其中，设计尤为重要，每一帧都要考虑。

四、设计感悟

总体而言，微课设计要做到不怕新生事物，善用新鲜理念，融合先进技术。

本次教学取景禄口机场，利用现场连线，采用你问我答和错误解析的教学方式，以掌握领队出入境服务任务中的办理登机手续环节为目标，利用在线软件和双语两个工具，突破空间和语言的限制，解决了教学的重、难点，顺利完成了教学任务，较好地完成了设定的教学目标。

信息化的使用，有效地提高了理论联系实际的教学效果，让教学重点在"眼见为实"中化难为易。本次设计的教学特色主要在于从课前到课后对信息化技术的充分使用，表现在利用微信群和QQ群作为师生互动平台，利用蓝墨云和荔枝FM作为作业布置和提交平台，利用直播连线作为课堂中呈现真实工作情境的平台。

【参考文献】

[1]安俊峰.翻转课堂在中职机械基础课程教学中的应用[J].西部素质教育，2016（12）：144.

[2]陈泽辉.微课的特点及其在大学英语教学中的作用[J].西部素质教育，2016（8）：73.

基于就业引导的高职旅游类双语核心课程建设
——以《领队业务》双语课程为例

【摘要】随着我国出境旅游的井喷式发展,为了提高出境旅游团队领队的服务水平和职业素养,顺应旅游行业发展趋势,本文以提高学生双语水平为目的,结合信息化教学手段,探索双语教学教材的选择、内容的整合、方法的革新和模式的探究,坚持以生为本的理念,采用以学生为主体、教师为主导的教学模式,利用信息化手段翻转课堂,有效结合技能培训和语言提升,体现高职旅游类课程的专业性和语言性。

【关键词】就业引导;旅游类;高职;双语教学

从符合行业发展新要求和提升个人内涵角度,双语课程的开设是职业教育培养与国际接轨的技能型人才不可缺少的内容,尤其是对带领游客出境旅游的领队而言,语言水平和专业技能缺一不可。开设该类课程可以扩大学生的就业视野,引导学生进行职业生涯规划;同时,校内对学生进行比岗前培训更加深入的素养教育,能深层次提高学生,即未来领队的素质,能有效提高我国旅游人才的风貌。

高职旅游类双语课程的开设要从教学理念上要符合职业教育的宗旨,同时要结合专业选取合适的双语理念。在探索《领队业务》双语课程建设的过程中,首先,要确立课程目标,其次,选取合适的教材并进行项目化整合,最后,要在教学内容基础上选择对应的教学方法和手段,充分利用信息化,实现课堂与行业的互通。

一、教学理念

基于行业决定课堂、引导学生就业的理念,本课程依据领队职业能力分析和岗位工作要求进行设计,旨在打破传统以知识传授为主的课程模式,转变为以工作任务为中心的课程教学,并让学生在完成每个项目学习的同时就能做到掌握领队每个工作流程的知识和技能,并构建相关理论知识,发展职业能力,最终培养能胜任行业需求的专职人才理论知识的选取紧紧围绕工作任务完成的需要来进行。

二、教学目标

基于行业标准和对客规范，我们设定了知识、技能和素养三个目标。

知识方面，旨在让要求学生了解中国出境游的现状和发展趋势；要求学生理解领队工作的基本流程；要求学生掌握中国主要出境目的地的出入境手续及领队工作流程中的关键词汇和句式表达。技能方面，要求学生能够了解领队带团中可能遇到的问题和困难；熟悉领队工作过程中常见问题解决的基本理论与方法；掌握问题解决的流程及其相关词汇和句式表达。素养方面，要求学生具有较高的领队理论素养和职业情操，能够灵活运用所学专业知识和专业语言能力，解决工作中遇到的实际问题。

三、教学内容

结合领队的工作流程，兼顾出入境工作的语言要求，对现有教材的内容进行整合，突出了专业与语言的双重特性，通过内容的选取和整合达成教学目标。每个项目因内容和实践性的差异采用不同的语言，以体现双语教学的形式。

根据领队的岗位须知、个人素养及工作流程，主要设立出境游与领队、出团前工作准备、出入境工作、游览服务和自由活动日等项目。每个项目下设工作任务，真实贴近领队的工作。

首先，在岗位须知中，通过介绍中国出境游概况，给予学生信心，鼓励他们积极进行职业生涯规划。其次，通过网络搜索让学生自我发现最受中国游客欢迎的出境目的地，并以此作为分组的主题，锻炼学生网络学习能力和小组合作能力。其中中国主要出境目的地概述也起到对先修课程的重温和提升。重温的是内容，提升的是语言。该部分采用英语教学，其目的是传递目的地信息，主要为教师讲授。从教学内容的选择上该部分要区别于传统的目的地概况介绍，重点突出目的地实际旅行中要用到的词汇、句式表达，比如主要建筑物、旅游景点的英文名、交通标志、天气情况等，民俗禁忌和特殊社会习惯等，要求学生掌握以上知识点的关键词汇和句式表达。最后还需要从政策和行业角度解读领队的相关知识，让学生了解如何成为一名领队，领队需要具备什么样的职业素养。

在领队工作业务中，遵从领队工作的流程，从工作准备到善后交接，让学生完整了解带领团队出境旅游的所有工作和职责。在准备工作中，主要涉及工作物品准备、行前说明会和行李物品准备，其中工作物品准备、行前说明会需要采用英语教学。工作物品指的是领队从计调处交接而来的相关证件和手续的文本文件，境外景点和行程介绍、境外交通方式和境外住房名称和名单表，最重要的是帮助游客提供身份证明保证顺利进入他国境内，比如说护照和签证，因此需要采用英语开展教学。行前说明会部分采用英语教学的目的是让学生掌握并且能够灵活运用主要出境旅游目的地国家的基本情况，能够熟悉当地的情况，以保证在突发情况来临时能够用英语顺利地与工作人员沟通、介绍团队情况和当地景点或者街道的名称。主要内容包括行李规定（如遇行李丢失问题）、酒店设施（如遇游客房间设施出现故障，如何与房务部沟通）、货币兑换（帮助游客兑换货币）、天气情况、生活设施、行李准备、文明旅游等。教学形式可以采取学生模拟行前说明会，按模块分区域进行，每个小组准备不同的主题，从而达到全面学习的效果。

领队主要的工作任务从带领游客从中国机场出境开始，从出入境、飞行、入住都需要采用英语教学。出入境工作从流程角度分为中国机场出境、境外机场入境、境外机场出境和中国机场入境，该部分使用英语教学的目的是形象化学生在工作场景中所看到、听到的词汇和句式，便于领队在国外机场为游客服务。在飞行过程中，领队需要向游客介绍机场餐饮、照顾身体不适的游客、满足游客机上相关的服务，领队必须有效地把游客的要求或者不适传达给外籍乘务员，以满足游客的需求、解决游客的问题，因此该部分使用英语教学。酒店入住的过程也是对语言能力的考验，需要领队掌握各种房型的说明、办理入住、设施介绍、满足游客特殊的要求，因此该部分采用英语教学，目的主要是为了积累词汇，让学生学会表达，以帮助游客在境外入住以及在酒店所需要的服务和特殊要求。

游客出境旅游的核心是在境外游览，领队工作的重中之重即要保证行程平稳顺利运行。因此领队要完成与导游的合作，主要是行程核对和配合协调，同时要能向游客介绍当地的旅游纪念品和风俗习惯，而为了避免纠纷和不必要的误解，领队对这部分知识也应该双语掌握，总体而言，该部分采用英语教学的目的是让学生掌握如何与地接沟通与协调，保障游客的行程按照行程单进行，保障游客的权益。

四、教学方法

基于课程的实践性和实操性，为了做到实践出真知，本课程创新性地组合教学场景与教学方法，即不同的教学内容在不同的教学场景或场地采用不同的教学方法，其最重要的主旨是突出学生主导、教师辅助的教学理念。教师针对性地采用相应的教学方法，让学生在真实或者模拟的工作场景中学习，提高学生学习的兴趣和效率，提升学生实践能力。课堂上以学生演练、实践为主，教师指导、纠正为辅。以下将举例说明各教学方法的使用目的、实施过程和预期效果。

（一）实景教学

实景教学，顾名思义即在领队工作的实际场景中进行教学活动。比如，以领队真实工作场景——禄口机场为教学场所，实景中教学、实践中学习。在机场学生可以亲眼看、亲耳听、亲身行。看到英语词汇在真实环境中出现，能刺激学生更加深刻的理解单词本身的意思，加强记忆。听到机场广播的中英文对照，能促使学生听到更加真实的英语，增强英语听力的信心、提高英语学习。演练领队在机场的工作流程，能更加形象化、具体化让学生认识到领队的工作，而不是纸上谈兵。教师可以在机场布置作业，让学生在机场找到常见的词汇及其频率，在机场现场听机场广播。

（二）模拟教学

模拟教学，顾名思义即在模拟场景中进行教学活动，这些场景不太可能真的实现，因此只能通过模拟的方式进行，模拟在飞机上、在酒店中、在各旅游景区（点）等的场景。飞机可借用学校现有的模拟机舱，弥补不能真的在飞机上实践的遗憾，同时并不失真。模拟乘客需要服务的项目以及可能出现的身体不适或者特殊要求。酒店就利用御冠酒店的大堂，景区的选择就更加多元了。

（三）现身说法

现身说法，即邀请一线工作人员为学生讲授。针对专业性较强的内容，比如证照的办理等，可邀请行业专家，特别是一线工作骨干进课堂进行讲解，保证正确性的同时也能调动学生的积极性。通过讲解一线员工自身经历过的案例给学生听，能让学生产生深刻的心理印象，以后从事相关工作时可以尽可能地避免这些错误和问题。

（四）身份互换

身份互换指的是教师与学生身份互换，学生与学生身份互换，即在课堂上采取角色扮演的方法进行教学。本门课程尽管实践性极强，但是也依然有理论部分。理论知识能够指导学生实践，从长远的角度更能够帮助学生进行职业生涯的规划。这部分理论依然不采用传统的讲授，而是充分利用网络课程让学生预习、自学，完成作业、进行表演，教师纠正学生的错误、弥补学生自学时的缺失。比如说明会的召开、目的地介绍，让学生当领队，演练说明会召开的过程，既是台上学生消化理论的过程，也是台下学生二次学习的机会。

(五)自我探索

双语教学的课程必然涉及语言的学习。反复学习、多次温习是语言学习的特征。因此,利用现有教材的 CD、网络在线课程和教师拍摄的微课,有效利用课前、课后两个环节,加强预习、复习,提高学生学习效率。尤其是预习环节,教师应加以重视,认真设计预习任务,课堂安排检查环节,将预习落到实处。

五、考核方法

考试包含笔试和口试两个部分,考查学生的语言基础、口语能力和应变能力。英语试题占所有试题的 30%。

笔试范围包括目的地概况、出入境的基本规定等理论内容,要求学生掌握基本的目的地名称、地方风味、交通工具、生活设施的词汇及日常表达,掌握出入境所需的全部词汇,会填写各类出入境表格。笔试的客观题部分可以由历年《领队英语》的真题改编而来,主观题部分包括各类表格的填写、情境分析题、文书撰写(比如护照丢失后说明的撰写)等。

口试由平时成绩和期末成绩两部分组成。平时成绩由三次英文作业组成,兼具小组和个人作业的形式。三次英文作业分别为个人模拟场景表演——行前说明会,小组模拟场景表演在机场、在飞机上、在酒店中三个模块中的两个,抽签决定。期末考试由随机选择的英语问题,问题一般多为领队工作中遇到的问题,学生用英语回答,获得最终成绩。

这样的方式,一是理实结合,二是体现了过程性评价的重要性,让学生在平时学习中足够重视,三是让学生学会了团队合作,注重每个人对小组的付出。

总体而言,本着就业引导的目的,才能有效将行业要求、岗位职能融入到课堂教学,运用信息化技术活跃课堂气氛,提高学习效率,培养我国未来高素质、高水平的出境旅游领队。

【参考文献】

[1] 李丹.《节事旅游》双语旅游教学示范课程的建设与实践[J].现代教育管理,2013(12).

[2] 马超.高校旅游管理专业双语教学实践探讨[J].对外经贸,2011(1).

[3] 王莉.再议中国文化英语课程建设[J].太原城市职业技术学院学报,2017(6).

[4] 朱珠,唐恩富.旅游学概论双语课程教学改革实践效果研究[J].重庆科技学院学报(社会科学版),2017(4).

信息化教学在双语课程《领队业务》中的运用

【摘要】信息化是近年来教育界热门的一个话题、一项比赛、一种技能,如何将信息化用到实处,十分值得探究。在出境游井喷的今天,领队是旅游管理、导游和旅行社专业培养的重要目标,基于领队工作的特殊场景和语言双重特性,信息化的使用能有效提高该课程学习效率。本文以双语核心课程《领队业务》为例,从使用信息化教学的策略、基础、实例和效果入手,展示如何在兼具专业性和语言性课程中采用信息化手段及其效果。

【关键词】《领队业务》;双语教学;信息化

当教育插上信息化的翅膀,课堂变得以学生为主导,教师可以全程参与学生学习,真正实现以生为本的理念,从教材整合、学生学情,到教学方法的选取,充分发挥信息化的手段。《领队业务》是导游与旅行社专业的专业核心课程,且教师用双语授课,对学生就业有引导作用,信息化的使用使得该门课程的教学改革效果明显,极具推广价值。

一、使用信息化教学的策略

信息化的应用要根据教学内容需要和学情分析。结合本门课程的双语性,明确领队业务中需要领队具体独立带客能力且对语言有较高要求,为提高教学效果,实现教学目标,课程旨在坚持以生为本的理念,倡导以学生为中心,在教学的全过程全方位体现重视和理解学生,提升学生的专业能力和素养。为突出重点,分散难点,实现教学目标,综合采用任务驱动、情景创设等教学方法,借助现代信息化手段和工具,完成整个教学环节。

具体而言,针对专业性和语言性,从教学整个过程监控教学效果,参加学生学习。

(一)借用信息化手段,创新智慧化工具

借力网络教学平台、微信公众号、教师微课资源,利用QQ群、直播平台、荔

枝 FM 等多种现代化信息技术，创新设计针对性微信小程序、词汇软件，引导学生了解工作环境，提升语言能力。

（二）搭建动态资源库，调动毕业生力量

有效调动毕业生力量，收集最受中国游客欢迎的目的地国家（地区）机场视频，形成国际机场资源库，将工作场景引入课堂，完成课堂实境交互。有效延续人才培养模式，关注毕业生职业生涯发展。

（三）基于自主性学习，开展个性化教学

通过课前预习情况分析，形成课堂个性化学习。解决教学内容要求和学生薄弱环节这两者间的矛盾，有的放矢，提高学习效率。

总体而言，以"以生为本"的理念，以"课上强专业、课后学语言"的方式完成教学任务，有效达成教学目标。

二、使用信息化教学的基础

（一）教学内容

《领队业务》课程为导游与旅行社专业及方向双语核心课程。目前选用旅游教育出版社出境旅游领队培训用书《出境旅游领队实务》和《领队英语》，以兼顾领队的工作流程和领队工作的语言要求。因此对教材内容进行了整合，突出了专业与语言的双重特性。

教学内容的特性决定了课程可以以微课和网络视频等作为辅助学习资源，借助教学平台，搭建视频库，为学生提供课前预习的资源。

（二）学情分析

本课程针对高职二年级学生开设。此前，他们掌握了中国机场出境的工作流程，初步拥有了网络平台学习能力、语言自学探索能力、资料收集分析能力，但是对于出境旅游缺乏流程性的认知、实践操作的机会及英语词汇情境化理解的能力。

通过随机访谈发现，学生对信息化教学兴趣浓厚且对领队工作较为期待，期望在此环境下能够深入了解领队工作，掌握领队工作技能及其英语会话能力。

通过问卷星调查得出以下结论：

（1）英语能力：授课对象对领队工作相关的英语词汇和对话均有所了解和掌握。

（2）技能基础：授课对象已经学习过《导游服务技能》等相关课程，掌握一定的对客服务规范和技能。

（3）学习能力：众多在线软件和公众号能引导学生自主学习，授课对象初步拥有了网络平台学习能力、语言自学探索能力、资料收集分析能力。

总体而言，对于信息化手段的运用，学生能较好地接受并能运用到学习中。

（三）教学目标

领队工作对学生的专业知识和语言能力均具有较高要求，课程旨在使学生掌握带领出境旅游团队的服务程序和规范，并能独立保证团队顺利平稳地运行。依据领队工作岗位要求，结合学生的实际情况，我们设定了知识、技能、情感三方面的教学目标。

（1）知识目标：学生通过自主学习和教师引导，能够掌握领队工作的流程和所需部分的英语会话。

（2）技能目标：学生经过知识学习和情景模拟，能够迅速熟悉不同团队信息并能顺利带团。

（3）情感目标：学生通过自我探索和案例分享，一方面能够提升自身职业修养，展示旅游人的职业风貌，另一方面能够在带团过程中适时向游客提醒"文明旅游"，做文明的使者。

三、使用信息化教学实例

以项目三"出入境服务"中的模块三，他国（地区）机场离境为例，根据教学流程详述信息化手段在《领队业务》课程中的运用。本次课教学重点是让学生掌握他国机场离境每个环节的工作任务和英语会话。教学难点是普适性与个性化的转化，即如何将普适性的境外机场离境工作流程运用在众多个性化突出的国际机场。

（一）课前准备

该部分运用信息化手段的目的是让学生充分进行课前准备，提高课前预习针对性和实效性，让教师真实准确获取学情信息。主要采用的信息化手段有：网络教学平台、词汇软件和荔枝 FM。其优势是提高学生积极主动性，准确获取学生学习反馈信息。

教师首先在网络教学平台发放学习任务单；其次对学生上传后的作业进行梳理，做好课堂实施前的准备工作；最后关注学生提出的困惑。

学生借助教学平台和 QQ 群，下载教师预先发布的新闻案例和学习任务，完成接触新课、自我检查、师生互动等活动，形成课前预习成绩，明确学习目标。

1. 学习在线资料，了解工作情境

首先，学生学习教师上传至平台的案例，重温机场环境，了解他国机场离境工作的重要性和专业性。教师在线检查学生学习进度。网络探索学习后，分解离境工作任务并总结各环节的英语关键词。

2. 自检语言能力，掌握工作语言

接着，学生通过词汇软件和荔枝 FM 自检语言能力，将成绩发送给老师，教师总结后形成课堂教学重点。

3. 小组内部分工，模拟工作场景

然后，学生根据分组对应的国家机场离境工作流程图，总结出工作重点；预习各环节所需对话，将小组情景模拟视频发至 QQ 群，师生共同给出评价。

4. 登录平台留言，提出自学困惑

最后，请学生将自主学习中遇到的困惑在平台留言。

（二）课堂实施

该部分运用信息化手段的目的是让学生充分参与到课堂，实现个性化学习。主要采用的信息化手段有：多媒体。其优势是便捷直观地呈现领队工作流程，增强学生程序化认识。

在案例导入阶段，教师通过视频播放，导出本次课时的教学内容。

接着，教师展示平台上学生的共性困惑：为什么不同机场离境工作流程不尽相同？教师指出本课难点：由于机场的差异，离境流程的学习要通过"分解任务、各个击破、灵活组合"的策略来实现。随后以新加坡樟宜机场流程为例：办理登机手续—办理退税—通过安检海关。

1. 任务一：办理登机手续

该部分主要采用的信息化资源有：微信公众号：领队 e 工厂、直播平台。其主要优势是能够让学生体验真实场景、强化流程记忆，词汇分组、因材施教，落实登机词汇用语。从语言和程序上完成工作任务。

教师首先利用微信公众号——领队 e 工厂引导出直播视频，与直播小分队一起摸索和拆分"办理登机手续"。接好信号后，进入出发大厅重温环境。基于"中国机场离境流程"的学习，学生已经掌握了"准备办理登机"的流程。教师课前指定航班，指导学生解读登机信息。分组针对性辅导学生词汇学习。

学生通过直播视频，摸索拆分办理登机手续；根据直播连线重温登机环境，掌握流程；摸索机场并且定位词汇；分组练习模拟教师分配任务；通过微信公众号实现直播连线，在情景化体验中获取登机流程，根据作业情况加强登机词汇练习。

2. 任务二：办理购物退税

该部分主要采用的信息化资源有：教学平台、教学资源库。其主要优势是教学平台可以直观地将学生的作业和困惑展示出来，资源库通过视频的形式更加直观地再现机场环境。通过复原学生课前作业中的关键词和相关材料的认识，引导学生对退税流程和退税材料，以及机场退税区、领队业务的掌握。

教师首先展示课前作业中"退税需要的材料"的关键词；再要求学生汇报作业，找出退税支付方式的差别；最后引导学生观看不同机场退税区的位置和领队工作注意事项。

学生在教师指导下掌握退税过程中的"所需材料"关键词；在教师引导下，汇报退税材料作业，包括对应国家的风物特产、旅游纪念品、中国人青睐的支付方式；在国际机场资源库中找出该机场，观看退税区位置和领队强调的注意事项。

3. 任务三：通过安检海关

该部分主要采用的信息化资源有：flash 动画，多媒体。其主要优势是动画和游戏提高学生学习的主动性和趣味性，增强对知识的理解和掌握。

考虑到国际机场安检和海关的管控性，该部分采用动画演示呈现其流程。

首先，由教师播放原创的英语安全检查动画，引导学生复习机场安检流程的会话。接着，按照事先安插了错误的脚本，组织"大家来找碴儿"的游戏，一组表演，其他小组讨论，根据每组指出的错误数量计分。然后，由学生汇报出境卡、海关申报单上共性的信息及其填写注意事项，英语表演出海关常见的对话。教师现场反馈，及时点评纠错。

学生观看英语安全检查动画，重温机场安检流程的会话；完成"大家来找碴儿"的游戏；汇报出境卡、海关申报单上共性的信息及其填写注意事项，英语表演出海关常见的对话。通过动画观看，更加直观清晰地了解通过安检海关的程序和注意事项，通过游戏互动，加深对关键环节的记忆。通过卡片填写，模拟完成真实工作任务。

4. 课堂总结

在课程最后，再次使用多媒体信息化资源，目的是清晰直观展示本次课程内容。

教师组织学生总结所学内容，并补充完善，最后与学生一起回忆流程，引导学生思考哪些环节需要多次提醒游客注意文明旅游。

学生在教师引导下归纳梳理知识要点，巩固学习内容。拆解他国（地区）机场离境任务，点明注意点。

（三）课后提升

课后，以能力提升为目标，基于信息化手段，巩固课堂所学，提升专业能力。

（1）语言加强。请学生利用自创软件"其游词理"巩固词汇，荔枝FM纠正发音，原创微信小程序练习实时对话。

（2）情境融入。请学生通过教学平台接受分组安排，完成对应国际机场全流程情景模拟并发至QQ群。

（3）专业巩固。请学生利用领队e工厂的直播安排，观看领队带团实景，并与其互动。

（4）能力提升。请学生查看教学平台上的安检动画，完成指定段的内容解读。

学生将每个环节的作业和自测成绩发送给教师，基于过程性评价和多元化评价，形成个人表现雷达图，包括：完成任务、词汇认知、语音语调、流畅程度、语言组织、小组合作、作业汇报等多重因子。

（四）教学效果

本案例中以"他国（地区）机场离境"创设情境，以掌握他国（地区）机场离境流程为主要任务，依靠教学平台连接教学流程，基于课程需求原创信息化程序软件，借力信息化资源引导学生兴趣，借力校友力量搭建课堂行业的桥梁。打破时空限制，实现实时讨论，分别通过"分解任务，各个击破"和"化零为整，灵活应对"有效地解决了教学重难点，顺利完成教学任务，较好地完成了设定的教学目标。

四、使用信息化教学反思

本课程以领队工作为任务，鼓励学生自主寻找总结预防措施，并调动学生学习自主性，自行拟订处置方案。教学实施过程中，借助网络教学平台和微信公众号使用，实现在线任务的领取、问题解决、作业递交等；利用微信群和QQ群，实现了师生实时互动；利用直播连线作为课堂中呈现真实工作情境的平台。通过flash动画演示解决现实中无法呈现的场景，借助自主开发的小游戏程序，强化流程动作的记忆，这些都有助于提升学生认识和了解领队的工作流程，清晰明了，灵活易学。多元信息手段的运用，有效提高了课堂效率，也让教学难点在简单轻松中化难为易。

【参考文献】

[1] 沈庆磊，王向华. 高职院校信息化教学存在的问题与对策[J]. 河北职业教育，2018（3）：82-84.

[2] 王晋，颜浩龙. 信息化教学在高职《营销策划》课程教学中的实践[J]. 现代商贸工业，2018（2）：172-173.

[3] 常广炎. 职业院校信息化教学策略的应用[J]. 无线互联科技，2015（14）：102-103.

[4] 周源. 职业院校信息化课堂教学有效性研究[J]. 信息与电脑（理论版），2015（21）：170-173.

基于技能大赛的"三阶一贯制"教学机制研究

【摘要】 以导游服务技能大赛为例,创新提出"三阶一贯制"教学机制,以将精英教育惠及全民为目标,通过将大赛资源转化落地在人才培养方案、课程设置、教学方法、师资培养四个方面,建立"满意人才—能就业,定制人才—能创新,精品人才—能比赛"三个层次,以教师能力贯穿教学手段、方法、资源和环节,真正落实以技能大赛的方案作为蓝图和杠杆,将技能大赛真正作为人才培养的风向标,将其方案和目标内化在日常教学中提高院校育人质量。

【关键词】 技能大赛;"三阶一贯制";教学机制

一、导游服务技能大赛的现状

(一)导游服务技能大赛的背景

改革开放40年,我国旅游业发展势头强劲,成长为世界旅游市场中的重要角色,连续多年保持世界第一大出境旅游客源国和全球第四大入境旅游接待国地位。旅游业已然成为国民经济发展中不可替代的战略性支柱产业和人民幸福生活的刚需。当下,人们的旅游方式已经从观光游时代向休闲度假时代转变,人们更加注重个性、自主、深度参与的体验式旅游方式。

2017年中共中央办公厅、国务院办公厅印发的《关于深化教育体制机制改革的意见》中指出,要建立健全德技并修、工学结合的育人机制,厚植企业承担职业教育责任的文化环境,提升人才培养质量。把劳模精神和工匠精神融入教学标准,渗透到教育教学各个环节。提升职业教育发展水平和服务能力。按照专业设置与产业需求对接、课程内容与职业标准对接、推动职业院校办出教育的特色和水平。旅游行业游客需求的变化和教育政策的引导,无不对职业院校培养人才的目标和方向提出了新的要求。

(二)导游服务技能大赛的意义

近些年来,各级教育主管部门、旅游行业主管部门、行业协会组织开展了多项导游职业技能大赛。办赛本身不是目的，而是以大赛为引领，检验职业教育的教学成果，推动职业教育教学改革。大赛的赛项设置是导游职业核心能力的提炼与直观体现，通过对技能大赛赛项的研究，把握未来行业发展，对未来职业院校导游专业培养什么样的人才、如何培养人才提出了新的课题。通过对大赛的研究来促进教学，进一步深化专业教育教学改革；通过对大赛的研究来促进合作，进一步强化产教融合校企合作；通过对大赛的研究促进教师的进步，进一步培养更优秀的专业师资队伍。

因此，大赛根本的意义在于引领高职导游专业发展，从学生、大赛、行业和游客角度入手，抓住旅游行业日新月异的变化，探讨导游专业人才培养方案，构建相关专业课程体系，激励教师以大赛为最高要求，普及精英教育，使全员受益。

二、"三阶一贯制"教学机制

（一）"三阶一贯制"提出的背景

传统基于岗位的课程建设并不全面，它满足了观光旅游时代游客的需求，优先解决的是导游讲解的流程和方法。在个性化服务来临的时代，游客的需求提升了，同时行业发展能够引导游客需求，曾经的课程体系需要被打破后以导游讲解内涵和服务质量的提升为目标进行重建，而如何根据当今游客需求和专业引领趋势建立新的课程体系，就需要借助大赛在育人体制和行业发展中的发挥前沿和引领作用。同时为了避免选手集训与日常教学的脱节出现精英强、普遍弱的问题，而是以金牌选手成为行业精英为最高宗旨，重视日常教学模式与技能大赛集训一贯制，双轨同向为行业育人，最终为游客服务。

（二）"三阶一贯制"的提出

基于大赛和日常教育的育人目标，将职业教育人才培养分解成三个阶段，满意人才—定制人才—精品人才。

满意人才指的是能在实习、毕业双选会上被企业顺利录取，满足企业的用人需求，是院校培养人才的最低要求，即保证对口就业，保证人才培养的一贯性，保证学生就业时的专业忠诚率，保证企业的用人满意度，以此肯定院校的育人效果。

定制人才指的是基于校企合作办学的基础上，培养出的企业定制人才。比如基于现代学徒制、校企订单班、冠名班等深度校企合作形式上，企业参与人才培养方案的制定、课程设置、日常授课、课程评价、人才选拔和最终的录用过程，将企业岗位要求内化在日常教育中。在旅游行业，"定制"的一语双关还体现在目前旅游市场急需能够制作定制产品的人才,因此"定制人才"指的是能设计旅行社产品的高层次人才。

精品人才指的是能在本专业技能大赛舞台上施展拳脚的拔尖人才。以导游大赛为例,这类人才不仅要专业技能过硬,而且语言能力强,最后还要有足够的灵活应变能力和才艺表演能力,可以说是人才培养的最高目标。这类学生在进入企业后能够在短期内展现出个人的魅力和价值,成为企业或者行业出类拔萃的优秀人才。

以上即为三阶人才体系,而"一贯"是从教师角度提出的,教师要将人才培养目标实施在相应的课程中,因此要体现出不同人才培养方案与相应课程设置的一贯性;专业核心课程与企业导师的一贯性;大赛培训与指导老师的一贯性;企业岗位要求、大赛方案与课程评价的一贯性。换言之,要体现教师在人才培养中的一贯作用,以人才定位为基础和目标,以大赛评分标准作为人才培养的杠杆和能力分解基础,将其内化在专业课程建设中,将大赛资源转化成适合本专业学生使用的素材,采用适当的教学方法和手段实现培养目标,让精英教育惠及全民。

总体而言,"三阶一贯制"以大赛为切入点和抓手,寻找贯通行业发展、游客需求与课堂教学的途径,打破传统以岗位作为单一人才培养的标准,解决行业发展、游客需求与人才培养之间的脱节,将对接行业发展和满足游客需求作为专业标准制定基础的观念,搭建供求双方的直接联系,提高专业标准的可信度和人才输出的可用度,使精英教育惠及全民。

(三)"三阶一贯制"的内涵

基于技能大赛对教学机制的影响,构建三阶一贯制人才培养体系。其内涵是:以对接行业为导向,从满足游客基本需求转变为引领游客需求,以技能大赛为桥梁,以教师能力贯穿始终,以四位一体的专业标准为抓手,摸索游客需求与人才培养之间关系,内化游客需求于人才培养方案中,建设五能一核的课程体系,完成大赛资源多元多维的转化,促进双向一代的课堂改革,形成满意人才—定制人才—精品人才三等级,达成就业—创新—比赛三层次,让精英教育惠及所有学生。

自2013年开始,导游服务赛项成为全国职业院校技能大赛一部分,近年来受到社会各界、全国相关院校的关注,得到了广泛的响应和认可。技能大赛专家组成员根据行业发展动态和游客需求,将其融合在大赛赛项设置里,并体现在比赛环节和评分标准中。因此,应该充分发挥大赛对教学的引领作用,打破传统以岗位需求作为单一人才检验标准的体系,构建上图中基于大赛方案变动的专业标准、课程体系、教师能力提升途径,最终实现以学生职业生涯规划和行业发展动态为基础的人才培养目标。

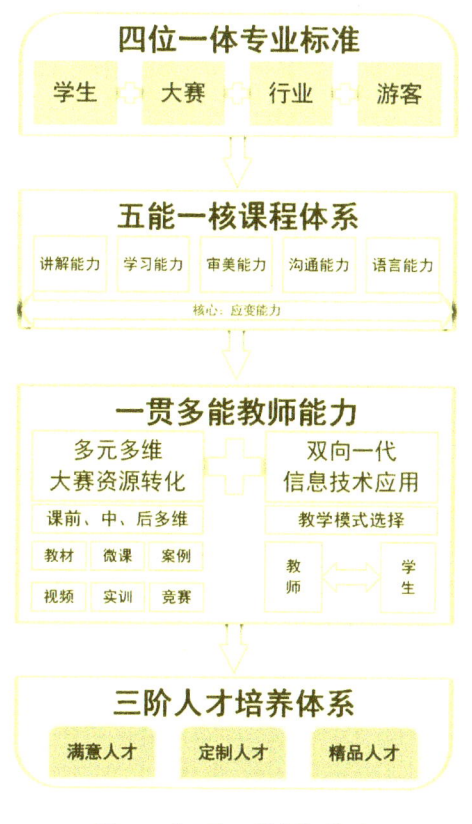

图 1 "三阶一贯制"体系

通过分析 2013 年以来导游大赛方案的变更，不难看出赛项及其权重产生了一定的变化，具体如表 1。

表 1 历年导游大赛赛项权重变化

赛项内容		权重（%）					
		2013	2014	2015	2016	2018	2019
自选导游词讲解		60	60	60	60	35	35
文化测试		15	15	15	15	15	15
才艺		10	10	10	10	10	10
抽选讲解	情景再现	10	无	无	无	无	无
	抽选景点讲解	无	10	无	无	无	无
	抽选文化元素讲解	无	无	无	10	无	无
	文化元素与团型匹配讲解	无	无	无	无	30	30
现场知识问答		5	5	5	5	取消	取消
导游英语口语测试		无	无	无	无	10	10

自 2013 年导游服务赛项设立以来，导游讲解能力是比赛中的重头戏，其权重占总比分高达 60%，说明导游服务技能大赛早期较偏重选手的导游讲解能力。而 2018 年该赛项的权重从 60% 骤降到 35%，2019 年得到延续，同时抽选讲解的权重从 10% 激增到 35%，且形式也更加考查选手应变的能力，从 2013 年情景再现到尚有范围可依的 2014 年抽选景点讲解和 2016 年文化元素讲解，到 2018 年不仅考查学生对文化知识的掌握，还考查学生能根据团型灵活设计导游词，说明大赛更加注重选手文化和能力的结合。游客需要的不是制式化的讲解，而是灵活的、针对性的、个性化的讲解，这也是人工讲解与电子导览器最根本的区别。游客需求的偏好对企业人才提出了新要求，而反过来，行业也利用人才培养的方向对游客需求进行引导，大赛方案的变更体现的正是游客需求的变化和行业发展的动向。2018 年赛项内容的更改更是说明了这一点，从抽选景点讲解考查学生的知识储备，到抽取文化元素匹配不同团型考查学生是否能灵活运用储备的知识。灵活应变能力不是短期集训能完成的，而是考查一个学校在日常教学中是否培养学生相关能力，只有将大赛标准以课程为载体内化为人才培养方案中，才能让全员受益，让精英教育普及全民。因此，从技能大赛方案的变化可以得知行业发展动向和游客需求变化决定了导游人才的培养方向和目标，"三阶一贯制"的提出即是基于市场变化，创新地从导游需求的源头——行业和游客角度入手，深入探讨如何根据行业和游客需要确定人才培养目标，继而将其内化在课程体系和教师能力中。

三、"三阶一贯制"模式探索

基于大赛培养行业精品人才的前提和现状下，建立"满意人才—能就业，定制人才—能创新，精品人才—能比赛"三阶人才体系，以游客需求和行业发展作为顶层设计基础，以教师能力为贯穿，引领三阶人才培养专业标准、课程体系、资源转化和课堂改革，使精英教育惠及全民，提高院校育人品牌，提高用人单位的满意度。

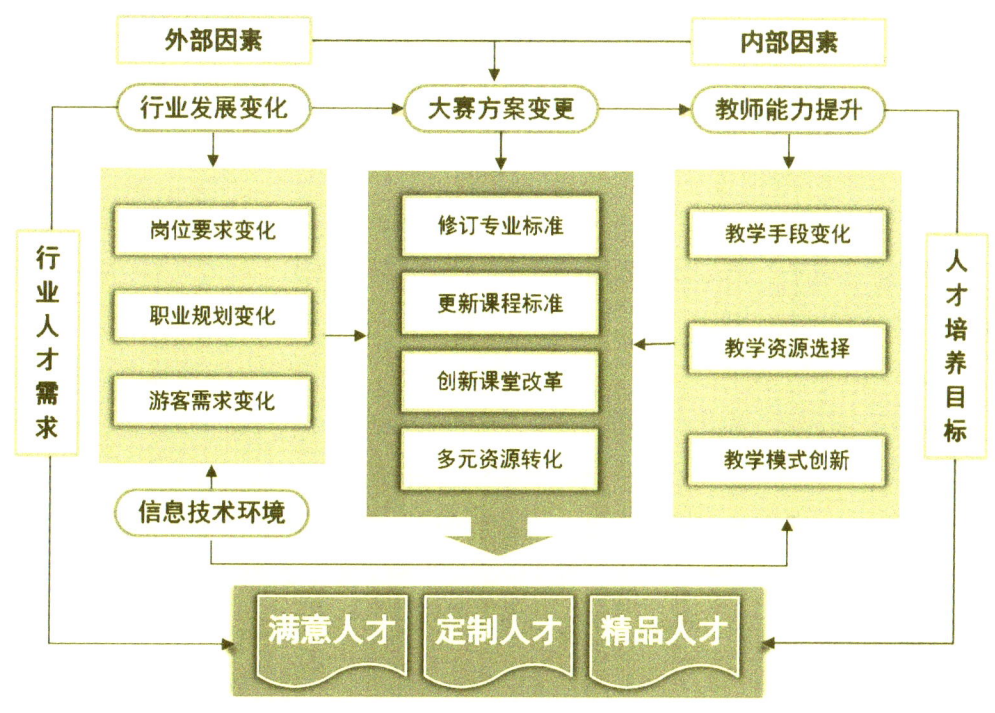

图 2 "三阶一贯制"实施过程

（一）四位一体的专业标准

集学生、大赛、行业、游客四位共同需求形成一体专业标准，体现大赛引领下的专业人才培养目标。目前多数高职院校通过赴企业调研形成专业标准，技能大赛更是以其高要求和严标准让社会看到了旅游行业的优秀人才，但是过程中忽略了终端和源头，在旅游高职院校和旅游行业特指学生和游客需求、行业发展。学生是人才培养方案实施的对象，即专业标准的终端；游客需求和行业发展是旅游人才培养的依据，即人才培养方案的源头。通过问卷和实地访谈，创新将学生就业规划和游客需求、行业发展纳入专业标准制定中，即基于学生就业规划、游客需求分析、行业发展分析、大赛标准剖析这四点来开展人培方案制订、课程设置构架、核心课程标准建设及教学资源库建设，以此弱化导游人才与服务对象之间的供需差异，让社会不仅看到顶级的旅游人才，更能接收到更多德艺双馨的旅游人；让学生实现自身价值，肯定专业选择，坚定地在旅游一线服务；让学校更好地向社会输送游客需要的人才，让学生能满足和引导游客需求，提高院校育人口碑，梳理院校育人品牌。让精英教育普及全民，以满意人才作为最低标准，肯定院校育人质量；以定制人才为行业服务，抓住创新创业时代浪潮和行业发展趋势；以精品人才为大赛服务，展现行业精英风采,以此构建三阶人才培养体系。完善相关专业的人才培养方案后,以技能大赛的趋势和改革为引领,以普及教育惠及全民为目标,体现出三阶一贯制人才培养体系。

(二)五能一核的课程体系

建立以讲解能力、学习能力、审美能力、沟通能力、语言能力为"五能"和以应变能力为"核心"的五能一核课程体系。回顾历年导游服务技能大赛的赛项,包括自选导游词讲解、即兴讲解、文化知识测试、才艺、知识问答和英语能力测试,主要检验学生的讲解能力、应变能力、学习能力、审美能力、沟通能力、语言能力。2018年导游词讲解部分有重大改革,自选景点讲解分数降低25%,即兴讲解权重提高20%,传统识记型赛项——现场知识问答取消,取而代之的是新增的导游英语口语测试,该测试内容以导游服务能力为基础,以目的地文化介绍或者突发情况处理为载体。改革即为时代所需,赛项的改革体现了游客需求的变化,不管是以文化元素配合团型的即兴讲解还是处理突发情况的英语口语测试,都突出了导游工作的核心能力——应变能力,这也是电子语音导览器难以取代的能力。大赛的改革正是愈加明晰应变能力是导游各项能力的核心,因此可以说应变能力应该作为核心目标贯穿整个教育过程,要求学生做到培养体系灵活运用所学,巧妙应变突发情况。五能一核课程体系更是理实融通、相互依存的体现,通过对比开设导游专业的院校人才培养方案和企业岗位要求,改革传统课程标准,建立理实一体、学思结合的课程体系。在课程标准中体现出大赛对导游素质、技能、专业等方面的要求,并将其内化在整个课程设置中,将赛项的核心能力分散在不同专业必修和核心课程中,保证培养目标的连续性和可操作性,建立稳定的育人机制和课程体系。

以导游专业为例,完成《导游词设计与讲解》《导游服务技能》《旅游政策法规》和《领队业务》等课程的标准修订。课程标准的修订凸显出五能一核的目标,即以培养学生讲解能力、学习能力、审美能力、沟通能力、语言能力为"五能"和以应变能力为"核心"。以五能一核串联起各核心课程,分散内化能力目标,体现人才培养的连续性和系统性。

(三)多元多维的资源转化

将大赛资源转化成多元教学素材渗透到教学手段、工具和教材中,多维度使用于课前、课中、课后。系统化转化技能大赛的资源包括建立完整的教材、实训、试题、微课资源体系。信息化时代丰富了学生课后资源的选择,教师则反向可以合理利用网络渠道,为学生量身定制教学资源。将导游服务大赛的优秀视频制作成课程所需的微课，将文化测试和英语口语题库的内容融合进案例讲解，都是对大赛资源深度的转化。2018年12部教育部提出"金课"概念，为大赛资源的转化指明了方向，大赛资源需要转化，更需要高水平转化。

以2018年导游服务技能大赛为例，目前资源有文化测试题库、文化元素、团型、英语口语测试题库、比赛视频、专家点评，一方面能延续传统大赛资源的转化，将比赛讲解视频和题库作为案例穿插在课堂教学中，另一方面，要丰富转化形式，与教学多元结合，比如将比赛讲解视频剪辑成微课在课前为学生预习所用，以《导游词设计与讲解》课程为例，如何提高导游词设计能力是本课的核心目标，大赛优秀视频用于教学可以发挥其示范作用。通过剪辑《导游词设计与讲解》的优秀讲解视频和系列解读微课，就串联了时间上大赛资源的使用。再如，将文化元素与团型相匹配的职业素养既适用于《导游服务技能》课程中团型分析和应急能力的部分内容，更适合与养成型课程结合，通过拍摄《导游服务技能》案例解读微课，再与我校开展的《博物馆讲解》《景区义务讲解》等结合，可以让学生实战练习；再者，2018年导游服务技能大赛中增设了英语口语测试，其内容为导游服务技能的应急处理和文化讲解，将其归类与总结可以引领项目课程改革，进行教材编写，引领任务，完成《领队业务》双语教材出版。这就保证了大赛资源多层次的使用。

（四）双向一代的课堂改革

在教育信息化2.0时代，注重教师与学生并重，加强师生双向沟通，以学生为中心，开展课堂教学。信息化时代，多种教学工具让教师上课如虎添翼，教学效果日益显著。教师要善于利用信息化教学工具，构建以学生为中心的教育生态，充分研究学情，以学定教，为学生提供个性化、多样化、高质量的教育服务。也就是说，教师与学生的双向交流决定了教师选择课堂教学的素材和起点，学生也可以根据教师上课的内容利用在线资源进行深度学习。基于双向沟通的基础，教师采用合理的教学设计，则可以开展拔优和普及双向教育，以大赛鞭策学生成为精品人才，以大赛鼓励全员成为满意人才，以大赛驱动学校培养标准人才。信息化时代为课堂改革提供了工具和环境，教师是课堂改革的导演，学生是课堂改革的推手和受益者，目前常用的翻转课堂、慕课、微课、在线课程都是与信息化技术紧密结合的方式。从信息化时代入手，教师应探索如何在课堂上合理运用信息化手段提高学生的应变和创新能力。

(五)一贯多能的师资建设

既要发挥教师在教学中时空一贯的作用,又要以大赛为契机,多方激发教师潜能,实现教师日常教学和大赛集训中的价值。所谓时空一贯的意思就是保证课中、课外、校内、校外教师能贯通所有教学时间和场所,实施教学活动。具体表现在,教师在日常教学中要设计教学理念、贯穿教学活动、创新评价机制,发挥教师在教学中的核心作用,激发学生自主学习能力、提升教学效果。如果把日常教学当作一潭湖水的话,那技能大赛就是激起浪花的石块。学生需要大赛作为契机表现自我,教师更需要大赛引领并证明其育人的潜力,也就是培养出精品人才;同时技能大赛也是检验教师专业技能、理论基础和创新思维的有效工具。而集训式的备赛是日常教学理念和能力的体现,因此教师的贯通作用是从时间上到空间上一贯的。导游专业是实践性、技能性、规范性很强的专业,对教师的实践能力和创新能力的要求较高。学校通过让专业教师参与大赛指导、担任评委、考官、考取职业资格证、承担课题、下企业锻炼等各种方式促进教师与行业接轨。

一方面,鼓励教师全方面参与导游大赛的工作,从方案制定、参与出题和担任评委,从不同角度关注大赛的核心要素和对学生能力的要求,融入到日常教学中,高标准、严要求培养旅游人才,提升教师能力。另一方面,通过从集训与教学中师资的分配,厘清师资力量在育人中的重要性以及师资如何培养,通过校企合作"企业工作站"的建立,固态化教师下企业实践的保障机制。

四、结语

大赛资源的转化要与时代相适应,信息化时代下,教学资源的转化应该力求形式多元、线上线下一体,而导游服务技能大赛的形式更是与信息化完美契合。资源转化的效果反向体现了教师的部分能力,基于此,更考验教师采用何种手段将这些资源运用到课堂上,提高教学效果,最终培养出以大赛为风向标的三阶人才:满意—创新—比赛。

【参考文献】

[1]谭碧.从技能大赛的角度探讨高职会计专业教学质量的提升[J].教育与职业,2014(9).

[2]吴交树.技能竞赛引领高职院校教学改革问题探新[J].教育与职业,2016(7).

[3]刘龙.职业技能竞赛对教学改革的推动分析[J].教育现代化,2018(10).

[4]沈文.基于技能大赛的优秀教学成果和实践探索[J].江苏教育研究,2018(10).

［5］牛天河，连义平.以技能大赛为导向的职业院校实训课程改革探析［J］.新西部，2018（11）.

［6］李昌燕.职业院校技能大赛导游服务赛项对旅游管理专业课程反拨作用分析——以旅游管理专业英语为例［J］.海外英语，2018（11）.

［7］牛耘.基于技能大赛下的高职会计专业教学改革探析［J］.纳税，2018（12）.

［8］魏娇.浅析职业技能大赛对高职专业建设的促进作用［J］.才智，2018（12）.

［9］汤国明，许茵，黄旭升.技能大赛对职业院校师资能力提升的影响研究［J］.职业教育研究，2018（12）.

高职高专生长性课程跨年级学习模式探索
——以《旅行社经营管理课程》为例

【摘要】 本文从生长性课程的性质探索出发，摸索生长性课程和跨年级学习模式的定义，解析其在南京旅游职业学院旅游管理学院《旅行社经营管理》课程中的实践，以此探析跨年级生长性课程跨年级学习模式存在的环境、重要性、必要性、具体实施的办法，可能面临的难点，以此提出进一步的对策。

【关键词】 生长性课程；跨年级学习模式；互通式

高职高专的课程多为学生就业而服务，因此极具实践性，但是由于校外实践的场地、时间、学生安全等问题的限制，不能多次大批量展开，然而实践又不能缺失，因此对于实践课程如何实践、在哪里实践是目前多数职业院校的一大难题。本文针对理实一体化、以就业为导向的课程出发，探讨该类课程如何有效地进行校内实践，同样达到校外实践的效果。

一、生长性课程

高职高专的课程设置具有理论与实践相统一的特征。第一年学生通常是以学习公共课、专业通识课为主，因此这一年是打理论基础的一年；第二年学生进入专业课的学习中，课程更加专业化，实践性更强，难度更大，教师对学生的作业要求也更高，要求学生能灵活地运用第一年学习到的通识课知识，实现理论与实践的衔接；第三年学生走出校门进行顶岗实习，实现理论运用于实践中。以上为现阶段高职高专人才培养方案的基本思路，符合高职高专理论走向实践培养目标的要求。正因为三年的培养目标明确，因此在对学生意识的培养上过于分明，使得入学后学生第一年的学习还是脱离了实践本身而过于理论化。本文提出的生长性课程指设立在大学第二年的专业课，此类课程需要运用到前修课程，即大一所学的理论知识；大二学习生长性课程本身，强调理论与实践的融合；到大三将生长性课程中的所学沿用到顶岗实习中。因此生长性课程可以说是贯穿高职三年实习的课程，其通常开设第二学年，为理论兼具的课程，目的是联系先修（第一学年）理论课程，培养实践能力，最后实现理论和实践的综合运用——即上岗实习（第三学年）。

以高职高专类旅游管理类专业核心课《旅行社经营管理》为例，该门课程需要运用到专业基础课中的《旅行社概论》《客源国概况》《中国旅游地理》《民族与民俗知识》等，从地域分布、人文知识、资源鉴赏等方面培养学生的理论学习和分析能力；而该门课程本身还能从分析、展示、创新等方面培养学生的实践能力；完成上述两项的课程后，学生就要走上旅行社的岗位进行纯实践的学习和运用，所以《旅行社经营管理》可以被认为是生长性课程。但是生长性课程不是对任何课程都适用的，较适用于有先修课程支撑，并且与顶岗实习结合的理论与实践兼具的过渡课程中。

二、高职高专学习环境

以南京旅游职业学院为例，大一的学生有固定的早自习和晚自习，以便让学生从高考的压力中循序渐进地脱离出来，不会让学生进了大学就有"解放"的感觉，从而抛却了学习。这样的过渡，让学生到了大二没有了早晚自习时，依然会根据自身需求到图书馆进行自主学习。这样的分配方式也符合学生学习的知识特性，大一的理论基础学习更需要"坐得住、耐得住"的固定室内学习。

大二的理论与实践兼具的学习更依赖能够有充分自主的时间进行自由分配，按照个人的学习能力和需求，诉求于网络和电子设备，所以大二是学生自主学习能力锻炼的黄金时段。

在高职类院校多采用"2+1"模式，即学生在学校进行两年的全日制学习，第三年赴实习单位进行实践学习。该类模式使得一部分实习的学生产生脱离学校走上社会工作，不再是学生，不再受到学校关注的错觉。

三、生长性课程的重要性

生长性课程能让学生不脱离理论，不建造空中楼阁；依靠理论过渡到实践中，有所指导和指引，避免了学生的茫然；在实践后还能回归理论，实现专业提升，尤其是对业绩突出，有晋升机会的学生，理论从最初的引导到最后帮助其回到原点，掌握原理有重要意义。因此理论是生长性课程的支撑。

高职高专是以培养社会实践性和操作能力强的人才为主，理论的学习固然重要，但其核心还是要以实践操作的能力培养为主，学生要能做到"做中学、学中做"才能实现提高学生动手能力、提高高职学生竞争力的初衷。学生要在实践中将理论知识运用起来，操作起来，如如何设立一个旅行社的品牌，如何起名，如何设计一个标志，如何创作宣传语，只有实践操作起来，学生才能彻底理解理论知识的内涵。同时，在校内实践内，教师可以帮助学生对无预见性的问题加以解决，减少学生进企业后的磨合期，加快学生的角色转换。

有了生长性课程的理论结合运用、实践指导，到工作岗位后学生能实现与企业的无缝对接，提高了高职教育的口碑、增强了学生的信心和社会责任感、减少了单位的培训成本。

四、跨年级学习模式的必要性

跨年级学习模式是指在生长性课程中使用的一种融合低、中、高年级，即高职高专三个年级的学习模式，此模式中三个年级的学生具有不同的身份，大一学生在此模式中是评价主体、大二学生在此模式中是作业/作品制造者，大三学生在此模式中是行业引导者和资料提供者，三个年级分工明确，目标统一，为了实现大二（高职高专核心学习年级）在不脱离行业实践的基础上完成模拟社会实践的校内实践和评价。跨年级学习模式有效地调动三个年级学生的互动，实现课程学习的生长，提高课程学习的过渡性，从而加深学生对课程理解。

跨年级学习模式与生长性课程相互依存，只有在课程是生长性的前提下，才有跨年级学习的价值，实现三个年级的共同进步。

采用跨年级学习模式的具体原因如下。

1. 出校门实践的难度

基于旅行社经营管理开设的旅游管理专业通常班级拥有学生数量45人左右，人数较多，出校门、进企业实践和观摩难度较大，因为会影响企业的一般运行。旅行社旺季由于大量的订单和咨询，一般无法接待学生去观摩学习，即使是淡季，一次有45个学生去实践，实施的可能性也不大，但旅行社经营管理的课程对于实践的要求较高，纯理论式学习会让学生脱离实际，并感到枯燥，因此将校外实践换成校内实践，具有考虑的价值。

2. 出校门实践的隐患

旅行社经营管理课程中旅游产品设计的依赖于前期的社会调查，这个部分急需实践模拟，但对于思想单纯、容易被人骗的学生来说在摸索阶段，没有任何经验就走上街头派发问卷，较为危险，由于旅游类院校以女学生所占比例较大，潜在危险更大；其次，学生初入社会不懂得如何与人打交道，把握不好说话的方式和语气，极容易产生纠纷等问题。要避免这些问题的出现,首先要让学生在学校时就能树立好良好的态度、掌握适当的方法、遇到问题能解决而不是产生矛盾或纠纷,因此进一步加深利用年级间互通实现实践的思考。

3. 增强年级间的互通

对于高职高专的学生来说,即使不在同一个年级将来也很有可能成为同事或同行。但往往大部分学生并没有在学生会、团委任职,所以相互间接触的机会较少;而即使是学生会的成员、干部,在一起通常交流的是业务上的事,鲜少交流学习上的方法和心得。采用生长性课程模式,可以为大一新生塑造大二学生学习的情境,产生对该门课程的好奇和兴趣;让大二学生在进入社会前能模拟工作的场景,在潜在客户前进行专业性展示,摸索对客服务和对客演示的流程和方法;让大三的实习生除脱离学校的错觉,依旧感受到被学校管理和关心,让其不仅在工作也在继续学习的环境,为低年级学生学习提供资料的同时,遇到问题可以及时向专业课教室诉求。三个维度的最终实现三个年级互通。

4. 评价方式的公平化

跨年级学习模式中将低年级学生转换为第三方评价者,一显公平,二促学习,让低年级学生产生理性的评价思维,同时产生对未学课程的兴趣。同时利用低年级学生作为评价主体,是因为他们还未产生成熟的行业观,符合一般客户的特征,也是凸显公平的考虑。

大二学生是跨年级学习模式的核心。他们是作业/作品的制造者,也是跨年级评价体系中的客体,也是反馈教学效果的载体。

大三学生在此模式中主要为大二学生的学习提供行业前沿的知识和材料;同时可以将自己学习本门课程的经验传递给低、中年级的学生。

因此在同一门课程中,不仅仅自身学习的大二学生在学习,同时大一的学生也能被引入学习情境中,大三的学生也能从实践中重新回归到学习该门课程的理论中。

五、生长性课程跨年级学习模式的实施方法

跨年级学习需要调动三个年级的学生,针对学生学习状态(在校/非在校,有早晚自习/无早晚自习),有区别的划分调动方式。

大一的学生有固定的早晚自习时间和教室,因此可以让大一学生作为课程改革的评价者,让大二学生将独立完成的作业进行展示后由大一学生评价,以避免教师一言堂或有偏见地为学生作业打分;大一学生还可以作为大二学生的"市场",将

其设计的产品——旅游线路，进行一一展示后，通过投票进行市场选择。

大二学生应将作业作品化，用市场的需求作为作业的设计准绳。旅行社经营管理课程的实践主要体现在市场的调研、线路的考察、产品的营销等。对于思想单纯、容易被人骗的学生来说，进行市场调研的难度较大，但是这项能力又不能不培养。因此利用大一学生作为市场调研的对象，较为安全，也能让学生有从校园过渡到社会的缓冲。以《旅行社经营管理》课程中《旅行社品牌策略管理》为例，这部分课程较为理论，实践部分以学生自行成立旅行社并设计品牌为作业，学生不仅从理念上设计品牌，还要将其品牌付诸名称、宣传语、目标客户、标志等载体上，其中标志是让学生动手操练、刺激学生创新性的好渠道，不少学生有较好的学习态度，将他们的标志用油画、水彩或是电脑制图的方式制作出来，如若只有教师一人评分，可能会因个人审美观的问题有失公平，也有可能因为与学生的熟识而产生的偏见或偏心，这部分采用跨年级学习模式中的跨年级评价效果优良。大二学生带着自己的作品前往大一学生的教室中，进行品牌理念、目标客户、标志设计的想法、制作过程等讲解后，由大一学生投票，最后由教师统计，得票高者该项目作业得分就高；反之亦然。在此过程中，大一的学生产生对本门课程的好奇，由此发散他们对作业形式的思考；大二学生对低年级学生的讲解中，树立了良好的形象，培养了信心，向行业迈出巨大的一步；教师可通过观察调整课程实施的细节，以做到更好。

大三学生的作用不仅仅是引导还可以直接传授。目前多数高职高专院校将行业专家请进课堂，以讲座形式将行业动态输送给学生。然而，行业专家进课堂有几方面的弊端：①时间、场地不可协调性。行业专家由于自身工作的固定性，进学校教学的时间需协调，涉及学生调课，场地，较为复杂。②不易常态化进行。行业专家工作忙，学生有自身的课程安排，因此将专家请进课堂不易实现课程化，而只能以讲座的形式存在，讲座的效果通常不如课堂教学，因为人数多、时间长，学生容易偷懒。③行业知识与教学知识的距离。行业知识通常有趣，但有部分难度较大，具有战略性，学生不易接受，而专家做讲座不会考虑到这些方面，因此，教学效果难以评价。但是学生不能完全与行业脱节，需要有来自行业的人士进行相应的传授，因此，本课程教学团队对此的解决方式是采用实习生微课视频法，根据学生学习的心理，看视频能提高学生的兴趣；高年级学生真实场景口述的模式传递知识更具说服力，比教师讲授更亲和，更具信度，所以易让低年级学生接受；视频可以重复使用，节省教学资源。其具体方法是将项目课程中的每一个模块分解成一个个任务，针对每个任务写一个策划文案，让实习生根据自己的实习经历和工作经验，拍微视频，根据具体的教学环节和内容设置，在相应的环节播放视频。在《旅行社经营管理》课程中，纯实践类项目《旅行社接团及其他产品运行》适用于此种视频方式，由实习生在接团时拍视频，将其作为真实场景的教学资源分享给大二的学生，既真实又具说服力，从而提高课堂教学的效果。

六、生长性课程跨年级实施的潜在困难

1. 推广性

本门课程属于高职高专旅游管理专业的核心课程，且兼具理论过渡实践的联系性，有跨年级学习的必要性，可以针对其他理实一体化的核心课程推广，但是针对一般性的实践课程能否使用还需经历考验。

2. 实用性

本门课程需要大二学生利用大一学生的早晚自习，大二学生的讲解和宣传可能一定程度上会破坏大一学生学习的连贯性。因此，要根据项目的差别运用该种学习模式，不能无差别对待。同时，如何评价低年级学生在此学习模式中的收获也是下一步研究的重点。

3. 效果

跨年级互通式教学适用于小组作业的展示，小组通常由 5 至 6 人组成。高职学生学习较具惰性，自主学习能力较差，自我约束能力也较弱，因此小组作业很容易变成一人作业多人分享。对于这样的潜在问题，小组内部匿名互评实为解决该问题的良好手段。

《旅行社经营管理》小组作业组内评分表

第一部分：情况简介

此次作业名称						
你的名字						
小组成员的名字	1	2	3	4	5	6

第二部分：成绩汇总

（1）组内贡献

请根据本次作业的实际情况，在下面的方框里填你觉得对此项贡献最大的人的序号。

作业的构思（1人）	材料的收集（1人）	PPT 的制作（1-2人）	参与 PPT 修改（2人）	整体态度积极（2-3人）

（2）整体成绩

请给出每一位小组成员（除你以外）你认为他/她达到的等级（优秀、良好、及格、不及格）

优秀 1 名；良好 2 名；及格 2-3 名；不及格 0-1 名

（只填名字对应的序号）

优秀			
良好			
及格			
不及格			

第三部分：意见和建议

图 1　《旅行社经营管理》小组作业组内评分表

七、总结

生长性课程多为理实一体化的课程，旨在为学生的实习实践服务，因为此目的是为了在校园的情境中模拟工作场景，利用跨年级学习模式，将低年级学生作为潜在市场和目标客户，由大二学生进行作业作品展示，有针对性地进行市场调研，并写出调研总结，成为课程考核的一部分。

跨年级学习模式能极大地调动三个年级学生的互通、互动，引起学生的兴趣，实现学生的价值，最终成就该门课程的内在价值。

【参考文献】

[1] 王荻.跨年级"双层同步并行"生长性项目课程设置的效果分析[J].中国职业技术教育，2012（2）.

[2] 姜大源.论高等职业教育课程的系统化设计——关于工作过程系统化课程开发解读[J].中国高教研究，2009（4）.

[3] 徐国庆.职业教育项目课程开发指南[M].上海：华东师范大学出版社，2009.

[4] 马成荣.职业教育课程开发及项目课程设计：基于IT类专业的研究[M].南京：江苏科学技术出版社，2006.